本书得到国家自然科学基金面上项目"基于结构突变和截面相关的省际碳排放面板协整检验方法"（批准号：71171035）、第一批"辽宁省特聘教授"的支持，以及教育部人文社会科学研究青年基金项目"碳排放约束下物流产业绿色全要素生产率提升策略及节能减排最优路径研究"（批准号：15YJC790073）、辽宁省教育厅科学研究一般项目（批准号：W2015124）、辽宁省社会科学规划基金（批准号：L14CJY043）的资助。

低碳约束视角下中国物流产业全要素生产率研究

马越越 著

中国社会科学出版社

图书在版编目(CIP)数据

低碳约束视角下中国物流产业全要素生产率研究 / 马越越著 . —北京：
中国社会科学出版社，2016.6

ISBN 978 - 7 - 5161 - 8152 - 2

Ⅰ. ①低… Ⅱ. ①马… Ⅲ. ①物流—产业—全要素生产率—
研究—中国 Ⅳ. ①F259.2

中国版本图书馆 CIP 数据核字(2016)第 099846 号

出 版 人	赵剑英
选题策划	刘 艳
责任编辑	刘 艳
责任校对	陈 晨
责任印制	戴 宽

出 版	中国社会科学出版社
社 址	北京鼓楼西大街甲 158 号
邮 编	100720
网 址	http://www.csspw.cn
发 行 部	010 - 84083685
门 市 部	010 - 84029450
经 销	新华书店及其他书店

印 刷	北京明恒达印务有限公司
装 订	廊坊市广阳区广增装订厂
版 次	2016 年 6 月第 1 版
印 次	2016 年 6 月第 1 次印刷

开 本	710×1000 1/16
印 张	16.5
插 页	2
字 数	292 千字
定 价	59.00 元

凡购买中国社会科学出版社图书,如有质量问题请与本社营销中心联系调换
电话:010 - 84083683

序

    物流产业是融合了交通运输业物流、仓储业物流、贸易业物流、流通加工业与包装业物流、邮政业物流的复合型服务产业，其能源消费结构以油品等非可再生能源为主，是我国第二大油品消费行业，高碳排放的油品消耗所产生的大量温室气体，对环境造成了很大的负面影响，国务院 2014 年 9 月发布《物流业发展中长期规划（2014—2020 年）》明确提出："现阶段社会物流规模快速扩张、物流需求急剧增长的同时，物流业面临的资源环境约束也日益增强，必须大力提升绿色物流效率、推动物流节能减排潜力的提升"，可见物流产业碳排放优化与控制的重要性与紧迫性。在此背景下，科学评估中国物流产业如何向资源节约型与环境友好型发展转变，探索低碳约束视角下的物流产业全要素生产率的增长及动力来源是实现物流产业绿色低碳转型的重要课题。

    低碳物流是随低碳经济发展而产生的一种综合考虑环境影响和资源消耗的现代物流模式，它从理论上研究物流系统如何节能减排才能实现与自然生态系统的协调发展。传统物流模式是以自然资源的高投入、高消耗、高排放为特征的粗放型经济增长方式，以牺牲环境价值来换取社会价值，物流运作过程中消耗大量的非再生资源，造成环境恶化和生态系统失衡，严重制约了社会和经济的可持续发展。随着低碳物流和绿色物流等相关研究的逐步展开，越来越多的学者意识到了物流产业发展中资源和环境约束的必要性，以及物流产业需要绿色转型的紧迫性，但却鲜有学者将其纳入物流产业的全要素生产率分析框架进行核算，使得现阶段物流产业低碳发展、绿色转型以及相应的节能减排政策制定有其局限性。马越越博士的《低碳约束视角下中国物流产业全要素生产率研究》一书对上述问题进行了有益的思考并提出了解决办法，本书从低碳约束的全新视角出发，将能源和碳排放纳入全要素生产率的测评体系中，运用基于方向距离函数和共同前沿生产技术的方法构造碳排放约束下物流产业全要素生产率评价模型，系统整合了能源投入、经济产出和环境污染等要素，从区域和省级层面考察碳排放约束下物流产业全要素生产率的增长来源、区域间的技术差距、影响因素以及空间溢出效应。该书的主要价值体现在以下方面：

首先，从全国、区域及省际多个角度对物流产业碳排放的历史变化趋势进行系统研究，掌握物流产业碳排放的地区分布特征，归纳总结了影响各地区物流产业节能减排的主要因素。

其次，将能源和碳排放共同纳入生产率的分析框架，重新核算过去二十年物流产业的全要素生产率，促使各地区清楚认识过去二十年物流产业发展过程中的能源环境代价。

再次，在全要素生产率评价的基础上，本书进一步采用共同前沿技术模型，对地区间物流技术差距进行分析，从而得出物流技术差距形成的动因，以及各地区物流产业的碳排放管制与经济发展状况的耦合程度。在此基础上充分考虑不同地区的经济社会发展水平以及物流产业的结构布局，因地制宜实施差别化的减排措施。

最后，通过建立省域物流产业全要素生产率的影响因素及其空间溢出效应模型，从不同空间维度、不同时间层面对低碳约束下物流产业绿色全要素生产率的现状、动态演进、影响机理及提升作用机制进行深入研究，有助于各地区识别影响低碳约束下物流产业全要素生产率提升的关键因素，为物流产业实现资源、环境可持续发展提供理论依据。

马越越博士在攻读博士学位期间及毕业后一直从事效率与生产率的测度、低碳物流以及与物流产业的宏观经济管理相关问题的研究工作，学习和科研中表现出很强的独立思考能力和创新精神。在毕业后不到一年的时间里，围绕物流产业发展的相关议题先后获得辽宁省社会科学规划基金项目"梯度发展模式下辽宁省物流业效率增进的空间经济学分析"、辽宁省教育厅科学研究一般项目"辽宁省物流业低碳化发展进程与节能减排路径选择研究"和教育部人文社会科学研究项目"碳排放约束下物流产业绿色全要素生产率提升策略及节能减排最优路径研究"的资助。作为其指导老师，实感欣慰。

《低碳约束视角下中国物流产业全要素生产率研究》一书脱胎于马越越的博士论文，在研究内容和研究思路上都具有较强的创新性，是研究物流产业低碳化升级问题的一部佳作。本书以中国物流产业全要素生产率作为研究主题，从低碳约束的全新视角出发，综合运用计量经济分析、数理经济分析和实证检验等多种研究方法，系统、全面地对历年中国区域、省际物流产业的碳排放以及碳排放约束下物流产业全要素生产率进行测度和分析。该专著的出版不仅可以为国家发改委、交通运输部等物流主管部门制定相关物流指导性纲领提供理论依据，也可以为省级或市级经贸委等物流行政管理部门和重点物流企业的节能减排工作提供决策参考。但受制于作者的学术水平及时间的限制，本书必定存在不足和需要改进之处。仅希望该专著能引起对这一领域有研究兴趣的学者的关注和思考，也衷心祝愿马越越博士以本书的出版为新的起点，保持学术研究热情，一如既往地勤奋努力，在科学研究的道路上勇攀高峰。

王维国

东北财经大学经济学院教授、博士生导师

经济计量分析与预测研究中心主任

2016 年 6 月

前　言

　　物流产业作为国民经济和社会发展的基础产业和服务行业，是社会经济活动中物流和客流的载体，物流产业越发达，市场越繁荣，经济发展就越有活力，因此物流产业被看作是经济增长的"润滑剂"和"加速器"，其重要作用引起了中国政府的高度重视。随着全球变暖和生态环境的恶化，低能耗、低污染、低排放的低碳化经济发展模式已经成为各国政府未来经济发展的主要转型方向。而物流产业因其产值的 85% 都主要来源于交通运输业、仓储业和邮政业而成为了能源消耗的大户。尤其是物流产业的能源消费结构以油料等非可再生能源为主，高油品消耗量和气体排放量使国内外政府和企业均十分重视对物流的低碳化改造，并将低碳化发展模式作为物流产业发展的重点。在物流产业的低碳化升级进程中，如何以较少的资源、劳动力和能源投入得到较高的物流产出和尽可能少的环境污染，是提高效率实现物流产业可持续发展的基础和保障，也符合当前低碳经济的要求。

　　本书的研究正是以此为出发点，以经济增长理论、生产理论、资源经济学、新经济地理学理论为基础，综合采用计量经济分析、数理经济分析和实证检验等分析方法，从描述性、解释性、验证性、探索性等方面逐层展开。在具体研究过程中，全书以物流产业的现实背景及现有研究的不足为出发点，采用基于方向距离函数的数据包络分析技术、共同前沿生产技术、空间计量分析等方法，从全新的视角——低碳约束，对历年中国区域、省际物流产业的碳排放以及碳排放约束下全要素生产率的动态演进、驱动因素及空间溢出效应进行系统、全面的测度和分析。本书的主要内容和研究结论如下：

　　第一，首先对物流产业碳排放进行标准测度，然后分别利用脱钩指数、基尼系数、极化指数、LMDI 分解技术等方法，从全国、区域、省际等多个角度对物流产业碳排放的分布、地区差异、极化程度及驱动因素进行系统研究。主要结论为：物流产值增长与能源消费量、碳排放量的脱钩分析发现，在考察期间，全国、省域物流产业碳排放脱钩弹性总体上表现出 "W" 型变化，脱钩状态呈现出 "不太理想状态" 的弱脱钩—"畸形状态" 的扩张性负脱钩的周期性变化。碳排放的能源脱钩弹性高于碳排放与经济增长的脱钩弹性，目前中国物流产业的碳减排技术对碳排放与产业脱钩的贡献作用并不明显。自 2006 年起，东部和西部地区物流产业的碳排放脱钩情况要明显好于中部地区，中部仍然是物流产业碳排放治理的重点区域；从物流产业碳排放分布的地区差异和极化程度分析可知，样本期内中国物流产业碳排放总体地区差距呈下降趋势，2006 年后呈缓慢上升趋势。其中，地区间净差距是总体差距的主要来源，样本期趋于下降，其次为超变密度，地区内差距的贡献最小。极化指数测度结果表明，考察期内，中国物流产业碳排放分布的极化程度呈下降趋势。地区内的集聚程度和地区间的对抗程度不断减弱，最终成为碳排放极化程度下降的主要来源；利用 LMDI 分解技术建立中国物流产业人均碳排放的驱动因素分解模型可知，经济增长是拉动物流产业碳排放增长最主要的动力，在研究期间呈指数增长的趋势。运输方式对碳排放增长也表现出明显的促进作用，能源结构和能源效率虽然表现出拉动作用，但效果微弱。而物流发展因素则对物流产业人均碳排放量表现出明显的抑制作用。

第二，将能源和资本、劳动力作为投入要素，碳排放作为非期望产出与综合周转量共同纳入生产率的评价体系中，利用基于序列 DEA 的方向距离函数、Malmquist-Luenberger 生产率指数构造碳排放约束下的物流产业全要素生产率模型，并控制了外部营运环境条件对全要素生产率评价所造成的偏误，对中国省际物流产业的技术效率及全要素生产率进行评价。研究发现：传统忽略了环境因素的测度结果会低估技术效率的改进，高估前沿技术进步率，从而使全要素生产率测度出现偏差；真实全要素生产率虽然逐年上升，但增长幅度并不明显，且地区间存在物流发展的不平衡，东部全要素生产率指数上升源于较高的技术进步率，而中西部地区却普遍存在技术进步动力不足的问题；在剔除外部环境因素和随机误差的影响后物流产业全要素生产率指数及其分解变量都发生了变化，进一步验证了制约中国大多数省市物流产业效率提升的主要原因是代表决策与管理水平的纯技术效率偏低；技术 "创新者" 地区集中于海南、天津和上海一省两市，均属于经济发达的东部地区；收敛分析表明，全国以及三大地区总体上存在显著的收敛趋势，东部最快，西部次之，中部最弱；由空间分类模式结果可知，中国大部分省区的物流产业属于低生产率模式。

第三，为了克服中国区域物流产业面临不同技术边界的问题，本书结合非参数序列 DEA、共同前沿（Metafrontier）生产函数方法，在考虑区域生产技术异质性的前提下，加入碳排放约束，分析不同技术前沿下的物流产业全要素生产率及其分解，并通过技术差距比率的测算分析了区域间的生产率差异，随后运用核密度估计考察了物流产业全要素生产率的动态演进特征，最后针对物流产业的技术效率做了有益的扩展，判断技术效率较低的省份是否一定伴随有较高的技术追赶，并探讨了共同前沿和组群前沿下物流产业全要素生产率的影响因素。实证结果表明：不同组群物流产业的技术效率存在差距，东部地区物流技术水平最高，西部次之，中部最低，中部地区出现物流软环境"塌陷"现象；东部地区基本实现全国最优生产技术，但对风险变化较为敏感；中西部与全国最优生产技术差距较大，传统测度低估了中西部物流技术发展的动力和节能减排的潜力；对物流产业全要素生产率来说，其进步主要依赖于纯技术进步，而非纯技术效率及规模效率的变化，通过对技术规模变化分析，得出物流产业有偏离规模收益不变生产边界的趋势；在利用核密度估计对物流产业全要素生产率进行动态分析的过程中发现，区域和省际间的分化较为明显，共同前沿生产率和东部组群前沿生产率均呈现出"尖峰"特征，而中部和西部组群前沿生产率却表现出明显的"单峰"与"双峰"甚至"三峰"的交替变化；当各省致力于使生产技术向潜在技术边界靠近时，物流技术水平较低的地区，其追赶的速度可能越高；最后通过对政府支出、FDI、交通基础设施、研发、产业结构、市场需求、能源结构 7 个因素的研究发现，各因素对物流产业全要素生产率的改进效果和路径各不相同，因此在提高地区物流产业全要素生产率和制定物流减排目标时，应当针对各自的经济和环境特点实施差异化的策略。

第四，从地理溢出效应视角切入，设置了 4 种空间权重矩阵，运用新经济地理学理论对前文测算得到的碳排放约束下物流产业全要素生产率的空间分布特征进行分析，并检验了物流产业全要素生产率的外溢效应；随后采用空间杜宾模型（SDM）在控制了产业结构和资源禀赋的情况下考察了相邻省份的能源、交通和信息基础设施、受教育程度、自主创新能力对本地物流产业全要素生产率的影响；最后基于直接偏效应和间接偏效应的角度，对产生溢出效应的各影响因素的效果和路径进行考察。研究结果表明：中国省域物流产业的全要素生产率具有明显的空间相关性，绝大多数省份均处于"低—低"空间自相关集群，物流产业生产率水平不高且被同样生产率较低的区域所包围；嵌套空间和时间双向固定效应的 SDM 模型是展开物流生产率空间分析最适宜的模型，由于物流生产率的空间溢出效应主要是通过交通运输网络的通达程度向外辐射，相邻地区或交通网络可覆盖的相近地区物流产业生产率增长对本地区物流产业的发展产生负向溢出，因此物流产业生产率存在明显的空间竞争效应；交通基础设施、自主创新能力提高了本地区物流产业全要素生产率，由于存在竞争效应，对相邻地区的物流生产率存在负向的抑制效应；能源、信息基础设施仅对本地区物流产业全要素生产率有积极影响；无论采用何种空间权重矩阵，人力资本受教育程度对本地物流产业全要素生产率都存在显著影响，在地区间也存在显著的外溢效应；资源禀赋和产业结构对本地物流产业全要素生产率的促进作用亦不可忽视。

　　中国物流产业自形成历经多个阶段，无论是基础设施、运营效率、操作水平、技术创新均得到了很大的提升，但是在低碳化升级方面却普遍处在一个非常初始的状态，大部分地方政府、物流企业都尚未进行低碳化的规划和改进，低碳化升级意识相对薄弱。面对未来国民经济低碳化转型的需求，改进自身管理模式，实现低碳式的物流和物流管理从而减少碳排放是中国物流产业未来必然经历的改革。结合本书的研究，提出以下政策建议：第一，为了尽快实现物流产业碳排放与经济增长的强脱钩，应加大清洁能源诸如核电、水力、风力及太阳能等可再生能源的投入比重，优化能源消费结构。第二，物流产业的发展不仅要依靠资源要素的投入及配比优化，也应发挥技术因素的作用，这里所说的技术不仅包括生产工艺、制作技能等实践型"硬技术"，也包括设计管理和制度创新、提高人力资本水平等知识型"软技术"。第三，中央及地方政府在制定物流产业发展和相应的碳减排政策和目标时，要充分考虑到各地区经济发展条件、产业结构、资源禀赋、对外开放、政策导向、人力资本获取等差异，实施差异化的策略。对物流生产率和技术效率较低的中西部地区，应当制定较为严格的减碳措施，挖掘节能减碳的潜力，使其在较短时间内迅速提高减碳能力，对于技术发展水平较好的东部地区，可以适当放宽减碳的目标，但需要加强东部地区物流产业内部管理，提高对金融危机的抵御能力。第四，改善物流产业的网络通达性与运输方式合理性，在物流产业低碳化升级进程中，应当加快中小城市之间的高速铁路运输网的建设，只有大幅提高各个地区间的通达性，并提高地区间交通的便捷性和运输方式的可替代性，才能最终使得物流产业在低碳环保的前提下达到真正的先进水平。第五，基础设施具有空间外溢的特征，国家及省级政府应充分考虑各市级及区县间的互动式发展，合理配置基础设施的建设，同时也要着重注意打破行政区域的束缚。

目　　录

图目录

表目录

变量名称表

变量缩写	变量名称
E_{cg}	物流产业碳排放与物流产值 GDP 的脱钩弹性指数
E_{eg}	物流产业能源消费量与物流产值 GDP 的脱钩弹性指数
E_{ce}	物流产业碳排放与物流产业能源消费量的脱钩弹性指数
G	基尼系数，衡量不同地区物流产业碳排放的平均差异
ER	极化指数，衡量不同区域物流产业碳排放围绕各自所在区域均值聚集分布的不均衡状态
EGR	
LU	
P	
$LMDI$	对数平均迪氏指数
MI	Malmquist 生产率指数
ML	Malmquist-Luenberger 生产率指数
$EFFCH$	技术效率变化
$TECH$	技术进步变化
PEC	纯技术效率变化
SEC	规模效率变化
PTC	纯技术变化
STC	技术规模变化
GML	组群前沿 Group-frontier-Malmquist-Luenberger 生产率指数
MML	共同前沿 Metafrontier-Malmquist-Luenberger 生产率指数
TGR	技术差距比率
MTI	共同前沿技术无效率
TGI	技术差距无效率
GMI	组群前沿管理无效率
$PTCU$	纯技术追赶

变量缩写	变量名称
PTRC	潜在技术相对变动
TAF	技术调整因子
GOV	政府支持力度,采用物流产业财政支出占政府全部财政支出的比重代替
FDI	对外开放程度,采用实际利用外商直接投资占 GDP 的比重代替
THD	交通线路密度,采用每平方公里土地交通线路的长度来代替
IS	产业结构,采用各省第二产业与第三产业增加值占 GDP 的比重代替
RD	研发相对强度,采用研发强度与该省所在组群前沿省份研发强度相对值代替,研发强度采用 R&D 经费内部支出占 GDP 的比重代替
DG	物流市场需求,采用物流产业地区生产总值 GDP 的增长率代替
ES	能源消费结构,采用物流产业电力消费量占能源消费总量的比重代替
LEE	能源效率,采用全社会客货运综合周转量与物流产业能源消费总量的比值代替
CV	每万人拥有的民用车辆数
IF	人均电话拥有量
EL	劳动力受教育程度,采用平均受教育年限代替
IV	自主创新能力,采用地区专利申请授权数代替
KL	资源禀赋,采用物流产业资本存量与从业劳动力人数之比代替

第一章 物流产业及其低碳化发展的
内外形势和研究现状

第一节 国内外物流产业及其低碳化发展的背景

一 物流产业发展的背景

物流是指利用现代信息技术和设备，将物品从供应地向接收地准确的、及时的、安全的、保质保量的、门到门的合理化服务模式和先进的服务流程。物流随商品生产的出现而出现，随商品生产的发展而发展，物流产业作为国民经济和社会发展的基础产业和服务行业，是社会经济活动中物流和客流的载体，物流产业越发达，市场越繁荣，经济发展就越有活力，因此物流产业被看作是经济增长的"润滑剂"和"加速器"，其重要作用已经引起中国政府的高度重视。

"物流"这一概念自 1978 年由日本引入中国，至今已走过 30 多年的历程。以 1984 年中国物流研究会成立为标志，物流作为一门新兴学科开始被国内学者重视并给予研究。到 20 世纪 90 年代中后期研究进程加快，针对如何发展中国现代物流的问题，国内学者开展了大量的研究，并取得了一定的成果。2001 年 3 月，国家经济贸易委员会等 6 部委联合发布了《关于加快我国现代物流发展的若干意见》（国经贸运行〔2001〕189号），这是中国政府出台的第一份有关现代物流业发展的政策性文件。2002 年，全国现代物流发展规划的编制工作正式启动。2004 年 8 月，国家发展和改革委员会等 9 部委联合发布了《关于促进我国现代物流业发展的意见》（发改运行〔2004〕1617 号），明确提出加快发展现代物流业，是中国应对经济全球化和加入世界贸易组织的迫切需要。2006 年，《国民经济和社会发展第十一个五年规划纲要》中明确提出要"大力发展

现代物流业",现代物流业被列为"生产性服务行业",作为重点发展的
产业之一。2007 年 3 月,国务院发布了《国务院关于加快发展服务业的
若干意见》(国发〔2007〕7 号),提出"优先发展运输业,提升物流的
专业化、社会化服务水平,大力发展第三方物流"。2009 年 3 月,国务院
颁布《物流业调整和振兴规划》(国发〔2009〕8 号,以下简称《规
划》),在《规划》中,物流产业作为唯一的生产性服务业被纳入"振兴
经济的十大产业"当中,并且把物流产业的快速发展作为应对国际金融
危机的"一揽子计划"中的重要组成部分,体现了党中央国务院对物流
产业的重视,至此,物流产业发展上升到国家战略高度,标志着中国物流
产业进入快速发展阶段。《规划》中指出:"调整和振兴物流业是国民经
济持续快速发展的必要保证。根据全面建设小康社会的新要求,中国经济
规模将进一步扩大,居民消费水平将进一步提高,货物运输量、社会商品
零售额、对外贸易额等将大幅度增长,农产品、工业品、能源、原材料和
进出口商品的流通规模将显著增加,对全社会物流服务能力和物流效率提
出了更高的要求。"① 这正是提升物流产业效率对经济发展的重要作用的
精确描述,物流已经成为拉动经济增长的新型主导力量。2011 年 6 月 8
日,国务院常务会议又公布了推动物流产业发展的八项配套措施,业界称
之为物流产业的"国八条",从税收、土地资源、公路收费、物流管理体
制、行业资源整合、技术创新应用、资金扶持以及农产品物流八个方面提
出了政策措施和要求。仅仅 2 个月后,2011 年 8 月 2 日,国务院办公厅
又下发了《关于促进物流产业健康发展政策措施的意见》,业内称之为物
流"国九条"。"国九条"在"国八条"的基础上进行了扩充,加入了一
条整合的思路。在不到两年半的时间里,国务院连续两次专题讨论物流产
业发展的问题,从 2009 年出台《规划》到 2011 年的"国八条"、"国九
条",都充分说明党中央、国务院对物流产业发展问题的高度重视和大力
支持。

　　产业政策的出台实施,有效提高了物流产业的发展水平,根据《中
国物流发展报告 2012—2013》的统计数据测算,2012 年社会物流总额和
物流产业增加值分别可达 177.3 万亿元和 3.5 万亿元,增幅较上年同期均

---

　　① 《物流业调整和振兴规划》,国务院办公厅,国发〔2009〕8 号文件,2009 年 3 月 13 日,
http://www.gov.cn/zwgk/2009 - 03/13/content_ 1259194.htm。

有回落。物流产业增加值的增幅比第三产业增加值增幅高出 1 个百分点，与"十五"末期相比，几乎增加了 2 倍。社会物流总额和物流产业增加值的年均增长率分别为 20.7% 和 16.3%，扣除价格因素后实际增长约为 14% 和 10%，这一增速明显高于同期 GDP 的增长水平。"十二五"时期仅前两年，社会物流总额已达 335 万亿元，是"十五"时期的 2.1 倍。根据《中国第三产业统计年鉴 2012》，本书给出了每单位 GDP 的物流需求系数，如表 1-1 所示。

表 1-1 1991—2011 年每单位 GDP 的物流需求系数

年份	需求系数	年份	需求系数	年份	需求系数	年份	需求系数	年份	需求系数
1991	1.4	1996	1.6	2001	1.8	2006	2.8	2011	3.4
1992	1.5	1997	1.6	2002	1.9	2007	3.1		
1993	1.5	1998	1.5	2003	2.2	2008	2.9		
1994	1.6	1999	1.6	2004	2.4	2009	2.9		
1995	1.7	2000	1.7	2005	2.6	2010	3.2		
"八五"	1.54	"九五"	1.6	"十五"	2.18	"十一五"	2.98	"十二五"	3.4

资料来源：《中国第三产业统计年鉴 2012》。

"八五"期间中国每单位 GDP 的物流需求系数平均为 1.54，"九五"期间平均为 1.6，"十五"期间平均为 2.18，"十一五"期间平均为 2.98，进入"十二五"时期物流需求系数上升至 3.4，说明中国每单位 GDP 产出需要 3.4 个单位的物流总额来支持，系数值是 1991 年的 2.43 倍，比 2005 年提高了 31%，反映了中国物流需求仍处在较高增长期，随着工业化、城镇化、国际化、市场化进程的快速发展，国民经济对现代物流发展的依赖程度也越来越高。

物流需求对国民经济支撑作用不断增强的同时也反映出物流产业中存在的问题，根据国家发展和改革委员会统计，2012 年中国全社会物流总费用为 9.4 万亿元，增幅虽比上年同期回落 7.1 个百分点，但社会物流总费用与 GDP 的比率为 18%，不仅比发达国家高（如美国是 8.5%、日本是 8.7%、德国是 8.3%），甚至高于与中国经济发展水平基本相当的金砖国家（如印度为 13%、巴西为 11.6%）。物流成本的居高不下，不仅影响企业和产品的竞争力，更在宏观层面影响了国民经济的总体运行水平，这几乎已经成为中国物流产业发展的"顽疾"。导致物流成本高的原因是多方面的，但其中最重要的因素在于体制造成的物流基础平台分割，物流效率低下。主要表现在：产业总体规模小，物流集中度低、整个物流体系缺乏互通互联，货物在分散的体系中运输；信息化水平不高，物流运行缺乏高效的信息性沟通，从业者缺乏信息化的意识，关联性物流效率低下；技术水平和创新能力不强，管理水平落后，经营效率较低，竞争力不强；粗放经营的模式没有得到根本转变，有效物流需求与有效物流供给都不足。上述问题严重制约了物流效率向更高水平发展，导致不能完全发挥对经济发展的推动作用，而且已经影响到物流行业之外的很多产业的良性发展，如影响国内的消费能力及制造能力等。由此可以看出，在当前经济形势下，提升物流效率进而适应并更好地支撑经济发展，对于中国各地区乃至各个企业来说，都已经成为一个重要的课题。

二　物流产业低碳化发展的背景

美国能源部二氧化碳信息分析中心（Carbon Dioxide Information Analysis Center，CDIAC）为联合国收集的数据显示，到 2010 年中国二氧化碳排放量已达 82.4096 亿吨，占全球总排放量的 24.6%，远超美国成为世界二氧化碳排放的第一大国。荷兰环境评估机构（Planbureau voor de Leefomgeving，PBL）与欧盟联合研究中心（Joint Research Centre，JRC）联合发表的题为《全球二氧化碳排放长期趋势 2013》的报告中称，2012 年仅 3 个国家和地区的碳排放就占全球的 55%，其中：中国 2012 年碳排放增加了 3%，虽然低于最近 10 年平均 10% 的增幅，但其排放总量约占到全球的 28%；美国碳排放占全球的 16%，位居第二，2012 年得益于其能源部门实施的"煤转气"政策，美国该年度碳排放减少了 4%；欧盟的碳排放占全球的 11%，位居第三，2012 年由于降低了石油和天然气等能源的消耗，且减少了车辆运输，欧盟该年度的碳排放减少了 1.6%[①]。报告同时指出，目前全球二氧化碳排放趋势

---

① Trends in Global CO_2 Emissions: 2013 Report, PBL Netherlands Environmental Assessment Agency, http://www.pbl.nl/en/publications/trends-in-global-co2-emissions-2013-report.

变化的首要决定因素是中国到 2015 年达到能源消费最高纪录后能否出现下降的拐点，以及到 2020 年中国能否实现天然气在能源消费结构中占比 10% 的目标。这一系列报告显示，中国承受着越来越多的国际二氧化碳减排压力。

在 2013 年 12 月 15 日举行的低碳城镇投资开发圆桌会议上，世界自然基金会（World Wide Fund for Nature，WWF）联合胡润百富发布了一份《2013 年在华非化石能源企业碳排放强度排行榜报告》，报告指出，金融业平均碳排放强度最低，指数仅为 0.0183（吨二氧化碳当量/万元），建筑业为 0.3486（吨二氧化碳当量/万元），交通运输业最高为 2.1822（吨二氧化碳当量/万元），相当于金融业的 119 倍，建筑业的 7 倍[①]。而在物流产业中，又以占其产值 85% 的交通运输业、仓储业和邮政业为能源消耗的主要力量。物流产业是制造业、商业的重要支撑，是连接生产和消费的重要桥梁纽带，但是随着物流产业的发展，物流量的增加，物流系统对生态环境的影响也越来越明显。尤其是国内物流需求随着经济的快速发展而急剧上升，物流企业的能源消费量与经济增长速度、物流规模扩张也呈正相关变化。物流企业对石油化石能源的依赖与日俱增，由于人类大量地开采和利用化石能源的这一过程目前仍然处于初级阶段，技术手段和生产方式都相对滞后，加之石油类化石能源的消耗具有外部不经济性，都使得物流企业对环境造成非常大的影响。

根据国家统计局公布的《中国统计年鉴》（1992—2012）分行业终端能源消费量数据（见图 1-1 和图 1-2），中国物流产业能源消费量占全部生产部门的能源消费量的比重，从 1991 年的 5.7% 上升到 2012 年的 10.2%，年平均占比达到 8.2%，高能源消耗必然带来更多的高碳等温室气体的排放。22 年间，物流产业能源消费量从 1991 年的 4693.2 万吨标准煤上升至 2012 年的 31086.5 万吨标准煤，年均增长速度为 10.15%。具体到能源品种，中国物流产业是名副其实的"油老虎"大户，能源消耗以油料等非可再生能源为主，是仅次于制造业的第二大油品消费行业，物流产业的油品消费量占物流产业能源消费总量的比重从 1991 年的

---

① 《2013 年在华非化石能源企业碳排放强度排行榜报告》，碳减排先锋项目中国网站，http：//www.wwfchina.org/climatesaver/view.php? tid＝136&cid＝7。碳排放强度＝企业全年综合碳排放量÷企业全年营业额，行业平均碳排放强度＝入榜行业总碳排放强度÷入榜行业的企业数量。

57.05%上升到2012年的83.21%，油料消耗又以柴油和汽油等高污染型能源为主，柴油和汽油消费量占全国柴油和汽油消费量的比重从1991年的27.54%和31.86%上升到2012年的63.48%和46.10%，年均占比均达到40%以上。由此可见，物流产业已经成为中国节能减排的关键点。

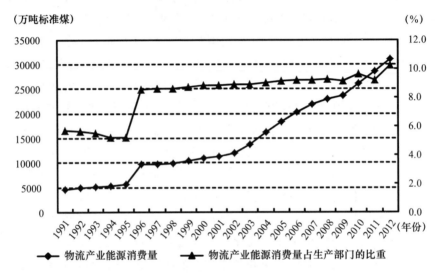

图1-1　1991—2012年中国物流产业能源消费量及其占生产部门的比重

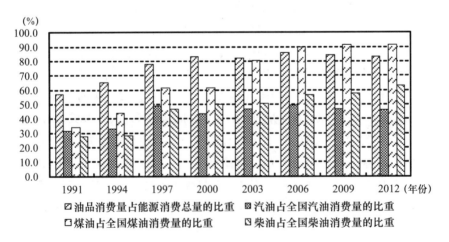

图1-2　1991—2012年物流产业主要油品消费量占全国油品消费量的比重

第二节　低碳约束视角下物流产业全要素
生产率的研究意义

一　理论意义

低碳物流是随低碳经济发展应运而生的一种综合考虑环境影响和资源消耗的现代物流模式，它从理论上研究物流系统如何节能减排才能实现与自然生态系统的协调发展。传统物流形式是以自然资源的高投入、高消耗、高排放为特征的粗放型经济增长方式，以牺牲环境价值来换取社会价值，物流运作过程中消耗大量的非再生资源，造成环境恶化和生态系统失衡，严重制约了社会和经济的可持续发展。随着低碳物流和绿色物流等相关研究的逐步展开，越来越多的学者意识到了物流产业发展中资源和环境约束的必要性，以及物流产业需要绿色转型的紧迫性，但却尚未有学者将其纳入物流全要素生产率分析框架进行核算，本书的理论贡献在于：第一，本研究首先对物流产业碳排放进行标准测度，然后利用脱钩指数、基尼系数、极化指数以及因素分解等方法，从全国、区域及省际等多个角度对物流产业的碳排放进行系统研究，实证结果证实物流产业的碳排放已经成为实现中国碳减排目标和低碳经济不可忽视的重要环节。第二，从生产理论和环境理论出发，将能源和资本、劳动力作为投入要素，碳排放作为非期望产出共同纳入生产率的评价体系中，利用非参数方法中的数据包络分析（Data Envelopment Analysis，DEA）构造碳排放约束下的物流产业全要素生产率模型，同时控制了外部营运环境变量对全要素生产率评价所造成的偏误，随后利用国家宏观数据、中观数据分别对中国区域、省际物流产业的技术效率及全要素生产率进行评价，并与现有国内利用传统生产率测度方法得到的研究成果进行对比。第三，目前无论是对物流上市公司绩效的评价还是对物流产业效率的测度，传统的非参数数据包络分析和参数随机前沿分析（Stochastic Frontier Analysis，SFA）均将各评价对象视为相同类型，没有考虑到不同区域或不同类型的物流企业间存在经济发展水平、技术水平以及制度的差异等情况，此时若仍然使用单个生产前沿构造的距离函数比表示的效率值判断，将会因为衡量基准的不一致而使评价结果有失"公平"。本书考虑到这种"不公平"性，以异质性生产技术为突破，采用共同前沿（Metafrontier）的分析方法，将碳排放约束下的物流产业全要素生产率的分析框架进一步扩展，从而动态考察存在地区技术差距时物流产业全要素生产率的变化。第四，基于新经济地理学理论检验本书研究的"碳排放约束下物流产业的全要素生产率"是否符合任何事物在空间上都有关联，并将公共基础设施和人力资本水平的地理溢出效应引入物流产业全要素生产率的影响因素模型中，利用空间杜宾面板模型、基于直接偏效应和间接偏效应的角度，对产生溢出效应的各影响因素的效果和路径进行考察，从而补充了物流产业全要素生产率影响因素分析方面的研究成果。

二　现实意义

首先，资源消耗、环境污染和经济增长是目前普遍关心的热点问题，物流产业作为资源消耗的大户，也是六大产业中碳排放量增长最快的行业①，一直以来的粗放式发展所带来的能源消耗和环境污染问题十分严重。但是现有关于中国物流产业生产率研究的文献中，国内学者在构建物流产业全要素生产率指标时，虽然多方面考虑了资本、劳动力等生产要素的投入以及 GDP、周转量等合意的期望产出，却忽略了物流运作过程中所必需的投入要素——能源，以及能源消耗所产生的二氧化碳等非期望产出。无视能源和环境对物流产业发展的影响，会造成我们对过去物流产业发展的状况缺乏全面的认识，导致各级地方政府在制定物流产业的发展规划时一味追求物流规模扩张，持续走高增长、高能耗、高排放的发展之路。因此，本书将能源和碳排放纳入生产率分析框架，重新核算过去 15 年物流产业的全要素生产率，以期清楚认识过去 15 年中国物流产业发展过程中的能源环境代价，以及考虑了能源消耗和污染排放后物流产业的实际全要素生产率水平。

其次，随着中国市场经济的不断推进和对外开放的不断深化，各种先进技术、设备和管理经验被引入到物流的生产和运营中，使得各地区之间的物流产业全要素生产率存在明显差异，那么导致各地区物流产业全要素生产率产生差异的原因是什么？能否缩小地区间物流产业的全要素生产率差距？物流产业全要素生产率落后地区是否一定存在较高的技术追赶现象？本书基于共同前沿 Metafrontier-Malmquist-Luenberger 生产率指数模型分析碳排放约束下的物流产业全要素生产率，不仅可以通过对物流产业全要素生产率的分解，得到地区间物流技术差距形成的动因，还可以得知哪

_____

①　根据本书第二章中图 2 - 1 的数据分析得到。

些地区物流产业的碳排放管制与经济发展状况相对和谐，哪些地区是物流产业节能减排的重点区域，哪些地区需要提高经济产出效率而实施较为宽松的碳排放管制措施，从而可以采取分类指导、区别对待的原则，充分考虑不同地区的经济社会发展水平及物流产业结构布局，实施区别化的减排措施，实现全国水平上的最优减排效果。

最后，随着物流产业在中国经济发展中作用的逐步提升，物流地理格局的空间重塑，基础设施建设和人力资本投入的速度不断加快，中国仍然面临物流产业发展失衡、区域差距扩大的局面，要想实现区域物流产业与资源环境可持续发展，提升碳排放约束下的物流产业全要素生产率是一个重要手段。物流具有网络特性，随着新经济地理学相关理论的发展，认为物流产业的全要素生产率不仅受内部地区的影响，也会受到外部区域的影响。现有研究难以满足国家政策的需求，缺少从不同空间尺度的区域层面，对物流产业全要素生产率的现状及其动态演进进行系统研究。本书的第三层现实意义就在于从不同空间维度，不同时间层面对碳排放约束下物流产业全要素生产率的现状、动态演进、影响机理及提升作用机制进行深入研究，并进一步分析了物流产业全要素生产率及其影响因素的空间溢出效应，以期可以提出提升中国物流产业全要素生产率的政策建议，为中国物流产业实现资源、环境可持续发展做出贡献。

第三节　物流产业全要素生产率核心概念的辨析与厘定

一　物流概念的起源

追溯"物流"一词的起源，最早源于美国二战期间，1905 年美国陆军少校琼西·贝克（Chuncey B. Baker）将军事物资移动与供给的科学称为"Logistics"，即"后勤学"。1915 年美国学者阿奇·萧（Arch W. Shaw）在其出版的著作《市场流通中的若干问题》一书中将物质资料从供给者到需求者之间的物理性运动定义为"Physical Distribution"，即"分销物流"，简称"PD"。"Logistics"和"Physical Distribution"形成了两种不同的物流概念，二者不仅使用的领域不同，概念的内涵和外延也都有很大区别。"Logistics"是指实物流通的全过程，包括生产领域、流通领域和消费领域的物资流动，是物质资料从供应地经过生产和销售到最终消费的整个过程的一切物流活动,是广义上的物流,从最初针对军事领域提出,到现今适用于整个供应链。"Physical Distribution"是指商品销售过程中的物流活动,是商品被生产出来以后,经过销售进入最终消费的物流活动,是狭义上的物流,通常只适用于流通领域。因此,从概念的范围上看,广义的物流(Logistics)不仅包括分销物流(Physical Distribution),还包括原材料物流(Physical Supply)和生产物流(Production)。随着物流范围的拓展,分销物流(Physical Distribution)的概念已经不再适用,1985年美国物流管理协会(Council of Logistics Management,CLM)正式提出用"Logistics"一词取代"Physical Distribution",至此人们才逐步完整领悟到物流概念的内涵。在"Logistics"这一物流概念的形成期间,世界各国多名学者和机构分别对物流进行定义,比较有代表性的有以下四种(帅斌,2005):

(1)美国物流管理协会(CLM)在1998年基于全球经济一体化和市场国际化这一现实对物流做出如下定义:"物流是供应链运作的一部分,是以达成顾客的要求为目的,对物品、服务以及相关信息,从起点到消费地的有效流通及存储的计划、执行与控制(即管理)的过程。"

(2)欧盟物流协会(European Logistics Association,ELA)在1994年发表了一份《物流术语》(Terminology in Logistics),其中将物流定义为:"物流是指在一个系统内对生产人员、配送人员或商品的运输、安排及与此相关的支持活动的计划、执行与控制,以达到特定目的的一系列活动。"

(3)日本日通综合研究所1981年在《物流手册》中给出物流的定义:"物流是将货物由供给者向需求者的物理性位移,是创造时间价值和场所价值的经济活动。包括包装、搬运、保管、库存管理、流通加工、运输、配送等活动领域。"

(4)中国物流与采购联合会和国家质量技术监督局于2001年4月17日发布了中华人民共和国国家标准《物流术语(GB/T 18354—2001)》,并宣布同年8月1日起正式实施,2006年又对其进行了修订,修订版《物流术语(GB/T 18354—2006)》于2007年5月1日开始实施,其中对物流给出了如下定义:"物流是物品从供应地向接收地的实体流动过程。根据实际需要,将运输、储存、装卸、搬运、包装、流通加工、配送、信息处理等基本功能实施有机结合。"[①] 这个定义既参考了美国、日本的物

---

① 中华人民共和国国家质量监督检验检疫总局、中国国家标准化管理委员会:《物流术语(GB/T 18354—2006)》,中国标准出版社2006年版,第1页。

流和物流管理的定义,又充分考虑了中国物流发展的现实。本书中的"物流"也采用这一定义,从中可以看出,物流是一个物的实体流动过程,在流动过程中创造价值,满足顾客及社会性需求,因此说物流的本质是服务(汝宜红,2012)。

二 物流产业的界定

物流产业虽然已经成为国民经济的重要基础性服务产业,但国内外对物流产业的概念却尚未取得共识,不同学者和机构分别给出了各自的观点。

美国物流管理协会最早对物流产业进行界定,它指出:"物流产业包括上游供货业、运输代理业、铁路行业、物流咨询行业、水运行业、航空业、海运业、小包裹运输业、仓储业、港口业、第三方物流产业、多式联运业和包装业等。"

《中国现代物流大全·现代物流总论》认为:"物流产业是指铁路、公路、水路、航空等基础设施,以及工业生产、商品批发零售和第三方仓储运输及综合物流企业为实现商品的实体位移所形成的产业。"①

国内学者李学工(2003)给出物流产业的定义为"专门从事将商品或服务由起始地到消费地发生空间位移,对其进行高效率与高效益流动、储存及增值服务为经营(活动)内容的营利性事业组织的集群。……它包括交通运输业、邮电通讯业、国内贸易业、对外贸易业、饮食业、物资供销业及仓储业等。"帅斌(2005)也采用这一定义。

目前,国内外虽然尚未形成统一的概念对物流产业的内涵进行界定,但毫无疑问的是物流产业是融合交通运输、仓储保管、物资供应、通信等产业部分职能于一身的新兴产业部门,其主要的基础产业为交通运输业和仓储业。结合上述分析,本书采用首部反映中国第三产业发展现状的《中国第三产业统计年鉴2006》中给出的物流产业的定义:"物流产业是融合了交通运输业物流、仓储业物流、贸易业物流、流通加工业与包装业物流、邮政业物流的复合型的服务产业。"并在实证分析中以交通运输业、仓储业和邮政业三者的相关统计数据反映中国物流产业的发展水平,具体论证见第二章。

---

① 王国华:《中国现代物流大全·现代物流总论》,中国铁道出版社2004年版,第465页。

三　效率与生产率

效率（Efficiency）是衡量一个产业是否健康有序运行的重要指标之一，在经济学领域中，效率通常是指各种投入资源转化为产出的有效程度。意大利经济学家维弗雷多·帕累托（Vilfredo Pareto）于1897年提出著名的"帕累托效率"是指，对于某种资源配置，如果不存在其他配置形式能在不使其他任何人境况变坏的同时使任何人的境况变得更好，则该配置形式是有效率的。美国经济学家保罗·萨缪尔森（Paul A. Samuelson）认为，效率是指尽可能有效利用资源满足需要或尽可能地减少浪费，即"经济在不减少一种物品生产的情况下，就不能增加另外一种物品的生产，它的运行便是有效率的"。英国经济学家法雷尔（Farrell，1957）最早给出了效率评价的理论，认为生产单元的效率由技术效率和配置效率两方面构成，两种效率的加总反映了部门或企业总的成本效率或经济效率。配置效率衡量的是在给定价格和生产技术下，实现最优化投入组合的能力，在现有统计资料中，物流产业各投入要素的价格信息较难获得，很难测算物流产业投入资源的配置效率，因此现有文献中对物流产业效率的考察通常是针对技术效率的。本书中所指的物流产业效率均为法雷尔（1957）定义的技术效率，即生产单元在技术一定的条件下，给定投入实现产出最大化的能力，或给定产出水平下实现最小投入的能力，所测度的是一种相对效率，效率值分布在0—1之间。

生产率（Productivity）是指生产过程中各种资源（人力、物力、财力）的有效利用程度，通常用产出与投入的比值大小来表示，根据投入要素选择范围和数量的不同，生产率可以分为单要素生产率和全要素生产率。如果作为研究对象的投入只包含一种要素（劳动、资本等），得到的产出与单一投入要素的比例关系为单要素生产率，如劳动生产率、资本生产率等；如果作为研究对象的投入包含土地、劳动、资本和自然资源等所有要素，得到的产出与全部投入要素的比例关系为全要素生产率（Total Factor Productivity，TFP）。单要素生产率的局限是只能反映一段时间内，单一要素生产率的情况，不能表示生产效率的全部变化，而全要素生产率则可以全面考察各种投入要素对产出增长的综合作用，反映一个经济系统的综合经济效益，避免了单要素生产率指标的弊端。如无特别说明，本书中的物流产业生产率均指物流产业全要素生产率。

四　全要素生产率

全要素生产率是在考虑全部投入要素（包括资本、劳动力、土地、能源、原材料等）条件下，全面反映经济系统中总投入转化为产出的效率。全要素生产率的增长是指除了上述投入要素的贡献和作用以外，其他所有要素所带来的产出增长率，可以归因于技术的进步和效率的提高。法尔等（Färe et al.，1994）提出了表示全要素生产率增长指标的 Malmquist 生产率指数，利用谢泼德（Shephard，1970）距离函数（Distance Function）将全要素生产率增长进一步分解为技术进步变化（Technology Change）和技术效率变化（Technical Efficiency Change），前者是生产前沿（或生产可能性边界）的外推，后者是实际生产点向生产可能性边界的移动。

随着环境问题在可持续发展中重要作用的日益显现，越来越多的学者认识到，资源和环境不仅是经济发展的内生变量，也是经济发展的刚性约束。因此，在利用全要素生产率评价经济增长效率时，不仅要考虑资本和劳动力等传统的投入要素，也要考虑资源消耗和环境污染在经济增长中的重要影响。传统的距离函数无法测度污染排放作为非期望产出存在下的全要素生产率，许多学者如穆赫塔迪（Mohtadi，1996）、拉马纳坦（Ramanathan，2005）、陈诗一（2009）等选择将污染排放与资本、劳动力和能源一起作为投入要素引入生产函数测算环境约束下的全要素生产率，但是由于污染排放是伴随期望产出的生产而出现，具有产出的特征，因此将其看作投入的假设并不合理。为了正确拟合环境污染对于经济增长的影响，钱伯斯等（Chambers et al.，1996）、钟等（Chung et al.，1997）、法尔等（2001）相继建立了方向距离函数，这种函数可以将污染排放作为生产过程的副产品——非期望产出纳入全要素生产率核算框架，第一次比较合理地拟合了环境因素在生产过程中的制约作用，根据这一方法计算得到的全要素生产率也被称为绿色全要素生产率。国内外学者利用上述方法对各个行业考虑环境约束的全要素生产率进行了广泛的实证研究，代表人物有博伊德等（Boyd et al.，2002）、耶吕克和扎伊姆（Yörük & Zaim，2005）、库马尔（Kumar，2006）、涂正革（2008）、王兵等（2010）。

本书提出的低碳约束下全要素生产率的概念是指将能源和碳排放纳入物流产业全要素生产率的分析框架，其中能源是与资本、劳动力并行的投入要素，碳排放这一环境污染变量作为非期望产出，研究同时考虑能源和环境影响后的物流产业增长方式的变化，从而深入探讨物流产业发展对能源和环境的依赖，以期正确评价物流产业的发展并制定相应的节能减排措施。本书利用数据包络分析方法计算的技术效率为静态的全要素生产率指标，可以进一步分解为纯技术效率和规模效率，运用 Malmquist 生产率指数、Malmquist-Luenberger 生产率指数、Metafrontier-Malmquist-Luenberger 生产率指数计算的均为全要素生产率指数的动态变化，可以分解为技术进步变化和技术效率变化，分解原理在第三章、第四章中有具体介绍。

第四节　国内外研究动态与文献综述

一　国外物流效率与生产率研究现状

早期国外研究物流效率的成果主要以分析交通运输业效率为主，近年来随着物流产业的快速发展和其重要性的逐步凸显，对物流效率问题的研究也渐趋增多。

伦纳和特伯（Renner & Tebbe，1998）的调研结果发现企业选择物流业务外包的主要目的是降低生产成本，因此物流企业在保证服务质量的同时应尽可能地提高企业生产资料的利用率，从而提高市场竞争力。罗斯和德勒格（Ross & Droge，2002）结合 DEA 和综合标杆分析法（Benchmarking）对配送企业的生产率进行了分析，并利用 Window Analysis 技术对面板数据进行分析处理。米恩和约（Min & Joo，2006）同样采用 DEA 模型和综合标杆分析法研究美国物流企业的生产率，并分析了物流企业服务强度和服务广度对生产率的影响，结论认为二者在一定程度上会对企业的生产率水平产生间接影响。陈东燊等（Chan，Felix T. S. et al.，2006）在引入综合标杆分析法这一绩效评估工具后，选择使用 Double-AHP（Analytic Hierarchy Process，AHP）的方法对香港邮政产业效率进行评估，并就如何在生产过程中持续改进和强化效率进行了分析。周根贵等（Zhou，G. et al.，2008）运用 DEA-CCR 和 DEA-BCC 模型评价了 10 个国有上市第三方物流企业连续 5 年的运作效率，发现固定资产投资、销售利润、人力成本以及员工技术水平是影响物流企业运营效率的主要因素。哈姆丹和罗赫尔斯（Hamdan & Rogers，2008）将公司的发展目标和专家意见作为限制性条件加入传统的 DEA-CCR 模型中，提出了限制性 DEA 模型，并利用这两类模型评价了美国某一物流企业下属 19 家仓储中心的生产率水平。

除了针对物流企业绩效进行评价，还有大量文献是针对港口物流系统的效率评价问题展开，如马丁内斯－布德里亚等（Martinez-Budria et al.，1999）将西班牙 26 个主要港口按照复杂程度划分为高、中、低三类，利用 DEA-BCC 模型对港口效率进行考察，研究发现，高复杂性组的港口效率最高，而中低复杂性组的港口效率则相对较低。瓦伦丁和格雷（Valentine & Gray，2001）、巴罗斯（Barros，2003）采用 DEA-CCR 模型分别分析了 1998 年世界集装箱港口排名前 100 中的 31 个集装箱港口的效率以及 1990—2000 年葡萄牙 10 个港口的技术效率。随后巴罗斯（2005）又利用随机成本前沿（Stochastic Cost Frontier）模型分析了葡萄牙港口的技术效率和技术变化，发现生产率与港口规模有关，规模较大的港口具有较高的生产率，而规模较小的港口其生产率水平也相对较低。特鲁希略和托瓦尔（Trujillo & Tovar，2007）利用 SFA 方法分析了 22 家港口企业的经济效率，发现其生产率水平仅达到 60%，因此认为这 22 家港口若能充分利用现有的生产资源还能额外处理 40% 的货物。

综合国外的研究发现，早期的研究相对较多，大部分的文献仍然集中于对微观层面的物流企业的绩效进行评价，也有少部分文献对物流企业技术效率、技术进步进行测度并探究物流企业生产率的影响因素。采用的方法基本都是基于非参数的数据包络分析（DEA）和基于参数的随机前沿分析（SFA）。

二 国内物流效率与生产率研究现状

国内学者对物流效率的研究思路与研究方法基本与国外相同，早期也主要集中于对交通运输业效率的分析，后期逐步向物流产业转变，方法主要集中于数据包络分析（DEA）、层次分析方法（AHP）和随机前沿法（SFA），但研究对象略有不同，不仅包括微观层面的物流企业的绩效评价，还包括宏观层面的区域、省际物流产业效率与生产率的研究。

（1）从微观层面进行的研究主要是针对企业的，国内学者针对不同类型企业的物流绩效评价、物流技术效率、技术进步以及生产率的测度等方面展开了大量的实证研究，由于研究视角及指标的选取等方面的差异，其评价和测度结果并不一致。潘书麟（2006）对台湾 13 家物流企业 2003—2005 年的生产率进行研究，发现这些企业大多处于规模报酬递减阶段，技术效率下降主要是由于规模效率下降所致。庞瑞芝（2006）利用 DEA-Malmquist 生产率指数法从静态和动态两个角度对中国 50 家主要沿海港口 1999—2002 年的经营效率进行分析，结果表明，中国沿海港口纯技术效率下降是整个行业总体效率偏低的主要原因，存在严重的投入拥挤和产出不足现象，不同地区沿海港口的总体效率及其分解存在差异。李兰冰和刘秉镰（2007）同样采用 DEA-Malmquist 方法研究中国对外开放机场 2001—2005 年的生产率及其变动，实证结果发现，纯技术无效率使得对外开放机场的总体生产率较低，各地区生产率依次为东—中—西—东北地区，由于综合技术效率和技术进步的双重作用使得机场全要素生产率总体呈现上升趋势。张宝友等（2007，2008）利用 DEA 方法对 2002—2005 年沪、深两市上市物流公司的财务数据进行动态绩效评价，结论显示中国上市物流企业总体绩效不佳，且有逐年下滑的趋势。刘洋等（2008）采用 DEA-Malmquist 生产率指数计算 1996—2006 年 13 家上市物流公司的全要素生产率及其分解。结果表明，企业效率的提高源于内部管理效率的改善和资源配置能力的提高，关税改革和行业开发对企业效率并未产生重大影响。邓学平等（2008，2009a，2009b）将 DEA-CCR、DEA-BCC 模型与 Malmquist 生产率指数、Window Analysis 技术以及相关分析、多元回归等统计学方法相结合，对中国物流上市公司的技术效率、规模效率、全要素生产率等指标的总体平均情况、变化趋势进行了系统的研究。主要结论包括两方面：一是中国物流市场缺乏有效的市场淘汰机制，不同类型的物流企业生产率的个体差异显著，如港口类企业的平均生产率水平高于运输、仓储类企业的平均生产率，若就整体的生产率水平而言仍然相对较低；二是中国物流企业效率低下的主要原因是纯技术效率和技术进步下降，规模效率的影响并不显著，因此应更多关注技术的改进，而不是盲目地为追求规模经济进行资产扩张与重组。随后庄玉良等（2009）、汪旭辉和徐健（2009）、张毅等（2013）也分别利用 DEA-Malmquist 生产率指数和超效率 DEA-CCR 模型对物流上市公司的效率和生产率进行研究，得到相似的结论。至此，应用传统 DEA 和 Malmquist 生产率指数法对物流企业效率的评价和研究已经相对成熟。

自 2010 年起，国内学者更多开始倾向于利用各种改进的 DEA 模型对物流企业效率进行评价。李电生和员丽芬（2010）为了解决传统 DEA 同一性的假设，引入了经济发展水平、社会物流发展水平和群内港口合作水平 3 个模糊环境变量，建立了多系统模糊 DEA 模型对中国三大沿海港口群进行分析，结果证实，环境因素确实对港口群物流系统的运行效率存在一定的影响。钟祖昌（2011）运用三阶段 DEA 方法测度了 2001—2008 年中国 28 家物流上市公司的运营效率。结果显示，不考虑外生环境变量和随机冲击的影响，物流企业的纯技术效率通常被低估，规模效率被高估；三阶段 DEA 的测度结果得到与邓学平等（2009a）相反的结论，即中国物流企业的综合技术效率较低的主要原因是规模效率低下，企业规模与技术效率具有显著的正向关系。杨德权和裴金英（2012）在原有 DEA-AHP 评价方法的基础上，将超效率和区间数层次分析法结合，提出了 DEA-IAHP 方法对物流企业绩效进行评价，解决了传统方法不能对效率值均为 1 的决策单元进行有效排序的问题和决策者因为对物流企业信息掌握不全而导致的点判断矩阵不可靠的问题。孔原（2012）将 SORM（Semi-Oriented Radial Measure）技术和 DEA-Tobit 两阶段模型相结合测度物流上市公司 2001—2010 年的经营绩效并对其影响因素进行分析，弥补了传统 DEA 技术只能使用非负投入产出数据的缺陷，该方法可以将部分时段产出为负值的企业也纳入样本范围。结果表明：纯技术效率偏低是中国物流企业经营效率持续下降的主要原因；对外贸易激增和城市化进程加快促使物流企业规模快速扩张；从长期看，企业技术进步对改善物流生产率的作用较小，而规模效率变化对技术效率变化的影响却较大。

（2）从宏观层面进行的研究主要是针对中国物流产业、区域物流或者行业物流的技术效率、技术进步以及全要素生产率的测度及其影响因素展开。代表性的研究有：贺竹馨和孙林岩（2006）利用 DEA 方法建立了区域物流相对有效的评价指标体系，对中国 31 个省、市、区的区域物流相对有效性进行测算。结果显示，中国不仅区域物流效率的地域差距明显，而且物流非有效区域大多处于规模收益递增阶段。刘军和杨明（2009）采用 Malmquist 生产率指数法，对 1997—2007 年中国物流产业全要素生产率和技术效率的变动进行了量化分析。结果不仅说明物流产业技术进步速度缓慢，技术效率负增长是近年来物流产业发展较快却大而不强的根源，还结合中国物流产业的发展现状，指出中国物流产业效率降低的主要原因，如基础设施网络协同性不强、高端市场竞争不充分和低端的过度竞争、制造业物流服务水平不高、市场秩序不完善及分散的管理体制等问题。田刚和李南（2009a，2009b）以中国省级地区物流产业的面板数据为基础，分别应用超越对数随机前沿、DEA-Malmquist 生产率指数法，对中国物流产业全要素生产率的增长来源、差异与变化趋势进行分析。结论表明，各地物流产业全要素生产率呈增长态势，技术进步是其增长的主要动力，技术效率持续下降阻碍了生产率的增长；各地区存在严重的投入拥挤和产出不足现象，且不同地区全要素生产率的增长也存在差异；收敛检验表明，中国物流产业技术效率、全要素生产率都存在明显的发散趋势。余泳泽和武鹏（2010）利用随机前沿生产函数测算了中国物流产业效率，并考察了物流资源利用率、地区制度变迁、区位因素对中国省域物流产业效率的影响。2010 年，余泳泽和刘秉镰又应用 SFA 模型对中国区域物流产业整体技术效率和全要素生产率进行了评价。樊敏（2010a）运用 DEA-BCC、DEA-Malmquist 生产率指数以及 VAR 模型对一些代表性城市群物流产业运作效率及联动效率进行实证分析，并据此从优化外部环境、加快企业创新、促进联动发展等方面提出中国城市群物流产业发展策略。樊敏（2010b）还基于三阶段 DEA 方法构建了均质化的效率分析框架，考察剔除外部环境和随机影响后中国八大经济区域 2008 年物流产业的实际运作效率。田刚和李南（2011）采用考虑随机误差的随机前沿生产函数估计方法（即 SFA 一步法），测算中国省域物流产业技术效率，并考察了人力资本、制度、政府干预、开放程度及产业结构等环境因素对物流产业技术效率的影响。樊元和马丽梅（2012）利用 SFA 和 First-Difference 面板数据的建模技术，对不同区域的物流效率进行测度和分析。范月娇（2012）利用 DEA-BCC 和 DEA-SE 两种效率评价方法，以海峡西岸经济区为例，对所属 20 个城市以及海西经济区物流服务生产率给予了实证性评价。姚娟和庄玉良（2013）从所有权机构、物流环境对物流产业效率的影响角度，基于省际面板数据，对中国物流产业效率进行了实证分析。研究发现，现阶段国有控股物流企业不利于物流效率提升，而民营和外资物流企业、人力资本和固定资产投资都能有效提升物流效率。由于缺乏运输资源整合，现有各运输线路延伸对物流效率的影响为负。张宝友等（2013）利用三阶段 DEA 模型评价了 2002—2011 年中国物流产业效率，进而分析了 FDI 质量对中国物流产业效率的影响。研究得出，在剔除环境变量与随机变量的影响后，中国物流产业实际效率值下降；FDI 的技术含量、盈利能力和本地化程度对物流产业效率有正向影响，而 FDI 的平均规模则与物流产业效率呈负相关。高秀丽和孟飞荣（2013）运用索洛残值法测算了中国省域物流产业全要素生产率，并利用空间计量模型对其影响因素进行分析。结果表明，中国各省物流产业具有明显的空间相关性和空间异质性；地理位置相邻地区的物流产业具有趋同现象；基础设施和工业化进程对物流产业全要素生产率的提高有显著的正向影响，而市场需求条件和市场化水平的促进作用并不显著。

综观已有的研究成果，国内学者将微观和宏观两个层面进行细分，从物流企业（特别是物流上市公司）、物流产业、物流行业和区域物流四个角度对物流产业的效率和生产率展开研究，以非参数 DEA 和参数 SFA 方法为主，并辅以管理科学、统计学、计量经济学中的多种方法，得到了大量的结论，但仍然存在不足之处，即国内学者在构建物流产业全要素生产率指标时，虽然考虑了资本、劳动力等生产要素的投入以及 GDP、周转量等合意的期望产出，却忽略了物流运作过程中所必需的投入要素——能源，以及能源消耗所产生的二氧化碳等非期望产出。无视能源和环境对物流产业发展的影响，可能会造成我们对过去物流产业发展状况的认识产生偏颇。

三 国内外低碳约束下物流效率与生产率研究现状

近年来，随着各类环境问题的凸显，少数学者在对交通领域进行研究时已经开始把二氧化碳排放作为非期望产出纳入产出效率测度的框架内。如麦克马伦和卢（McMullen & Noh，2007）利用方向距离函数验证在减少机动车尾气排放的同时增加旅客周转量和车辆行驶里程这一方法的重要性，并分析了美国 43 个公交运输机构 2000 年运输系统的效率，结果显示，在不考虑减少尾气排放时，仅有 5 个机构是有效率的，而将减少尾气排放这一因素考虑在内时，有 22 个机构为有效单位，无论是否将污染物考虑在内，公立机构都比私立机构效率低下。罗赫尔斯和韦伯（Rogers & Weber，2011）采用 DEA 技术，以美国 50 个州的载重运输业 2002—2007 年的面板数据为研究对象，根据班克和约翰斯顿（Banker & Johnston，1994）的研究将投入指标设定为能源、劳动力、资本、公路的公共维修费用和公路里程，期望产出为载重运输业的产值，非期望产出为二氧化碳排放和事故死亡人数，并结合产出方向距离函数（Directional Output Distance Function，DODF）分别就强处置和弱处置下的二氧化碳排放进行估计，目的是计算出二氧化碳减排成本的影子价格。实证结论指出，若将投入资源用于减少二氧化碳排放会导致死亡人数在统计上显著增加，载重运输产出在统计上显著减少。温等（Oum et al., 2013）测度和比较了日本铁路公司和航空公司在国内城际旅游市场的社会效益。他们将生命周期二氧化碳作为非期望产出，旅客的时间和政府在基础设施上的投资作为投入变量。使用非参数的产出方向距离函数（DODF）和综合社会效益指数来分析三大铁路公司和两个主要航空公司在 1999—2007 年之间的面板数据。结果显示，铁路公司比航空公司拥有更多的社会效益。同时也发现，非参数 DODF 模型不仅无法比较各企业不同运输方式的效率，也无法比较相同运输方式下不同企业间的效率，原因可能是数据集是高度异质性的，即不同的运输方式存在严格的分类差异。

国内物流领域的碳排放研究多集中于对低碳环境下物流运输及供应链的优化，以及低碳物流产业发展的评述，尚未有学者对碳排放约束下物流产业全要素生产率的测度展开研究。为数不多的研究仅对物流产业的二氧化碳排放量进行了核算以及对物流领域二氧化碳排放绩效进行测度，如周叶等（2011）测算了不同能源的二氧化碳排放因子及排放系数，然后以物流作业直接能耗法核算 2008 年中国各省域物流作业的二氧化碳排放指标，对比分析发现，中国省域物流活动产生的二氧化碳排放量存在地域不平衡性，中部和东部大部分省份要高于西部各省，而单位货物周转二氧化碳排放量西部大部分省份要高于中东部各省。张立国等（2013）从环境生产技术出发，测度了中国 30 个省市 2003—2009 年物流产业的二氧化碳排放绩效及动态变化。研究发现，中国物流产业的碳强度呈现逐年上升的趋势，成为目前减排的主要压力行业；东部地区物流产业二氧化碳的排放绩效要好于西部地区，同时西部又优于中部地区；对各省市进行比较得出，北京市物流产业的二氧化碳排放绩效最好，最差的是内蒙古地区。周叶等（2011）和张立国等（2013）虽然分析了物流产业的二氧化碳排放特征和排放绩效，但是仍然没有将物流产业的碳排放与产业增长相连接，无法体现出物流产业增长过程中的环境代价。

四　现有文献研究的不足

综合分析现有文献的研究成果，主要存在以下四方面不足：

第一，国内学者在构建物流产业全要素生产率指标时，虽然多方面考虑了资本、劳动力等生产要素的投入以及 GDP、周转量等合意的期望产出，但却忽略了物流运作过程中所必需的投入要素——能源，以及能源消耗所产生的二氧化碳等非期望产出，使所测度的效率值不能反映生产过程中带来的"好"产出和"坏"产出的两面性，导致我们对过去物流产业发展的状况缺乏全面的认识。

第二，对物流产业全要素生产率测度的模型大部分采用传统 DEA 方法，没有考虑到各决策单元所处的外部环境以及随机误差的影响，即隐含了外部环境均质化的假设，得到的效率值可能存在低估或高估实际生产率水平的可能，因而不能客观反映物流产业生产者的决策和管理水平。

第三，无论是对物流产业上市公司绩效的评价还是对物流产业全要素生产率的测度，传统的 DEA 方法和 SFA 方法均将各决策单元视为相同类型，没有考虑到不同地区或不同类型的物流企业之间存在经济发展水平、技术水平以及制度的差异等情况。而传统的效率和生产率比较的前提是所有决策单元处于相同环境且拥有相似的技术水平，假设不成立，决策单元分属不同的技术集合，面对不同的生产前沿，若仍然使用单个生产前沿构造的距离函数比所表示的效率值判断，将会因为衡量基准的不一致而使评价结果不可比。

第四，在运用计量方法考察中国物流产业效率和生产率的影响因素时，缺少文献进行空间维度的分析。根据新经济地理学理论，洛佩斯－巴索等（López-Bazo et al.，2004）指出，没有理由认为一个企业的溢出因为地理或者行政边界的原因而只停留在该企业初始投资的地区，全要素生产率存在空间相关性已被诸多学者证实，因此在构建计量经济模型时如果忽略了物流产业全要素生产率的空间相关性和溢出效应，可能会导致由计量模型估计得到的参数估计量是有偏的，掩盖了全要素生产率及其影响因素之间的真实动态变化关系。即使仅有的少量文献考虑了全要素生产率的空间相关性和外溢效应，也较少同时考虑其影响因素是否也存在空间相关性和空间溢出效应，在很大程度上无法真实反映物流产业全要素生产率空间依赖的具体机制。

第五节　研究内容、研究方法与技术路线

一　研究内容

本书的主要研究内容如下：

第一章，首先介绍了本书选题的背景及意义，突出了从低碳约束视角

下研究物流产业效率与生产率的必要性和重要性，然后对国内外物流效率与生产率，以及考虑环境因素下的物流效率与生产率的相关研究进行了归纳和梳理，最后在概括全书的研究内容、研究方法以及技术路线的基础上，提炼出本书的创新之处。

第二章，根据《2006 年 IPCC 国家温室气体清单指南》估算了全国农业、工业、建筑业、物流产业、商业及其他三产六大产业 1991—2011 年的碳排放量以及中国 30 个省级地区物流产业 1997—2011 年的碳排放量，然后分别利用脱钩理论及脱钩指数、基尼系数及组群分解方法、极化指数、LMDI 分解技术等多种方法对全国六大产业乃至省域物流产业碳排放量的分布、地区差异及驱动因素进行了系统研究。

第三章，运用基于序列 DEA 的方向距离函数、Malmquist-Luenberger（ML）生产率指数方法测算 1997—2011 年中国 30 个省级地区碳排放约束下物流产业全要素生产率及其分解，并与传统 Malmquist 生产率指数法进行比较，修正了传统 Malmquist 生产率指数未考虑物流生产运作过程中对环境污染的影响所导致的效率高估。为了进一步研究外生环境条件对物流产业 ML 生产率指数的影响，构建了三阶段 DEA 模型，对比分析了将所有决策单元置于相同的较好的外部环境条件，以及置于相同的恶劣环境条件下得到的生产率指数与初始 ML 生产率指数的差别，最后对剥离外生环境变量影响后的 ML 生产率指数进行了技术"创新者"分析、收敛性检验和空间聚类模式特征研究。

第四章，为了克服中国各省物流产业面临不同技术边界的问题，以及在传统的物流生产率分析框架中增加碳排放等非期望产出的影响，本书结合非参数序列 DEA 的方向距离函数、共同前沿 Metafrontier-Malmquist-Luenberger（MML）生产率指数首先测度了 1997—2011 年中国 30 个省级地区碳排放约束下物流产业全要素生产率增长及分解，并通过技术差距比率的测算分析了区域间的生产率差异，然后运用核密度估计分别考察了共同前沿和组群前沿全要素生产率的动态演进特征，最后针对物流产业的技术效率做了有益的扩展，判断技术效率较低的省份是否伴随有较高的技术追赶，并探讨了碳排放约束下共同前沿、组群前沿物流产业全要素生产率的宏观驱动因素。

第五章，尝试从地理溢出效应视角切入，首先利用基于序列 DEA 的方向距离函数和 Malmquist-Luenberger 生产率指数方法测算得到 1997—

2011 年中国 30 个省级地区碳排放约束下物流产业全要素生产率。然后设置了 4 种空间权重矩阵，运用新经济地理学理论对物流产业的全要素生产率的空间分布特征进行分析，并检验了物流产业全要素生产率的外溢效应，随后采用空间杜宾模型在控制了产业结构和资源禀赋的情况下考察了相邻省份的公共基础设施、人力资本水平对本地区物流产业全要素生产率的影响。最后基于直接偏效应和间接偏效应的角度，对产生溢出效应的各影响因素的效果和路径进行考察。

第六章，结论与政策建议。首先对本书此前各章节的研究结论进行相关总结，并结合前文的理论和实证分析结果，提出提高物流产业全要素生产率和在物流行业领域内实施节能减排的政策建议，最后指出了本书的局限性及未来可以进一步深入研究的方向与问题。

二　研究方法

本书以经济增长理论、生产理论、环境经济学、新经济地理学相关理论为基础，综合采用计量经济分析、数理经济分析和实证检验等分析方法，从描述性、解释性、验证性、探索性等方面逐层展开。在具体研究过程中，本书以物流产业的现实背景及现有研究的不足为出发点，尽可能地吸收已有方法的优点，采用新近发展的基于方向距离函数的数据包络分析技术、共同前沿生产技术、空间计量分析等方法，从全新的视角——低碳约束，对历年中国区域、省际物流产业的碳排放以及碳排放约束下全要素生产率的动态演进、驱动因素及空间溢出效应进行系统、全面的测度和分析。主要的分析方法如下：

（1）在对物流产业碳排放进行系统研究时，首先利用塔皮奥（Tapio，2005）提出的脱钩指数，结合中国经济发展的实际情况划分出 6 种脱钩状态，对中国六大产业以及省域物流产业的碳排放与经济增长的脱钩状态进行划分；其次基于卡米洛·达格姆（Camilo Dagum，1997）提出的基尼系数及其组群分解方法研究物流产业碳排放的地区差异及其分解，并构造反映物流产业碳排放分布极化的 ER 指数、EGR 指数、LU 指数和 P 指数，对中国物流产业碳排放分布的极化程度进行测度；最后运用 LMDI 分解技术分析导致中国物流产业碳排放持续增长的驱动因素。

（2）在评价不同经济主体绩效与效率时，可以采用非参数的数据包络分析方法来构造生产前沿面。本书对全国、区域和省际物流产业全要素生产率进行评价时，采用了方向距离函数、序列 DEA、共同前沿 Meta-frontier-Malmquist-Luenberger 生产率指数、三阶段 DEA 等分析方法，构造了碳排放约束下物流产业全要素生产率模型；并利用 Kolmogorov-Smirnov 检验、Mann-Whitney U 检验、Kruskal-Wallis 检验等多种非参数检验方法验证本书所采用的考虑碳排放约束的物流产业全要素生产率测度与传统测度存在的显著差异；利用 β 收敛分析、核密度估计考察了全新视角下测度得到的物流产业全要素生产率的动态演进趋势；最后运用面板数据模型判断技术效率较低的省份是否伴随有较高的技术追赶，并全面探讨了物流产业全要素生产率的影响因素。

（3）在对物流产业全要素生产率的溢出效应模型进行设定时，通过估计传统的 OLS 模型、空间滞后 SAR 模型、空间误差 SEM 模型、空间杜宾 SDM 模型，判断了物流产业全要素生产率在地区间是否存在空间相关性并实证考察了省际物流产业全要素生产率及其影响因素的空间溢出效应的作用路径、大小和方向。使用的主要检验方法有：Moran's I 相关指数、基于拉格朗日乘数形式的 LMerror、LMlag 及其稳健形式 R-LMerror、R-LMlag检验、基于极大似然原理的 Wald 检验、Likelihood Ratio 检验（LR 检验）。在设定空间权重矩阵时，建立了交通空间权重矩阵、交通距离空间权重矩阵、交通距离经济空间权重矩阵，并将这 3 种空间权重矩阵与传统的二进制邻接权重矩阵进行对比。在利用空间杜宾模型进行外溢效应的检验时，基于直接偏效应和间接偏效应的角度，对产生溢出作用的物流产业全要素生产率的各影响因素的效果和路径进行考察。

三 技术路线

现代经济增长理论认为，全要素生产率（即广义技术进步）是经济增长的主要源泉和根本动因。由于现阶段物流产业粗放式发展在资源消耗和污染排放上对社会总体经济发展的影响巨大，因此分析物流产业增长问题时必须要考虑其增长过程所带来的资源、环境的影响。全要素生产率指标若要真实反映一个产业发展的质量和效益，不仅要考虑资本、劳动力等传统投入要素和合意的期望产出，也要在一定程度上反映能源消耗和污染排放等非期望产出对产业发展的影响。本书主要从低碳的视角，在系统论证物流产业碳排放变化特征及对物流产业乃至区域经济增长影响的基础上，分析碳排放约束下物流产业全要素生产率动态演进、驱动因素及空间溢出效应。并在所得结论的基础上，提出提高物流产业全要素生产率和在物流行业领域内实施节能减排的政策启示。按照这一主旨要义，本研究将沿着图 1-3 所示的技术路线展开。本书的区域是指行政区域，主要局限在省市范围并兼顾东、中、西部地区。

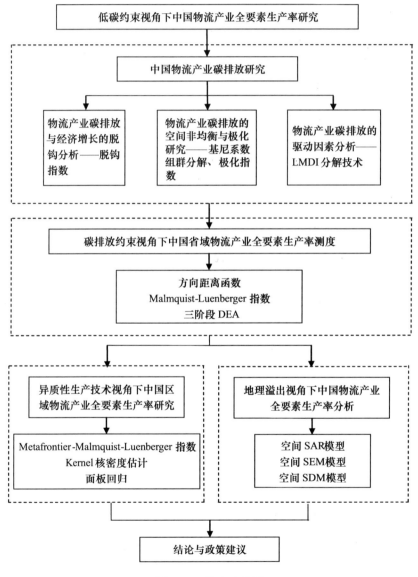

图 1-3　技术路线图

第六节 本书的创新点

第一，将用于分析人均收入分配差异的基尼系数、极化指数用于分析环境问题乃至分析碳排放的变化，并运用卡米洛·达格姆（1997）提出的基尼系数及其组群分解方法对地区差距进行分解。本质上，基尼系数强调样本偏离全局均值的分布情况，极化概念强调特定区域成员围绕样本局部均值呈聚类式分布的不均衡状态。作为地区发展不平衡的一种表现形式，极化研究的应用可以对地区差距研究进行有益的补充，进而更加全面反映地区物流产业碳排放分布的特征和规律。

第二，国内已有较多文献对物流产业全要素生产率展开研究，在构建生产率指标时，虽然多方面考虑了资本、劳动力等生产要素的投入以及GDP、周转量等合意的期望产出，但却忽略了物流运作过程中所必需的投入要素——能源，以及能源消耗所产生的必然副产品——污染废弃物等非期望产出。本书在前人研究基础上将能源这一必要投入与碳排放这一必然非期望产出共同纳入生产率测度框架，修正了传统物流产业生产率测度由于忽视这两个必要因素而产生的对全要素生产率水平的过高估计。

第三，考虑到中国三大区域之间发展不平衡的事实，从技术差距的视角采用共同前沿 Metafrontier-Malmquist-Luenberger（MML）生产率指数分析方法将全国各省、市、区碳排放约束下的全要素生产率指数区分为共同前沿下和组群前沿下的生产率，短期内应以组群前沿下的指标为参考基准，长期来看则应努力缩小各组群之间技术水平的差异，以实现共同前沿下的全要素生产率（MML）的改善。此外，在对 MML 生产率指数进行分解时，在模型中引入了规模效率的调整项，将"追赶"指数进一步分解为纯技术追赶和潜在技术追赶。将 MML 指数分解为组群前沿下的纯技术效率变化、纯技术变化、规模效率变化、技术规模变化、技术追赶、潜在技术相对变动、共同前沿与组群前沿下的规模效率变化比以及技术规模变化比 8 个子项，使得对物流产业全要素生产率的动态分析更为全面。

第四，在对全要素生产率空间溢出模型进行设定时，通过估计和检验（传统 OLS—空间滞后 SAR/空间误差 SEM—空间杜宾 SDM），发现本地区物流产业全要素生产率不仅受到相邻地区物流产业全要素生产率的影响，而且相邻地区基础设施、人力资本等因素也会对本地区的物流产业全要素生产率产生影响，因此确定同时嵌套空间和时间固定效应的空间杜宾模型（SDM）最适宜对物流产业全要素生产率进行空间分析；鉴于空间权重矩阵的设定会对空间面板计量模型的估计结果产生较大影响，目前广泛使用的地理权重矩阵以及在地理权重矩阵基础上演变的经济地理权重矩阵虽然可以较好地刻画技术的扩散现象，但是并不符合物流产业的特点，本书尝试选择地理距离空间权重矩阵进行估计，但是经过检验发现，物流产业全要素生产率的空间相关性在单纯加入地理权重矩阵后被削弱，SAR、SEM、SDM 模型中的空间溢出效应的相关系数 δ 和空间误差相关系数 θ 都不显著，因此推断对于物流产业来说，其生产率的空间溢出效应不随距离的远近发生根本变化，交通运输网络通达程度这一要素不能被忽略，结合上述分析，本书后续建立了基于交通运输网络的交通权重矩阵、同时考虑运输网络的覆盖程度和地理距离的交通距离权重矩阵、进一步加入地区经济发展因素的交通距离经济权重矩阵，并将这三种空间权重矩阵与传统的二进制邻接权重矩阵进行对比；在利用空间杜宾模型进行外溢效应的检验时，传统的自变量系数及其显著性检验不能作为衡量变量影响和显著性的依据，这里借鉴保罗·埃尔霍斯特（J. Paul Elhorst, 2010）在 SDM 模型中基于直接偏效应和间接偏效应的角度，对产生溢出效应的物流产业全要素生产率的各影响因素的效果和路径进行考察。

第二章　中国物流产业碳排放研究

　　根据国际能源机构（International Energy Agency，IEA）发表的《燃料燃烧二氧化碳排放 2009》数据显示，中国作为世界上最大的发展中国家，其二氧化碳排放量早在 2007 年达到 60.71 亿吨时就已经超越美国，成为世界上与能源相关二氧化碳排放的第一大国。要实现到 2020 年，单位 GDP 的二氧化碳排放量比 2005 年下降 40%—45% 的目标，中国在削减二氧化碳的排放量上仍然面临着较大的国际压力和特殊困难。

　　物流包括乘客的流动和货物的运输等一系列活动，对能源的依赖性很强，而能源消耗又以油料等非可再生能源为主，高污染能源的消耗使得温室气体和大气污染物大量排放，因此物流产业能耗的降低成为继工业后中国节能减排能否成功的又一关键。考虑到数据的直接可获得性和可比性，

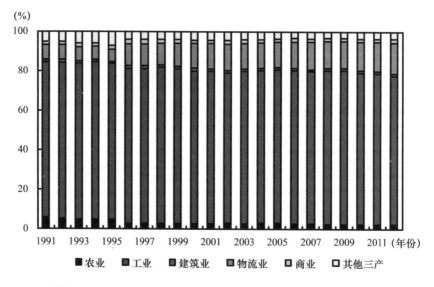

图 2 - 1　1991—2011 年物流产业与其他各产业碳排放对比结构图

且由于交通运输业、仓储业和邮政业一直是中国传统物流产业的主要组成部分，因此以三者的相关统计数据可以大致反映一段时期内中国物流产业的发展水平。

根据中国能源消费所产生的碳排放量的产业结构变化图 2-1 可知，按照《中国统计年鉴》产业结构的划分思想将中国的产业结构划分为六大产业：农业、工业、建筑业、物流产业、商业和其他第三产业。在总量上，2011 年的碳排放量约为 1991 年的 2.6 倍，增长较快。农业碳排放量占碳排放总量的比重有所下降，由 1991 年的 5.7% 下降到 2011 年的 2.36%，建筑业和商业碳排放占比变化稳定，21 年间占比年均保持在 1.21% 和 1.78% 的水平，工业碳排放量占六大产业全部碳排放量的比重略有下降，从 1991 年的 78.68% 下降到 2011 年的 76.4%，下降幅度为 2.27%，其他三产占比也略有下降，21 年间其他三产碳排放量占六大产业全部碳排放量的比重降幅 1.51%，物流产业（即交通运输业、仓储业和邮政业）是六大产业中碳排放量占比唯一上升的产业，占碳排放总量的比重从 1991 年的 7.23% 到 2011 年的 14.66%，上升了 7.43 个百分点，成为中国碳排放增长最快的行业。中国目前正处在节能减排的关键时期，物流产业碳排放的减少对中国实现 2020 年的碳减排目标有较大的影响。

本章以此为背景，基于 1991—2011 年物流产业与社会经济发展的相关统计数据，从以下三个层面对物流产业的碳排放展开系统分析：（1）利用资源环境方面的评价指标——脱钩指数分析物流产业碳排放的脱钩状态及其变化的成因；（2）将用于人均收入分配问题的基尼系数、极化指数引入资源环境领域，分析物流产业碳排放强度空间分布的地区差距和极化程度；（3）基于 LMDI 分解模型分析物流产业碳排放持续增长的驱动因素。开展这一研究，不仅可以为中国制定物流产业节能减排的长期战略提供重要参考价值，还可以从调整能源结构、优化运输方式等角度为中央及地方政府制定物流碳减排措施提供指导建议，使物流产业尽早实现碳减排和产业发展共赢。

第一节　中国物流产业碳排放的脱钩效应

现代物流产业涉及交通运输业、仓储业、邮政业等基础性行业，是一种复合型的现代服务业。交通运输业、仓储业及邮政业的发展伴随着大量油品的消耗，三个行业的油品消费量占全国油品消费量的比例超过1/3，并有逐步增大趋势。基于中国物流产业规模大、油品利用率低、油品质量标准不高的现实，物流产业的发展不可避免地对环境造成了较大影响。在目前中国环境问题极为突出的背景下，减排目标已经作为约束性指标纳入政策制定的前提条件，因此利用资源环境方面的评价指标——脱钩指数分析物流产业发展与资源环境之间的耦合关系就显得十分有意义。

一　脱钩理论及脱钩指数回顾

"脱钩"（Decoupling）即"解耦"，原为物理学概念，是指具有响应关系的两个或多个物理量之间耦合关系的破裂。经济合作与发展组织（Organization for Economic Cooperation and Development，OECD）在 20 世纪末将"脱钩"引入到农业政策研究中，随后世界银行又将其拓展到资源环境领域，用来分析资源、环境和经济增长之间的关系。当环境压力没有随着经济增长而同步增大，甚至出现零增长或负增长时，就产生了"脱钩"。

从国外的研究文献看，"脱钩"理论比较早地被应用到对交通运输业碳排放与经济增长之间关系进行研究。例如：塔皮奥（Tapio，2005）在研究欧盟 15 国（包括芬兰地区）的经济增长、交通运输量和二氧化碳排放量三者关系时重新构建了脱钩理论框架，并对脱钩程度进行详细分类；格雷等（Gray et al.，2006）对苏格兰地区经济增长与交通运输量及碳排放之间的脱钩情况做了系统研究。近年来，脱钩指数被广泛应用在水、土地等资源消耗与经济增长关系的研究以及农业、工业、旅游业等产业发展与二氧化碳排放脱钩效果的测定等领域，并通过这些研究制定或评价相应的减排政策。国内近年来也从不同角度围绕脱钩理论展开大量研究，主要集中在以下几个方面：一是脱钩的测度方法和脱钩发展的研究（钟太洋等，2010；陆钟武等，2011）；二是地区或国家的经济发展与环境和资源间的脱钩关系研究（陈百明、杜红亮，2006；杜红亮等，2007；宋伟等，2009；王崇梅，2010；彭佳雯等，2011；武红等，2011；谷学明等，2012；盖美等，2013）；三是碳排放及其驱动因素的脱钩分析（徐盈之等，2011；孙耀华、李忠民，2011；仲云云、仲伟周，2012；张兰等，2012）；四是脱钩理论在循环经济中的应用（邓华、段宁，2004）；五是中国不同产业碳排放与经济增长的脱钩研究，如田云等（2012）针对中国农业碳排放进行的测算、时空比较及脱钩效应研究。

综上所述，虽然国内外学者对于脱钩的研究进行了一定的探索，但是研究多以国家或地方的经济发展与环境或资源间的脱钩分析、碳排放及其驱动因素间的脱钩分析为主，有关省域层面物流产业碳排放与经济增长之间脱钩关系的研究，目前国内外学者均尚未有所涉及。然而，分析各省物流产业经济增长与能源消费、碳排放之间的脱钩关系，是明确分省物流节能潜力与减排目标，从而为物流产业制定切实有效的节能减排措施的重要前提。本节依据这一现实意义，利用脱钩理论分析中国物流产业的脱钩状态及其变化的成因。

二　脱钩指数的测度

目前，在判断脱钩状态或对脱钩程度进行测度时，所采取的主要方法有脱钩因子法、弹性分析法、IPAT 模型法以及基于完全分解技术的脱钩分析方法等，本节主要采用目前应用最为广泛的塔皮奥（2005）提出的脱钩弹性系数法分析[①]。塔皮奥（2005）针对交通容量与 GDP 的脱钩问题提出的脱钩弹性系数用公式表示为：

$$E = \frac{\% \Delta VOL}{\% \Delta GDP} \tag{2.1}$$

其中，E 为弹性系数（Elasticity），$\% \Delta VOL$、$\% \Delta GDP$ 分别表示交通容量和 GDP 的变化率，据此推导出物流产业碳排放与物流产值 GDP 的脱钩弹性指数 E_{cg}，并将 E_{cg} 进一步划分为能源消费与碳排放的脱钩弹性指数 E_{ce} 和能源消费与物流产值 GDP 的脱钩弹性指数 E_{eg} 两部分，用公式分别表示如下：

$$E_{cg} = \frac{\% \Delta C}{\% \Delta GDP} = \frac{(C_{t+1} - C_t)/C_t}{(G_{t+1} - G_t)/G_t} \tag{2.2}$$

---

① 塔皮奥（2005）脱钩模型是以时期为时间尺度的弹性分析方法，它综合了总量变化和相对量变化两类指标，有效缓解了采用 OECD 脱钩因子法对基期值的高度敏感性或极端性而导致的计算偏差，也解决了 IPAT 模型无法区分绝对脱钩和相对脱钩、完全分解技术无法对未脱钩状态继续划分的窘境，因此得到广泛应用。

$$E_{eg} = \frac{\% \Delta E}{\% \Delta GDP} = \frac{(E_{t+1} - E_t)/E_t}{(G_{t+1} - G_t)/G_t} \quad (2.3)$$

$$E_{ce} = \frac{\% \Delta C}{\% \Delta E} = \frac{(C_{t+1} - C_t)/C_t}{(E_{t+1} - E_t)/E_t} \quad (2.4)$$

$$E_{cg} = E_{eg} \times E_{ce} \quad (2.5)$$

式中，$\% \Delta C$ 为由能源消费引起的碳排放量的变化率；$\% \Delta GDP$ 为物流产业国内生产总值的变化率；$\% \Delta E$ 为能源消费总量的变化率；t 为时期。塔皮奥（2005）将脱钩状态划分为 8 种情形，并将弹性值在 [0.8,1.2] 内看作是耦合（Coupling），也称为连接状态。根据塔皮奥的判断标准，在 [0.8,1.2] 的弹性区间共包含了 6 种脱钩状态，分别为扩张性耦合、衰退性耦合、扩张性负脱钩、弱负脱钩、弱脱钩和衰退性脱钩，该方法划分过于精细，不易于进行经济学解释。本书结合中国物流产业的实际情况，对塔皮奥判断标准进行调整，将 8 种脱钩状态调整为 6 种，各脱钩状态的判断准则如表 2-1 所示。

表 2-1 脱钩状态判断准则

脱钩状态	$\% \Delta C / \% \Delta GDP$	$\% \Delta E / \% \Delta GDP$	ΔC	ΔE	ΔGDP
强脱钩	$E_{cg} \leqslant 0$	$E_{eg} \leqslant 0$	$\leqslant 0$	$\leqslant 0$	> 0
弱脱钩	$0 < E_{cg} < 1$	$0 < E_{eg} < 1$	> 0	> 0	> 0
衰退性脱钩	$E_{cg} \geqslant 1$	$E_{eg} \geqslant 1$	< 0	< 0	< 0
强负脱钩	$E_{cg} \leqslant 0$	$E_{eg} \leqslant 0$	$\geqslant 0$	$\geqslant 0$	< 0
弱负脱钩	$0 < E_{cg} < 1$	$0 < E_{eg} < 1$	< 0	< 0	< 0
扩张性负脱钩	$E_{cg} \geqslant 1$	$E_{eg} \geqslant 1$	> 0	> 0	> 0

资料来源：作者根据彭佳雯等（2011）的研究整理。

实现物流产业的节能减排，即实现物流产业增长与能源消费、碳排放的脱钩过程，强脱钩为最理想状态，强负脱钩为最不理想状态，当物流增加值保持持续增长时，物流碳排放的弹性值越小，则脱钩程度越高。该方法近年来在国内外土地、工业、能源等领域均得到广泛应用。以物流产业为例，各类脱钩状态的经济学含义如表 2-2 所示。

表 2 - 2　　　**物流产业增长与能源消费、碳排放脱钩状态含义**

脱钩状态	碳排放与物流产业增长脱钩状态特征描述	能源消费与物流产业增长脱钩状态特征描述
强脱钩	物流产业增长、碳排放下降	物流产业增长、能源消费量下降
强负脱钩	物流产业衰退、碳排放增加	物流产业衰退、能源消费量增加
弱脱钩	物流产业增长，碳排放增加，碳排放增加的幅度小于物流产值增长的幅度	物流产业增长，能源消费量增加，能源消费量增加的幅度小于物流产值增长的幅度
扩张性负脱钩	物流产业增长，碳排放增加，碳排放增加的幅度大于物流产值增长的幅度	物流产业增长，能源消费量增加，能源消费量增加的幅度大于物流产值增长的幅度
弱负脱钩	物流产业衰退，碳排放下降，碳排放下降的幅度小于物流产值衰退的幅度	物流产业衰退，能源消费量下降，能源消费量下降的幅度小于物流产值衰退的幅度
衰退性脱钩	物流产业衰退，碳排放下降，碳排放下降的幅度大于物流产值衰退的幅度	物流产业衰退，能源消费量下降，能源消费量下降的幅度大于物流产值衰退的幅度

资料来源：作者整理。

三　中国物流产业碳排放测算

（一）本书物流产业范围的界定

根据《中国第三产业统计年鉴 2012》，交通运输业、仓储业和邮政业的增加值和固定资产投资额占物流产业的比重如表 2 - 3 所示。

表 2 - 3　　　**交通运输业、仓储业和邮政业占物流产业的比重**　　单位：%

指标	1991年	1995年	2000年	2005年	2006年	2007年	2008年	2009年	2010年	2011年	年均
交通运输业、仓储业和邮政业增加值占物流产业增加值比重	86.7	84.7	84.8	82.4	81.3	83.8	83.0	82.5	82.1	81.3	84.0
交通运输业、仓储业和邮政业固定资产投资占物流产业固定资产投资比重	87.7	89.6	94.3	87.6	84.5	82.3	81.3	82.7	83.0	77.4	88.1

资料来源：作者计算整理。

交通运输业、仓储业和邮政业一直是中国传统物流产业的主要组成部分，1991—2011 年各年度交通运输业、仓储业和邮政业增加值占物流产业增加值的比重都超过 80%，固定资产投资占比年均达到 88.1%。因此，在考察物流产业地区发展水平时，由于数据统计的局限性，以上述三者的相关统计数据可以大致反映一段时期内中国物流产业的发展水平，本书所指的物流产业均以交通运输业、仓储业和邮政业的数据作为替代进行分析。

（二）物流产业碳排放的测算

目前对碳排放的测算均是通过估算得到的，在碳排放的估算中，主要以终端能源消费量产生的碳排放作为研究对象，而各能源的碳排放系数则根据联合国政府间气候变化专门委员会（IPCC）在 2006 年版的碳排放计算指南中提供的估算方法进行测算。由于物流产业所排放的废气中不仅包括二氧化碳还包括一些运输中未能完全燃烧的碳氢化合物和一氧化碳，因此本书没有测算二氧化碳排放量，而是以 8 种主要能源（煤炭、焦炭、原油、汽油、煤油、柴油、燃料油、天然气）的消耗为基准测算分省物流产业的碳排放量[①]。根据《2006 年 IPCC 国家温室气体清单指南》中提供的方法，采用如下公式计算，单位为万吨。

$$C = \sum_{i=1}^{8} C_i = \sum_{i=1}^{8} E_i \times NCV_i \times CEF_i \times COF_i \qquad (2.6)$$

其中，E_i 表示第 i 种能源的消费量，折算成万吨标准煤；NCV_i 为第 i 种能源的平均低位发热量，数据来自《中国能源统计年鉴 2012》；CEF_i 为 IPCC（2006）提供的碳排放系数；COF_i 是碳氧化因子（IPCC 默认值为 1）。表 2 - 4 给出了估算碳排放量时用到的参考系数以及各种能源碳排放系数估算结果。

表 2 - 4   碳排放系数估算

能源	平均低位发热量	IPCC（2006）碳排放系数	碳氧化因子	标准煤折算系数	本书估算的碳排放系数
煤炭	20908kJ/kg	25.8kgC/GJ	1	0.7143kgce/kg	0.7552kgC/kgce

①　电力既有本地区的火力发电，也有区域外的电网输电，由于对消耗的电力难以区分具体来源，因此本书在计算物流产业碳排放量时没有考虑各地区电力消耗产生的碳排放量。

能源	平均低位发热量	IPCC（2006）碳排放系数	碳氧化因子	标准煤折算系数	本书估算的碳排放系数
焦炭	28435kJ/kg	29.2kgC/GJ	1	0.9714kgce/kg	0.8547kgC/kgce
原油	41816kJ/kg	20.0kgC/GJ	1	1.4286kgce/kg	0.5854kgC/kgce
汽油	43070kJ/kg	18.9kgC/GJ	1	1.4714kgce/kg	0.5532kgC/kgce
煤油	43070kJ/kg	19.6kgC/GJ	1	1.4714kgce/kg	0.5737kgC/kgce
柴油	42652kJ/kg	20.2kgC/GJ	1	1.4571kgce/kg	0.5913kgC/kgce
燃料油	41816kJ/kg	21.1kgC/GJ	1	1.4286kgce/kg	0.6176kgC/kgce
天然气	38931kJ/m³	15.3kgC/GJ	1	1.3300kgce/m³	0.4479kgC/kgce

资料来源：作者计算整理。

　　本节利用该方法测算得到 1991—2011 年全国六大产业的碳排放量，以及 1997—2011 年 30 个省（包括直辖市、自治区，以下统称为省，其中不包含西藏、台湾、香港和澳门地区）物流产业的碳排放量[1]，并按照地域差别将 30 个省划分为东、中、西三个区域[2]。数据由相关年份《中国统计年鉴》和《中国能源统计年鉴》整理获得，为剔除价格因素的影响，将年鉴中公布的各产业及各地区的当年价总产值利用相应的国内生产总值指数折算为 1997 年不变价格的实际总产值，1996 年以后的各类能源消费量数据取自《中国能源统计年鉴 2009》调整后的数据。

四　中国物流产业碳排放脱钩效应的实证研究

（一）六大产业碳排放脱钩效应分析

　　根据《中国统计年鉴》产业结构的划分思想，同时兼顾本书的研究目的，将中国产业划分为六大类。其中，第一产业概括为一类，称为农

---

　　[1]　由于物流产业部分能源种类的消费量数据缺失过多，因此在测算分省物流产业碳排放量时将样本期调整为 1997—2011 年，2000—2002 年宁夏、2002 年海南缺少物流产业的能源消费量数据，采用当年一次能源消费量及相关年度物流产业能源消费量占能源消费总量的比重推算得到。

　　[2]　东部包括北京、天津、河北、辽宁、上海、江苏、浙江、福建、山东、广东和海南 11 个省市。中部包括山西、吉林、黑龙江、安徽、江西、河南、湖北和湖南 8 个省份。西部包括四川、贵州、云南、陕西、甘肃、宁夏、青海、新疆、内蒙古、重庆和广西 11 个省市区。

业；第二产业中将工业和建筑业分别划分为一类；第三产业划分为三类，将交通运输业、仓储业和邮政业单独划为一类，称为物流产业，批发、零售和住宿、餐饮业划分为一类，称为商业，其他第三产业划分为一类，称为其他三产。样本期各产业碳排放与增加值脱钩效应的测度结果如表2－5所示。

　　碳排放与经济发展的脱钩状态决定了产业调整升级的方向与程度。由表2－5可知，六大产业部门的碳排放脱钩状态随时间变化并不平稳。结合中国的实际情况，即各产业产值增长率均为正，因此各产业碳排放的脱钩效果主要集中于三种状态：强脱钩、弱脱钩和扩张性负脱钩。其中最不理想的状态为扩张性负脱钩，是需要重点调控的部门，农业在20年间有5年表现为扩张性负脱钩，占样本期的1/4，且全部集中于"十五"期间，其次需要重点调控的为物流产业，扩张性负脱钩出现4次，分别为1996年、2003年、2004年及2010年，农业和物流产业对经济发展方式转变的敏感性强，碳减排的潜力大。商业分别在1993年、1996年、2005年表现出扩张性负脱钩，建筑业、工业和其他三产仅在个别年份出现扩张性负脱钩。强脱钩是比较理想的状态，虽然不是当前调控的重点，但要关注其年度变化趋势，谨防脱钩后的复钩。弱脱钩属于不太理想的状态，虽然碳排放水平得到了一定的控制，但是随时可能恶化进而过渡到扩张性负脱钩的状态。对六大产业在20年间所处强脱钩和弱脱钩的状态进行统计，发现建筑业和商业分别有7个年份处于强脱钩的理想状态，占样本期的35%，农业有6个年份处于强脱钩，工业和其他三产也分别有5个和4个年份处于强脱钩，而物流产业仅有1994年可划分为强脱钩，有15个年份为弱脱钩状态。因此，无论从碳排放与经济增长脱钩的重要性还是紧迫性来说，物流产业都是亟须进行碳排放治理的产业之一。由于中国六大产业在样本期间碳排放与经济增长处于弱脱钩的年份居多，距离达到强脱钩的理想状态尚有一定的距离，因此还不能同时实现经济增长与碳排放降低的双重目标。

表 2 - 5　　　　六大产业部门 1991—2011 年各时期碳排放脱钩结果

年份	E_{cg}	农业	E_{cg}	工业	E_{cg}	建筑业	E_{cg}	物流业	E_{cg}	商业	E_{cg}	其他三产
1991—1992	-1.13	强脱钩	0.27	弱脱钩	0.38	弱脱钩	0.18	弱脱钩	0.25	弱脱钩	0.28	弱脱钩
1992—1993	-0.08	强脱钩	0.17	弱脱钩	-0.28	强脱钩	0.16	弱脱钩	1.17	扩张性负脱钩	0.70	弱脱钩
1993—1994	0.14	弱脱钩	0.12	弱脱钩	-0.05	强脱钩	-0.05	强脱钩	-0.27	强脱钩	0.01	弱脱钩
1994—1995	0.30	弱脱钩	0.28	弱脱钩	-0.26	强脱钩	0.56	弱脱钩	0.29	弱脱钩	1.36	扩张性负脱钩
1995—1996	-2.75	强脱钩	-0.05	强脱钩	1.57	扩张性负脱钩	4.39	扩张性负脱钩	1.36	扩张性负脱钩	-2.49	强脱钩
1996—1997	0.39	弱脱钩	-0.05	强脱钩	-0.42	强脱钩	0.05	弱脱钩	-0.11	强脱钩	-0.01	强脱钩
1997—1998	0.21	弱脱钩	0.70	弱脱钩	1.49	扩张性负脱钩	0.09	弱脱钩	-0.02	弱脱钩	-0.14	强脱钩
1998—1999	-14.10	强脱钩	-0.53	强脱钩	-0.15	强脱钩	0.41	弱脱钩	-0.67	强脱钩	0.28	弱脱钩
1999—2000	2.05	扩张性负脱钩	-0.23	强脱钩	0.51	弱脱钩	0.23	弱脱钩	-0.44	强脱钩	0.20	弱脱钩
2000—2001	0.34	弱脱钩	0.05	弱脱钩	0.05	弱脱钩	0.22	弱脱钩	-0.22	强脱钩	0.10	弱脱钩
2001—2002	1.64	扩张性负脱钩	-0.05	强脱钩	0.41	弱脱钩	0.59	弱脱钩	0.21	弱脱钩	0.25	弱脱钩
2002—2003	2.57	扩张性负脱钩	1.25	扩张性负脱钩	0.45	弱脱钩	1.95	扩张性负脱钩	0.55	弱脱钩	0.45	弱脱钩
2003—2004	1.13	扩张性负脱钩	0.98	弱脱钩	0.79	弱脱钩	2.06	扩张性负脱钩	0.73	弱脱钩	0.88	弱脱钩
2004—2005	2.14	扩张性负脱钩	0.73	弱脱钩	0.84	弱脱钩	0.64	弱脱钩	1.64	扩张性负脱钩	0.05	弱脱钩
2005—2006	0.40	弱脱钩	0.38	弱脱钩	0.47	弱脱钩	0.63	弱脱钩	0.45	弱脱钩	0.30	弱脱钩
2006—2007	-0.25	强脱钩	0.20	弱脱钩	-0.02	强脱钩	0.48	弱脱钩	0.21	弱脱钩	0.36	弱脱钩
2007—2008	-0.35	强脱钩	0.19	弱脱钩	-0.14	强脱钩	0.14	弱脱钩	-0.21	强脱钩	-0.03	强脱钩

续表

年份	E_{cg}	农业	E_{cg}	工业	E_{cg}	建筑业	E_{cg}	物流业	E_{cg}	商业	E_{cg}	其他三产
2008—2009	0.55	弱脱钩	0.68	弱脱钩	0.91	弱脱钩	0.41	弱脱钩	0.84	弱脱钩	0.12	弱脱钩
2009—2010	0.45	弱脱钩	0.14	弱脱钩	0.60	弱脱钩	1.12	扩张性负脱钩	0.13	弱脱钩	0.42	弱脱钩
2010—2011	0.28	弱脱钩	0.30	弱脱钩	0.26	弱脱钩	0.54	弱脱钩	0.50	弱脱钩	0.56	弱脱钩

说明：$E_{cg} = \%\Delta C/\%\Delta GDP$。

资料来源：作者计算整理。

（二）中国物流产业经济增长与能源、碳排放脱钩效应分析

表 2 - 6 分别给出了 1991—2011 年各时期物流产业增长与能源、碳排放脱钩弹性的变化趋势和相关指标的分析结果。在表 2 - 6 中，$\%\Delta C$、$\%\Delta E$、$\%\Delta GDP$ 分别表示碳排放变化率、能源消费变化率和物流产业 GDP 变化率，3 类脱钩指数分别表示碳排放与物流 GDP 的脱钩弹性指数 E_{cg}、能源消费与物流 GDP 的脱钩弹性指数 E_{eg}、碳排放与能源消费的脱钩弹性指数 E_{ce}，E_{ce} 主要用于解释 E_{cg} 和 E_{eg} 时作为中间变量考虑。

表 2 - 6　　　　1991—2011 年各时期物流产业增长与能源碳
排放脱钩相关指标结果

年份	$\%\Delta C$	$\%\Delta GDP$	$\%\Delta E$	E_{cg}	E_{eg}	E_{ce}	碳排放脱钩弹性	能源脱钩弹性
1991—1992	0.035	0.195	0.062	0.181	0.319	0.566	弱脱钩	弱脱钩
1992—1993	0.041	0.259	0.040	0.160	0.156	1.027	弱脱钩	弱脱钩
1993—1994	- 0.016	0.330	0.012	- 0.049	0.036	- 1.335	强脱钩	弱脱钩
1994—1995	0.077	0.138	0.078	0.558	0.566	0.986	弱脱钩	弱脱钩
1995—1996	0.725	0.165	0.715	4.388	4.329	1.014	扩张性负脱钩	扩张性负脱钩
1996—1997	0.006	0.115	0.006	0.055	0.050	1.097	弱脱钩	弱脱钩
1997—1998	0.009	0.109	0.010	0.086	0.090	0.959	弱脱钩	弱脱钩
1998—1999	0.039	0.095	0.056	0.414	0.588	0.704	弱脱钩	弱脱钩
1999—2000	0.052	0.230	0.047	0.228	0.206	1.106	弱脱钩	弱脱钩
2000—2001	0.025	0.113	0.034	0.220	0.305	0.721	弱脱钩	弱脱钩
2001—2002	0.064	0.108	0.062	0.590	0.577	1.023	弱脱钩	弱脱钩
2002—2003	0.129	0.066	0.153	1.955	2.320	0.843	扩张性负脱钩	扩张性负脱钩

续表

年份	$\%\Delta C$	$\%\Delta GDP$	$\%\Delta E$	E_{cg}	E_{eg}	E_{ce}	碳排放脱钩弹性	能源脱钩弹性
2003—2004	0.186	0.090	0.182	2.064	2.024	1.020	扩张性负脱钩	扩张性负脱钩
2004—2005	0.116	0.180	0.127	0.644	0.704	0.915	弱脱钩	弱脱钩
2005—2006	0.098	0.155	0.103	0.632	0.664	0.952	弱脱钩	弱脱钩
2006—2007	0.086	0.179	0.083	0.483	0.462	1.046	弱脱钩	弱脱钩
2007—2008	0.023	0.167	0.044	0.137	0.261	0.527	弱脱钩	弱脱钩
2008—2009	0.022	0.053	0.034	0.409	0.636	0.644	弱脱钩	弱脱钩
2009—2010	0.095	0.085	0.100	1.118	1.176	0.950	扩张性负脱钩	扩张性负脱钩
2010—2011	0.081	0.151	0.095	0.540	0.628	0.859	弱脱钩	弱脱钩

说明：$E_{cg}=\%\Delta C/\%\Delta GDP$、$E_{eg}=\%\Delta E/\%\Delta GDP$、$E_{ce}=\%\Delta C/\%\Delta E$。

资料来源：作者计算整理。

从表 2-6 可以看出，1991—2011 年，物流脱钩弹性总体上表现出"W"型变化，脱钩状态呈现出"不太理想状态"—"畸形状态"的周期性变化，1992—1996 年、1997—2004 年、2005—2011 年基本都经历了从"不太理想"的弱脱钩向"畸形的"扩张性负脱钩过渡的过程。研究期间中国物流产业的经济增长与能源消费引起的碳排放处于弱脱钩的年份居多，物流产业总体上呈现出弱脱钩—强脱钩—扩张性负脱钩—弱脱钩的发展特征，与中国物流产业发展阶段是吻合的，碳排放受物流产业发展的驱动明显。其中扩张性负脱钩只出现在 1996 年、2003 年、2004 年、2010 年，这期间物流产业发展迅速，导致物流能耗和碳排放增加，出现碳排放增长快于物流产业 GDP 增长的现象。2003—2004 年，中国物流产业的碳排放脱钩弹性突然增大，原因可能是 2002 年中国加入世界贸易组织后造成当年物流产业需求激增，使得碳排放明显增多，而物流产业的经济增长由于受到价格竞争的影响，增幅与碳排放相比较小，从而造成脱钩状态短期恶化变为扩张性负脱钩。1994 年为物流产业增长与能源环境最和谐的一年，该年度碳排放脱钩弹性 E_{cg} 为 -0.049，是最理想的强脱钩状态，反映出在这一年中物流产业的发展摆脱了以牺牲环境为代价的经济增长方式，原因是物流产业的碳排放在 1994 年出现了负增长，同样，这一年能源消费与物流 GDP 的弹性为弱脱钩中最理想的一年，弹性脱钩指数 E_{eg} 仅为 0.036。结合碳排放与能源消费脱钩弹性 E_{ce} 看，碳排放脱钩弹性 E_{cg} 与能源消费的脱钩弹性 E_{eg} 两者变化趋势相似，物流产业增长与碳排放脱钩主要是由于与能源脱钩引起的, 弹性值 E_{cg} 和 E_{eg} 互有高低, 总体上, 碳排放的能源弹性高于碳排放的经济增长弹性, 除了 1992 年、2008—2009 年, 其余年份 E_{ce} 弹性绝对值都在 1 左右, 说明目前中国物流产业的碳减排技术对碳排放与产业脱钩的贡献作用并不明显, 中国物流产业长期以高碳排放的油品为主, 节能减排技术的发展相对滞后, 距离实现强脱钩还有一定差距。

（三）中国省域物流产业碳排放的脱钩效应分析

进一步对中国 30 个省级地区物流产业增长与能源消费、碳排放的脱钩效应进行分析。由于分省物流产业能源数据缺失较多, 因此样本范围调整为 1997—2011 年, 结果如表 2 - 7 所示[①]。

表 2 - 7　　　　1997—2011 年四阶段各地区物流产业增长
与碳排放脱钩弹性指标

区域	省份	"九五"中后期 （1997—2000 年）		"十五"期间 （2001—2005 年）		"十一五"期间 （2006—2010 年）		"十二五"初期 （2010—2011 年）	
		E_{cg}	脱钩状态	E_{cg}	脱钩状态	E_{cg}	脱钩状态	E_{cg}	脱钩状态
东部	北京	1.016	扩张性负脱钩	0.583	弱脱钩	0.782	弱脱钩	0.445	弱脱钩
	天津	0.937	弱脱钩	3.282	扩张性负脱钩	0.233	弱脱钩	0.743	弱脱钩
	河北	0.200	弱脱钩	5.993	扩张性负脱钩	0.262	弱脱钩	0.429	弱脱钩
	辽宁	0.647	弱脱钩	2.262	扩张性负脱钩	0.354	弱脱钩	0.329	弱脱钩
	上海	0.951	弱脱钩	1.578	扩张性负脱钩	0.742	弱脱钩	-9.216	强脱钩
	江苏	0.565	弱脱钩	8.599	扩张性负脱钩	0.485	弱脱钩	0.225	弱脱钩
	浙江	0.755	弱脱钩	-43.692	强负脱钩	0.442	弱脱钩	0.564	弱脱钩
	福建	0.321	弱脱钩	-14.692	强负脱钩	1.228	扩张性负脱钩	0.662	弱脱钩
	山东	-0.449	强脱钩	15.835	扩张性负脱钩	0.498	弱脱钩	0.499	弱脱钩
	广东	1.700	扩张性负脱钩	-7.838	强负脱钩	0.538	弱脱钩	0.342	弱脱钩
	海南	0.957	弱脱钩	1.834	扩张性负脱钩	3.465	扩张性负脱钩	0.177	弱脱钩

---

① 物流产业增长与能源消费的脱钩弹性指标测度结果见附录。

续表

区域	省份	"九五"中后期(1997—2000年)		"十五"期间(2001—2005年)		"十一五"期间(2006—2010年)		"十二五"初期(2010—2011年)	
		E_{cg}	脱钩状态	E_{cg}	脱钩状态	E_{cg}	脱钩状态	E_{cg}	脱钩状态
中部	山西	0.193	弱脱钩	0.629	弱脱钩	1.260	扩张性负脱钩	0.213	弱脱钩
	吉林	-0.134	强脱钩	1.290	扩张性负脱钩	0.950	弱脱钩	0.344	弱脱钩
	黑龙江	0.743	弱脱钩	2.122	扩张性负脱钩	-0.037	强脱钩	5.252	扩张性负脱钩
	安徽	0.076	弱脱钩	0.773	弱脱钩	1.617	扩张性负脱钩	1.076	扩张性负脱钩
	江西	1.331	扩张性负脱钩	1.217	扩张性负脱钩	0.630	弱脱钩	0.653	弱脱钩
	河南	-0.007	强脱钩	1.502	扩张性负脱钩	2.558	扩张性负脱钩	1.435	扩张性负脱钩
	湖北	0.510	弱脱钩	3.848	扩张性负脱钩	0.263	弱脱钩	1.496	扩张性负脱钩
	湖南	0.965	弱脱钩	5.148	扩张性负脱钩	0.331	弱脱钩	0.666	弱脱钩
西部	四川	0.713	弱脱钩	2.897	扩张性负脱钩	1.549	扩张性负脱钩	-1.167	强脱钩
	贵州	0.182	弱脱钩	1.100	扩张性负脱钩	0.337	弱脱钩	0.574	弱脱钩
	云南	0.364	弱脱钩	6.184	扩张性负脱钩	5.675	扩张性负脱钩	0.572	弱脱钩
	陕西	-0.428	强脱钩	5.775	扩张性负脱钩	1.321	扩张性负脱钩	0.496	弱脱钩
	甘肃	1.668	扩张性负脱钩	-0.090	强脱钩	0.596	弱脱钩	0.301	弱脱钩
	宁夏	-0.849	强脱钩	1.497	扩张性负脱钩	0.059	弱脱钩	-0.100	强脱钩
	青海	1.472	扩张性负脱钩	0.518	弱脱钩	2.806	扩张性负脱钩	0.382	弱脱钩
	新疆	0.180	弱脱钩	2.010	扩张性负脱钩	0.273	弱脱钩	0.807	弱脱钩
	内蒙古	-0.690	强脱钩	2.812	扩张性负脱钩	0.591	弱脱钩	0.630	弱脱钩
	重庆	0.967	弱脱钩	1.720	扩张性负脱钩	1.087	扩张性负脱钩	0.307	弱脱钩
	广西	4.102	扩张性负脱钩	3.315	扩张性负脱钩	0.458	弱脱钩	0.311	弱脱钩

说明：$E_{cg} = \%\Delta C / \%\Delta GDP$。

资料来源：作者计算整理。

省域物流产业增长与碳排放脱钩分析结果表明，1997—2000 年，全国有 18 个省落在弱脱钩区域，6 个省落在强脱钩区域，实现脱钩的省份占全国样本总量的 80%，其余 6 个省均落在扩张性负脱钩区域，脱钩程度最高的为宁夏，脱钩程度最低的为广西。这一阶段整体脱钩效果较好，是由于 1997—1998 年亚洲金融危机的波及以及滞后效应所致。中国各地区经济增长都受到不同程度的影响，因此出现能源和碳排放增长幅度小于物流产值的增长幅度，该时期物流产业碳排放脱钩状态与发达国家的强脱钩特征不同是由于外部冲击造成的。2001—2005 年，仅甘肃省为强脱钩状态，北京、山西、安徽、青海四个省落在弱脱钩区域，而浙江、福建、广东三个物流大省出现了能源和碳排放增长、物流产值衰退的强负脱钩关系，其余 22 个省均落在扩张性负脱钩区域。脱钩状态迅速恶化的原因是 2001—2005 年由于国际形势好转以及国家扩大内需和增加投资等宏观调控政策的实施，大批高能耗、重复性的交通基础设施建设项目集中上位，使得物流产业快速发展的过程中伴随了能源消费以及碳排放的大幅攀升，从而造成物流产业发展与能源、碳排放的扩张性负脱钩状态。2006—2010 年，扩张性负脱钩的省份数量下降为 10 个，有 66.7% 的地区处于脱钩状态，其中仅有黑龙江一个省为最理想的强脱钩状态，持续到 2011 年末，有 4 个省落在扩张性负脱钩区域，上海、四川、宁夏为强脱钩，其余 23 个省为弱脱钩。总体来说，大部分省级地区都经历了弱脱钩—扩张性负脱钩—弱脱钩的一个过程，2006—2011 年随着经济的平稳增长和低碳化政策的稳步实施，物流产业的低碳排放也逐步受到重视，因此整体上逐步恢复为弱脱钩的状态，但是由于碳排放的脱钩指数并不稳定，弱脱钩状态极易转变为扩张性负脱钩状态，同时中国各省物流产业增长与碳排放的脱钩状态中处于强脱钩的省份始终较少，因此目前仍需对物流产业的碳排放进行治理，使之尽早实现与物流产业发展的强脱钩。

将碳排放与物流产值的脱钩指数和能源消费与物流产值的脱钩指数相对比，发现二者弹性值的地区变化基本一致，省域层面上经济增长与碳排放脱钩主要由经济与能源消费的脱钩所致。观察区域碳排放脱钩状态的变化趋势发现，自 2006 年起，东部和西部地区物流产业的碳排放脱钩效果要明显好于中部地区，中部仍然是物流产业碳排放治理的重点区域。

第二节　中国物流产业碳排放的空间非均衡
　与极化研究

一　空间非均衡与极化研究回顾

随着低碳经济的迅速兴起，融入低碳和可持续发展理念的低碳物流应运而生。中国国土幅员辽阔，不同地区的交通基础设施、经济发展水平、资源禀赋等方面不尽相同，因此物流产业的碳排放水平在地区间存在很大差异。碳排放作为物流经济活动的必然副产品，增加减排的投入势必会减少本来就稀缺的生产性投入，进而影响物流产出的增长。省际间物流碳排放的不均衡显示了其对温室气体产生所负有的责任以及对气候改变所做的"贡献"。这种不均衡性正好揭示了不同地区应采取有差别的控制和缓解碳排放的措施。因此，在低碳物流发展的背景下，掌握省际间物流产业碳排放的空间分布特征和长期的演变规律是制定碳减排政策和进行减排指标分解的前提，也为中国在"十二五"期间及以后制定区域低碳物流发展战略和相关措施提供依据。

从国外的研究进展看，国际间二氧化碳排放的地区差距问题最早是在1996 年的 IPCC 气候变化的报告中提出，随后自海尔和沃登（Heil & Wodon, 1997）开始，国外很多学者将研究收入差距的工具用于研究跨国二氧化碳排放的地区差距问题。这类文献可以划分为两类：第一类是利用集中度指数测度二氧化碳排放的地区差距。例如：海尔和沃登（1997, 2000）利用基尼系数的组分解方法研究全球二氧化碳排放的地区差距并预测未来至 2100 年全球人均二氧化碳排放的不均衡程度，发现未来温室气体排放的不均衡水平将随着国家或地区内的排放差距减小而降低；帕迪利亚和塞拉诺（Padilla & Serrano, 2006）利用 Kakwani 指数测度了温室气体的排放差距；埃托雷和帕迪利亚（Cantore & Padilla, 2010）通过对各种减碳情景建模，比较了基尼系数和 Kakwani 指数，结论指出碳排放在多数情境下会逐步分散，这种分散的趋势会成为发展中国家碳减排的巨大负担；格罗特（Groot, 2010）应用基尼系数和洛伦兹曲线验证各种形式的减碳政策的效果，指出发达国家应减少更多的碳排放。第二类是利用熵指数测度跨国二氧化碳排放的地区差距，其优势在于可以将地区差距按照区域或行业的角度进行完全分解，并计算分解后各部分的贡献率。例如：杜

罗和帕迪利亚（Duro & Padilla，2006）利用 Kaya 因子，将二氧化碳排放
分解为碳强度、能源强度和总收入；赫德纽斯和克里斯蒂安·阿扎（He-
denus & Christian Azar，2005）使用 Atkinson 指数对资源消耗总量进行分
解，并比较了世界富有地区和穷困地区的差别，结论是富有地区拥有更高
的二氧化碳排放量。国际上对跨国碳排放的地区差距和不均衡性的研究正
在逐渐增多，而对单一国家内部碳排放地区差距的研究却相对不足，仅有
少数学者如克拉克－萨瑟等（Clarke-Sather et al.，2011）进行了类似的
研究，他将中国划分为东、中、西三大区域，利用变异系数、基尼系数和
Theil 指数，分析各区域人均二氧化碳排放和 GDP 的差异。尽管克拉克－
萨瑟等（2011）同时运用了基尼系数和 Theil 指数，但从本质上说，两类
指数均是测度不同样本二氧化碳排放的离散程度，着重考察的是不同地区
二氧化碳排放的平均差异。而极化研究强调不同地区之间的对抗程度，它
随着地区内部同质性和地区之间差异性的增强而增大。尽管两种测度方法
存在差异，但作为地区发展不平衡的一种表现形式，极化研究的应用可以
对地区差距研究进行有益的补充，进而更加全面反映地区二氧化碳排放的
分布特征和规律。

　　通过研究发现，极化指数主要用于人均收入分配问题，将极化分析
应用于环境问题乃至二氧化碳排放的相关文献较少，最早将其用于分析
环境问题的是埃斯库拉（Ezcurra，2007），他利用埃斯特班等（Esteban
et al.，1999）提出的 EGR 极化指数和非参数核密度估计方法分析
1996—1999 年 87 个国家人均二氧化碳排放的极化情况；杜罗和帕迪利
亚（2008）利用 EGR 指数测度全球 116 个国家 1971—2001 年人均二氧
化碳排放分布的极化程度；杜罗（Duro，2010）利用张晓波和坎布尔
（Zhang & Kanbur，2001）提出的 Z-K 极化指数测度人均二氧化碳排放
的分布情况，仍然采用全球 116 个国家作为样本，时间跨度拓展为
1971—2006 年；杜罗和帕迪利亚（2013）利用 EGR 指数和 Z-K 指数对
29 个欧盟国家 1990—2007 年的人均二氧化碳排放的极化程度进行度
量，其中，EGR 指数采用内生分组的方法，根据排放程度进行分组，
Z-K 指数采用外生分组的方法，根据地理位置进行分组。结果显示，自
20 世纪 90 年代中期开始，二氧化碳的极化现象明显下降，原因是组间
二氧化碳排放的对抗程度下降。

　　从国内的研究进展看，仅有少数学者研究了中国二氧化碳排放的区域

差异和极化分布问题，其中比较早的研究，如刘占成等（2010）通过统计描述不同区域的碳排放量、碳排放强度等指标发现中国区域间的碳排放存在较大差距，随后国内学者开始将基尼系数、Theil 指数等分析人均收入分配差异的指标应用到区域碳排放研究中来。如肖黎姗等（2011）利用基尼系数和空间自相关的方法，分析了 1990—2007 年中国省际碳排放空间分布格局和集聚程度，结论认为碳总量和碳强度都呈现正的空间自相关且在局部空间上出现高值集聚现象。孙耀华等（2012）、唐建荣和王清慧（2013）分别利用 Theil 指数分析了中国碳排放的区域分布特征及差异性，认为总体碳排放强度呈下降趋势，主要是由于区域间差异增大造成。刘华军等（2012，2013）结合基尼系数和动态分布分析方法对省际二氧化碳排放的地区差距、分布动态进行实证研究，结论证实中国二氧化碳排放存在空间非均衡性，总体差距扩大，不同水平的碳强度组间流动性较低，碳排放存在一定的稳定性。

国内上述文献多集中分析总体碳排放的地区差距和分布情况，由于不同行业在不同省份或地域的经济发展中所处的地位不同，若高碳排放行业处于支柱产业地位，必然受到产业政策倾斜得到较快发展，使得碳排放迅速增加进而可能出现地区内差距缩小，极化程度增加的现象。目前，针对某一行业分析碳排放地区差距的文献较少，有关物流产业碳排放的文献主要围绕以下三个方面展开：（1）物流产业碳排放的影响因素研究（马越越、王维国，2013）；（2）物流产业碳减排政策的研究和模拟（周叶等，2011；唐丽敏等，2013）；（3）物流产业碳排放的绩效研究（张立国等，2013）。其中，周叶等（2011）在分析中虽然指出中国省域间物流活动的二氧化碳排放存在地域不平衡性，但并未做进一步的分析，因此目前对中国物流产业碳排放空间分布的地区差距及极化研究仍为空白。

本节拟从以下两个方面补充现有文献的不足：首先，使用中国 30 个省级地区 1997—2011 年相关数据测算分省物流产业碳排放强度，并以此为指标基于卡米洛·达格姆（1997）提出的组群分解的方法研究物流产业碳排放的地区差异及其分解；其次，构造反映物流碳排放分布极化的 ER 指数、EGR 指数、LU 指数和 P 指数，对中国物流产业碳排放分布的极化程度进行测度，以期为中央及地方政府制定碳减排政策提供依据，以利于物流产业尽早实现碳减排和产业发展的共赢。

二　空间非均衡与极化的研究方法

（一）物流产业碳排放的地区分解方法

基尼系数测度的是不同样本碳排放的非均衡程度，着重考察的是不同地区碳排放的平均差异。根据卡米洛·达格姆（1997）提出的基尼系数及其组群分解方法，将总体基尼系数 G 表示为：

$$G = \frac{1}{2n^2\bar{y}} \sum_{j=1}^{k} \sum_{h=1}^{k} \sum_{i=1}^{n_j} \sum_{r=1}^{n_h} |y_{ji} - y_{hr}| \qquad (2.7)$$

其中，$y_{ji}(y_{hr})$ 是第 $j(h)$ 地区内某省物流产业碳排放水平，$\bar{y}$ 是全国各省物流产业碳排放水平的均值，$\bar{y} = \sum_{j=1}^{k} \bar{y}_j \bar{n}_j / n = \sum_{j=1}^{k} \sum_{i=1}^{n_j} y_{ji} / n$，$n$ 是省份个数，$n = \sum_{j=1}^{k} n_j$，k 是地区数，$n_j(n_h)$ 是第 $j(h)$ 地区内所含省份数。按照卡米洛·达格姆（1997）基尼系数的分解方法，将总体差距分解为：地区内差距的贡献率 G_w，地区间差距的净贡献率 G_{nb}，地区间超变密度（Intensity of Transvariation）的贡献率 G_t，满足 $G = G_w + G_{nb} + G_t$。超变密度贡献率 G_t 是各地区间交错（Overlapping）程度对总体差距的影响，G_t 与 G_{nb} 之和表示为地区间差距的贡献率，用 G_b 表示。当地区间的交错不存在时，$G_t = 0$，一般情况下，地区间总会存在交错项，因此 $G_t > 0$。用 G_{jj} 表示 j 地区的地区内的基尼系数，G_{jh} 表示 j、h 地区的地区间的基尼系数，$G_{jh} = G_{hj}$。G_{jj}、G_{jh} 用公式表示为：

$$G_{jj} = \frac{1}{2n_j^2 \bar{y}_j} \sum_{i=1}^{n_j} \sum_{r=1}^{n_j} |y_{ji} - y_{jr}| \qquad (2.8)$$

$$G_{jh} = \frac{1}{n_j n_h (\bar{y}_j + \bar{y}_h)} \sum_{i=1}^{n_j} \sum_{r=1}^{n_h} |y_{ji} - y_{hr}| \qquad (2.9)$$

地区内差距的贡献率 G_w，地区间差距的净贡献率 G_{nb}，超变密度贡献率 G_t 表示为：

$$G_w = \sum_{j=1}^{k} G_{jj} p_j s_j \qquad (2.10)$$

$$G_{nb} = \sum_{j=2}^{k} \sum_{h=1}^{j-1} G_{jh} (p_j s_h + p_h s_j) D_{jh} \qquad (2.11)$$

$$G_t = \sum_{j=2}^{k} \sum_{h=1}^{j-1} G_{jh} (p_j s_h + p_h s_j)(1 - D_{jh}) \qquad (2.12)$$

其中，$p_j = \dfrac{n_j}{n}$，$s_j = \dfrac{n_j \bar{y}_j}{n \bar{y}}$，$j = 1, 2, \cdots, k$，$\displaystyle\sum_{j=1}^{k} p_j = \sum_{j=1}^{k} s_j = 1$，

$\displaystyle\sum_{j=1}^{k} \sum_{h=1}^{k} p_j s_h = 1$，由式（2.10）可知，$G_w$ 也可以理解为地区内基尼系数的加权平均值。地区间差距可分为两部分解释，假定 $\bar{y}_j > \bar{y}_h$，地区 j 和地区 h 中 $y_{ji} > y_{hr}$ 的差距为地区间的净差距，对总体基尼系数的贡献表示为式（2.11）；地区 j 和地区 h 中 $y_{ji} < y_{hr}$ 的差距为超变密度，对总体基尼系数的贡献表示为式（2.12）。卡米洛·达格姆（1997）将 D_{jh} 定义为 j 地区和 h 地区间的相关经济富裕度（Relative Economic Affluence），本书指 j、h 地区间物流碳排放强度的影响。D_{jh} 用公式表示为：

$$D_{jh} = \frac{d_{jh} - p_{jh}}{d_{jh} + p_{jh}} \tag{2.13}$$

$D_{jh} \in [0, 1]$，当 $\bar{y}_j = \bar{y}_h$ 时，$D_{jh} = 0$，当地区分布不存在交错情况时，$D_{jh} = 1$，D_{jh} 是 d_{jh}、p_{jh} 的函数。其中 d_{jh}、p_{jh} 用公式分别表示为：

$$d_{jh} = \int_0^\infty dF_j(y) \int_0^y (y - x) dF_h(x) \tag{2.14}$$

$$p_{jh} = \int_0^\infty dF_h(y) \int_0^y (y - x) dF_j(x) \tag{2.15}$$

$F_j(F_h)$ 分别为第 $j(h)$ 地区的累积密度分布函数。d_{jh} 和 p_{jh} 可以进一步写为：

$$d_{jh} = E_j(y F_h(y)) + E_h(y F_j(y)) - E_h(y) \tag{2.16}$$

$$p_{jh} = E_j(y F_h(y)) + E_h(y F_j(y)) - E_j(y) \tag{2.17}$$

根据米歇尔·科斯塔（Michele Costa，2009）的研究，将 d_{jh} 定义为地区间物流产业碳排放水平的差值，即 $\bar{y}_j > \bar{y}_h$ 时，第 j、h 地区中所有 $y_{ji} - y_{hr} > 0$ 的样本值加总的数学期望；p_{jh} 定义为超变（Transvariation）一阶矩，即 $\bar{y}_j > \bar{y}_h$ 时，第 j、h 地区中所有 $y_{hr} - y_{ji} > 0$ 的样本值加总的数学期望。则卡米洛·达格姆给出基尼系数的分解结果为：

$$
\begin{aligned}
G &= G_w + G_{nb} + G_t \\
&= \sum_{j=1}^{k} G_{jj} p_j s_j + \sum_{j=2}^{k} \sum_{h=1}^{j-1} G_{jh}(p_j s_h + p_h s_j) D_{jh} + \\
&\quad \sum_{j=2}^{k} \sum_{h=1}^{j-1} G_{jh}(p_j s_h + p_h s_j)(1 - D_{jh})
\end{aligned}
$$

$$\tag{2.18}$$

对比慕克吉和肖罗克斯（Mookherjee & Shorrocks，1982）给出的基尼系数组群分解的常规表达式：

$$G = \sum_{j=1}^{k} G_{jj}p_{j}s_{j} + \frac{1}{2}\sum_{j=1}^{k}\sum_{h=1}^{k}p_{j}p_{h}\left|\frac{\bar{y}_{j}}{\bar{y}} - \frac{\bar{y}_{h}}{\bar{y}}\right| + R \qquad (2.19)$$

上式等号右边第一项和第二项分别表示地区内差距和地区间差距，R 为剩余项，剩余项是由于不同地区间的交错造成的交互影响（Interaction Effect），反映了地区之间碳排放强度分布的交错程度。洪兴建（2008）指出式（2.18）和式（2.19）的各项在数量上分别相等，因此式（2.18）中第三项为剩余项 R 的另一种诠释。

（二）区域空间极化的测度

根据埃斯特班和雷（Esteban & Ray，1994）对极化指数的定义，认为极化是指区域经济发展过程中出现的一种"中间阶层消失"或"向两极集聚"的现象，极化与非均衡在概念与内涵上存在差异。非均衡强调样本偏离全局均值的分布情况，极化强调特定区域成员围绕样本局部均值呈聚类式分布的不均衡状态。本书极化指数衡量的是碳排放较多的东部地区和碳排放较少的中、西部地区围绕各自所在区域均值聚集分布的不均衡状态。如果不同区域之间不均衡很大，同一区域内部不均衡较小，则认为存在空间极化现象。极化指数越大，极化现象越明显。本书测度的极化指数有：

1. ER 指数

在判断极化时，埃斯特班和雷（1994）提出分布应具备三个特征：组内高度同质性，组间高度异质性，且存在少量规模显著的组群（若组群规模很小其权重也很小）。埃斯特班和雷通过定义组内认同感（Identification）和组间疏远感（Alienation）对前两个特征进行度量，并定义认同感是组内样本数的增函数，同组样本数越多，认同感越强。本书疏远感为不同组因物流碳排放水平不同而产生的对抗程度，组间差距越大，疏远感越强。因此说 ER 指数是基于"类"的概念测度变量间的差异，ER 指数用公式表示为：

$$ER = K\sum_{j=1}^{k}\sum_{h=1}^{k}p_{j}^{1+\alpha}p_{h}|y_{j} - y_{h}| \qquad (2.20)$$

其中，k 为分组数，即地区划分个数，本书将 30 个省划分为东、中、西三个地区；p 为地区权重，p_{j}、p_{h} 分别为第 j、h 组样本数占总体样本数的

比重；y_j、y_h 表示第 j、h 组各省物流产业的平均碳排放水平。埃斯特班和雷（1994）将 $ID_j = p_j^\alpha$ 定义为第 j 组的认同函数，$AL_{jh} = |y_j - y_h|$ 定义为第 j 组与第 h 组的疏远函数；$K > 0$ 是起标准化作用的常数，本书取 $K = 10/u$，u 为所有地区物流产业碳排放水平的均值，$u = \sum_{j=1}^{k} p_j y_j$；$\alpha$ 是极化敏感度系数，埃斯特班和雷（1994）给出 α 值域，$\alpha \in [1, 1.6]$，当 $\alpha = 0$ 且 $K = 0.5$ 时，ER 指数等同于基尼系数。α 值越接近 1.6，ER 指数与标准基尼系数的差距越大，为反映地区极化趋势，通常使 α 尽可能大，本书取 $\alpha = 1.5$。

2. EGR 指数

ER 指数假定组内成员具有完全一致的认同感，该假设在多数情况下并不成立，埃斯特班等（Esteban et al., 1999）对 ER 指数进行改进，提出一般化的 EGR 指数，用公式表示为：

$$EGR(\alpha, \beta) = K \sum_{j=1}^{k} \sum_{h=1}^{k} p_j^{1+\alpha} p_h |y_j - y_h| - \beta \{G - G(y)\} \qquad (2.21)$$

其中，等式右边第一项为 ER 指数，第二项中 $\beta > 0$ 是衡量组内集聚程度的敏感度系数，G 为总体基尼系数，$G(y)$ 表示组间差距，$G - G(y)$ 表示组内差距，即前文中的 $\sum_{j=1}^{k} G_{jj} p_j s_j$，数值越大，组内集聚程度越低，极化程度越小，因此该项前面的符号为负。实际测算中，调整 K、β 使 EGR 指数介于 $(0,1)$ 之间。

3. LU 指数

针对 ER 指数在组内成员碳排放水平存在差异时无法度量的不足，拉索和乌鲁蒂亚（Lasso & Urrutia, 2006）也提出了改进建议，被称为 LU 指数，用公式表示为：

$$LU = K \sum_{j=1}^{k} \sum_{h=1}^{k} p_j^{1+\alpha} p_h (1 - G_j)^\beta |y_j - y_h| \qquad (2.22)$$

其中，G_j 是第 j 组成员物流碳排放水平的基尼系数，α、K、β 的定义与前面相同。LU 指数将组内不均等的影响直接体现在 ER 指数的认同函数 $ID_j = p_j^\alpha (1 - G_j)^\beta$ 中，满足组内差距越大，组内各成员间认同程度越小的假定。实际测算中，调整 K、β 使 LU 指数介于 $(0,1)$ 之间。

4. P 指数

在前文研究物流碳排放水平的基尼系数及其分解的基础上，得到了反

映组间交错程度的超变密度，即慕克吉和肖罗克斯（1982）分解式（2.19）中的交错项 R，洪兴建（2010）指出，组群差距一定时，组群之间有无交错项以及交错程度也将对组群之间的极化程度产生影响。交错程度越大，组群成员间的包容性越大，疏远程度越低。因此，组群之间的疏远程度不仅与碳排放水平的差距有关，还与组群之间的交错程度呈负相关。假定第 j 组与第 h 组的交错项为 R_{jh} [①]，疏远函数 $AL_{jh} = (1 - R_{jh}/G_{jh})^{\gamma} |y_j - y_h|$，P 指数用公式表示为：

$$P = K \sum_{j=1}^{k} \sum_{h=1}^{k} p_j^{1+\alpha} p_h (1 - G_j)^{\beta} (1 - R_{jh}/G_{jh})^{\gamma} |y_j - y_h| \qquad (2.23)$$

其中，参数 $\beta > 0$、$\gamma > 0$，分别表示组内差距与交错程度的敏感性。$0 < \beta < 1$、$0 < \gamma < 1$ 时，表示随着组内差距 G_j 和交错程度 R_{jh} 的下降，极化增加的程度越来越小；$\beta > 1$、$\gamma > 1$ 时，表示随着 G_j 与 R_{jh} 的下降，极化增加的程度越来越大；$\beta = \gamma = 1$ 时，表示极化对 G_j 与 R_{jh} 的变化同等敏感。洪兴建（2010）指出，从转移敏感性的角度考虑，β 和 γ 不应小于 1。P 指数既考虑了地区内差距也考虑了地区间交错程度对极化程度的影响，当 $\alpha = \beta = \gamma = 0$ 时，P 指数即为基尼系数。

为了确保各极化指数介于 $(0,1)$ 之间，具体测算时，取 $K = 10/u$，$\alpha = 1.5$，$\beta = 1$，$\gamma = 1$ [②]。

三 样本选取及数据来源

以物流产业的碳排放强度作为衡量物流产业碳排放水平的指标，用公式表示为：

$$y = \frac{C}{Y} \qquad (2.24)$$

其中，C 表示物流产业的碳排放总量，在上一节的研究基础上利用 8 种主要能源（煤炭、焦炭、原油、汽油、煤油、柴油、燃料油、天然气）的消耗为基准，采用 IPCC 碳排放计算指南（2006 年版）中提供的方法测

---

① 式（2.19）中的剩余项 R 为此处的交错项，洪兴建（2008）指出式（2.19）中的剩余项 R 与式（2.18）中的超变密度在数量上相等，此处通过超变密度的公式计算 R，由于 R 与组群间的基尼系数 G_{ij} 有关，故利用相对数 R_{ij}/G_{ij} 表示。

② 对参数的不同取值分别进行测算，虽然特定年份 ER 指数、EGR 指数、LU 指数和 P 指数的具体数值有所变化，但总体变动趋势基本一致，不受参数选择的影响。

算得到分省物流产业的碳排放量，单位为万吨。Y 为物流产业的总产值，为了消除价格因素影响，将 1997—2011 年的物流总产值的名义值调整为 1997 年不变价格的实际总产值，单位为亿元。物流产业的碳排放强度实际上为物流产业单位总产值的碳排放量，该指标越大，表明物流产业单位生产总值的碳排放量越多。本节以 1997—2011 年中国 30 个省为研究对象（包括直辖市、自治区，以下统称为省，不含西藏及港、澳、台地区），并按照地域差别划分为东、中、西三个区域。数据源自《中国统计年鉴》《中国能源统计年鉴》（1998—2012）。

四　物流产业碳排放的空间非均衡与极化分析

（一）中国物流产业碳排放的地区分布特征

表 2 - 8 描述了全国以及三大区域物流产业碳排放总量均值的演变趋势。由表 2 - 8 可知，样本期各年东部碳排放总量均值要远大于全国、中部和西部物流碳排放总量均值，次序为东部—中部—西部。观察三大区域各年碳排放总量均值的差额，发现 1997 年东部与中、西部物流产业碳排放均值差额分别为 23.063 万吨和 67.976 万吨。到 2011 年，该差额扩大为 203.727 万吨和 347.189 万吨。中、西部之间的差额由 1997 年的 44.913 万吨扩大到 2011 年的 143.462 万吨。从年均增长率来看，整个样本期间，全国、东部、中部以及西部物流产业碳排放总量均值的年均增长率分别为 12.174%、12.553%、10.986% 和 12.949%，三大区域的年均增长率次序为西部—东部—中部，以 2006 年为分界，将样本期划分为前期（"九五"后期和"十五"期间）和后期（"十一五"期间和"十二五"初期），发现前期年均增长率次序为东部（15.407%）、西部（14.590%）、中部（11.125%），样本后期年均增长率明显下降且格局发生改变，依次为中部（10.800%）、西部（10.762%）、东部（8.747%）。由此看出，在"十五"及其以前各时段，物流产业的碳排放总量均值处于高速增长阶段，其中东部增速最快，进入"十一五"以后，虽然各区域物流产业的碳排放总量均值与 2006 年以前相比增速普遍放缓，但年均增长率仍然持续偏高，中西部地区由于物流规模的扩张，碳排放总量均值的增速超过东部以及全国平均水平。

表 2 - 8　　1997—2011 年全国及三大地区物流产业碳排放总量均值　　单位：万吨

年份	东部	中部	西部	全国	年份	东部	中部	西部	全国
1997	123.211	100.148	55.235	86.874	2006	421.472	263.979	175.316	269.713
1998	134.987	109.894	60.325	95.108	2007	464.025	294.898	205.835	305.212
1999	143.401	114.233	61.990	99.235	2008	519.277	320.853	231.220	339.472
2000	162.086	123.011	69.167	110.202	2009	547.505	341.430	243.751	358.787
2001	186.385	133.870	82.204	126.394	2010	595.215	365.700	270.659	391.533
2002	203.768	151.448	86.463	137.486	2011	630.986	427.259	283.797	424.256
2003	246.250	174.553	103.277	163.363	增长率1（%）	12.553	10.986	12.949	12.174
2004	296.079	201.542	102.968	181.414	增长率2（%）	15.407	11.125	14.590	13.804
2005	382.049	231.698	154.441	239.866	增长率3（%）	8.747	10.800	10.762	10.001

　　说明：增长率 1 是 1997—2011 年的年均增长率，增长率 2 是 1997—2005 年的年均增长率，增长率 3 是 2006—2011 年的年均增长率。

（二）中国物流产业碳排放的非均衡程度及其分解

根据卡米洛·达格姆（1997）提出的基尼系数及其分解方法，按照式（2.18）测算了 1997—2011 年中国物流产业碳排放水平的基尼系数并按东、中、西三大组群进行了分解，结果如表 2 - 9 所示。

1. 碳排放分布的总体差距及演变趋势

由表 2 - 9 中基尼系数总体差距可知，中国物流产业碳排放空间分布的总体差距在样本考察期内并不稳定，呈现出波动的态势，原因是各省物流基础设施、资源禀赋、政府对物流产业的政策导向均不相同，使得各省物流产业的发展水平和规模不平衡，因而物流碳排放量的总体差距在样本期内出现反复的上升和下降。根据总体基尼系数的变化规律可以划分为四个时期。第一个时期为 1997—1999 年，为"九五"期间，总体差距呈现下降趋势，从 1997 年的 0.2443 下降到 1999 年的 0.1984，下降了 18.788%。第二个时期为 1999—2003 年，总体差距上升，2003 年比 1999 年增加了 21.976%，该时期又可划分为两个阶段：1999—2001 年为快速增长阶段，2001—2003 年基尼系数经历了短暂的向下调整后又再度回升。第三个时期为 2003—2005 年，在这三年中基尼系数迅速下降，从 0.2420 下降到 15 年以来的最低点 0.1768，下降了 26.942%。第二时期和第三时

表2-9　1997—2011 年物流产业碳排放分布的非均衡程度及分解

年份	总体差距 G	地区内差距			地区间差距			贡献率			
		东部	中部	西部	东—中	中—西	东—西	G_w	G_b	G_{nb}	G_i
1997	0.2443	0.1202	0.0726	0.1411	0.2079	0.3030	0.3645	17.42	82.58	63.95	18.63
1998	0.2230	0.1262	0.0611	0.1205	0.2070	0.2665	0.3329	17.30	82.70	70.41	12.29
1999	0.1984	0.1312	0.0634	0.1008	0.2127	0.2170	0.2922	17.90	82.10	57.33	24.77
2000	0.2226	0.1401	0.0716	0.1285	0.2296	0.2551	0.3161	18.90	81.10	51.14	29.96
2001	0.2418	0.1467	0.0741	0.1404	0.2466	0.2915	0.3358	18.72	81.28	50.16	31.12
2002	0.2263	0.1475	0.0906	0.1253	0.2561	0.2588	0.3068	19.12	80.88	40.75	40.13
2003	0.2420	0.1242	0.1133	0.1491	0.2445	0.3041	0.3248	19.11	80.89	45.34	35.55
2004	0.1889	0.1300	0.0775	0.1024	0.2182	0.2116	0.2538	19.52	80.48	30.05	50.42
2005	0.1768	0.0894	0.1153	0.0841	0.2285	0.2613	0.1918	17.81	82.19	47.90	34.29
2006	0.1859	0.1023	0.1035	0.0941	0.2210	0.2580	0.2203	18.32	81.68	47.29	34.39
2007	0.1858	0.1124	0.1019	0.0748	0.2288	0.2564	0.2237	17.20	82.80	52.82	29.98
2008	0.1882	0.1206	0.1028	0.0669	0.2382	0.2590	0.2263	16.88	83.12	54.82	28.30
2009	0.2093	0.1484	0.0689	0.1025	0.2521	0.2429	0.2744	18.94	81.06	39.83	41.23
2010	0.2125	0.1466	0.0471	0.1130	0.2355	0.2529	0.2882	18.71	81.29	47.66	33.63
2011	0.2113	0.1403	0.0671	0.1252	0.2309	0.2399	0.2898	19.56	80.44	36.33	44.12
增长率1（%）	-0.584	1.985	2.563	1.428	0.900	-0.539	-0.796	0.951	-0.182	-1.447	11.428
增长率2（%）	-3.340	-2.664	8.608	-4.399	1.371	0.071	-6.942	0.367	-0.056	-0.376	14.959
增长率3（%）	3.092	8.183	-5.497	9.198	0.273	-1.353	7.399	1.730	-0.349	-2.875	6.720

说明：G_w、G_b、G_{nb} 和 G_i 分别表示地区内差距的贡献率、地区间差距的贡献率、地区间差距的净贡献率和超变密度贡献率。满足 $G = G_w + G_b$，$G_b = G_w + G_{nb} + G_i$。增长率 1 是 1997—2011 年的年均增长率；增长率 2 是 1997—2005 年的年均增长率；增长率 3 是 2006—2011 年的年均增长率。

期均处于"十五"期间,说明"十五"期间物流碳排放的基尼系数变化较大。第四个时期为2005—2011年,经济正处于"十一五"期间,该时期为基尼系数的缓慢上升阶段,2011年比2005年增加了19.514%。综上,虽然从样本期看,总体地区差距呈现下降趋势,但近年来尤其是"十一五"规划实施以来,总体地区差距趋于缓慢上升,说明最近几年中国物流产业碳排放的地区差距有扩大的趋势。

2. 碳排放分布的地区内差距及演变趋势

图2-2给出了物流碳排放地区内差距的变动趋势。东部地区内差距最大,西部次之,中部最小,个别年份三大区域的地区内差距有重叠。东部碳排放地区内差距在样本期间呈现反复的上升和下降,其中两个比较明显的上升阶段分别为1997—2002年和2005—2009年,并于2009年达到最大值0.1484。从年均增长率来看,样本期东部物流碳排放的地区内差距年均增长率为1.985%,同样以2006年为界将样本分为前期和后期,前期东部地区内差距的年均增长率为-2.664%,后期年均增长率为8.183%。由图2-2可知,2009年后东部地区内差距趋于下降,但2006年后东部地区内差距总体呈逐渐增大趋势。中部碳排放的地区内差距总体上呈现出先上升后下降的态势,样本期年均增长率

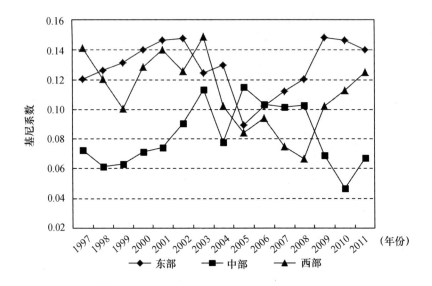

图2-2　物流产业碳排放地区内差距的变动趋势

为 2.563%，其中 2006 年以前连续经历了两个明显的上升期，分别为
1998—2003 年和 2004—2005 年，地区内差距由 1997 年的 0.0726 上升
到 2005 年的 0.1153，年均增长率为 8.608%，2006—2011 年中部物流
碳排放地区内差距虽在 2011 年略有回升，但总体仍处于下降趋势，年
均增长率为 -5.497%。西部物流碳排放的地区内差距在样本期呈扩大
趋势，年均上升 1.428%，2006 年以前年均增长率下降 4.399%，2006
年以后年均增长率上升 9.198%。从演变趋势上看，西部物流碳排放的
地区内差距经历 1997—1999 年的短暂下降后，自 1999 年的 0.1008 小
幅波动攀升到 2003 年的最大值 0.1491，然后持续下降到 2008 年的最小
值 0.0669，此后出现连续上升趋势，直至 2011 年。综上，从年均增长
率看，1997—2011 年三大区域碳排放分布的地区内差距均呈现扩大趋
势，其中东部和西部地区在 2006 年即 "十一五" 规划实施以前，地区
内差距的年均变化率呈下降趋势，2006 年以后呈上升趋势，中部地区
刚好相反，2006 年以前地区内差距的年均变化上升，2006 年以后地区
内差距的年均变化下降。原因是，2006 年国务院出台《关于促进中部
地区崛起的若干意见》中明确提出要把中部建设成全国重要的综合交通
运输枢纽，使得中部地区形成了较为统一的发展战略，中部物流产业自
2006 年起得到快速发展，因此中部物流产业碳排放地区内差距自 2006
年起逐渐减小，呈现出与东部和西部相反的走势。

　　3. 碳排放分布的地区间差距及演变趋势

　　图 2-3 给出了物流产业碳排放地区间差距的变动趋势。样本期内，
物流产业碳排放的地区间差距呈现波动态势，除了东部和中部的地区间
差距上升外，中部和西部、东部和西部的地区间差距均呈现下降趋势。
从总体趋势上看，东部和西部地区碳排放的地区间差距最大，中部和西
部次之，东部和中部地区间差距最小，这与实际是相符的。整个样本期
物流碳排放在东部和中部地区间的差距年均增长 0.9%，而中部和西
部、东部和西部的地区间差距年均分别下降 0.539%、0.796%。若以
"十一五" 初年为分界将样本划分为两期，则无论是前期还是后期，东
部和中部的地区间差距均呈上升趋势，年均增长率分别为 1.371% 和
0.273%，中部和西部、东部和西部的地区间差距的增长趋势刚好相反，
中部和西部地区间差距在 1997—2005 年年均上升 0.071%、2006—

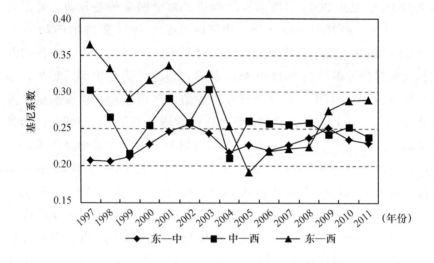

图 2 - 3　物流产业碳排放地区间差距的变动趋势

2011 年年均下降 1.353% ，反之，东部和西部的地区间差距的增长趋势在 1997—2005 年年均下降 6.942% 。根据地区间差距对总体基尼系数的贡献率可以得到地区间差距的绝对数值，观察可知，地区间差距的变动轨迹与总体基尼系数的变动趋势相同，自"十一五"开始，地区间差距逐步扩大。

4. 碳排放的地区差距来源及其贡献率

图 2 - 4 给出了物流产业碳排放地区差距的来源及其贡献率的变动趋势。样本期内，地区间净差距对总体基尼系数的贡献率呈波动趋势，并且高于地区内差距的贡献率，不仅如此，除 2004 年、2009 年、2011 年这三年以外，其余各年份地区间净差距的贡献率也高于超变密度的贡献率。说明地区间净差距是中国物流产业碳排放地区差距的主要来源，其次为超变密度，地区内差距的贡献最小。观察图 2 - 4 和表 2 - 9 可以发现，地区间净差距对总体地区差距的贡献率呈逐年下降的趋势，地区内差距对总体地区差距的贡献率除了在 1998 年大于超变密度的贡献率，其余年份均小于超变密度的贡献率。从年均增长率看，1997—2011 年地区间净差距的贡献率年均下降 1.447% ，2006 年以后下降速度更快，年均下降 2.875% 。地区内差距的贡献率虽然相对稳定，但在样本期呈现上升趋势，年均上升

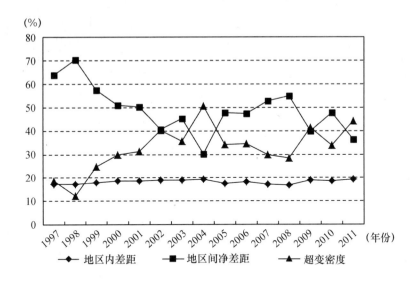

图 2 - 4　地区差距贡献率的变动趋势

0.951%，2006 年以后的年均增速为 1.73%，上升速度更快。超变密度的
贡献率在样本期间上升趋势明显，年均增长 11.428%，但其主要增长阶
段发生在 2006 年以前，增速为 14.959%，2006 年后增速放缓，年平均增
速降为 6.72%。超变密度的贡献率上升，说明地区间出现交错的现象
加剧。

　　5. 中国物流产业碳排放的空间极化分布及演变趋势

　　根据 1997—2011 年各省物流产业碳排放数据，测度得到碳排放空
间极化分布的 ER 指数、EGR 指数、LU 指数和 P 指数，结果如表 2 - 10
所示，表中同时列出了碳排放的总体基尼系数及其分解项的绝对数值。
为了比较地区差距和各极化指数的变动趋势，将样本初始年 1997 年各
数值看作 100，然后将所有年份的数值与 1997 年的数值进行对比，绘
制得到图 2 - 5。由表 2 - 10 和图 2 - 5 可知，四种极化指数的演变趋势
一致，其中，由于 P 指数同时考虑了地区内差距和地区间交错对极化程
度的影响，因此 P 指数的测度结果略低于其他三种极化指数。下面以 P
指数为例分析物流产业碳排放的极化分布及演变趋势并与总体基尼系数
相比较。

表 2 - 10　　1997—2011 年中国物流产业碳排放的极化测度结果

年份	极化指数				基尼系数 G	地区内差距 G_w	地区间差距 G_b	超变密度 G_t
	ER	EGR	LU	P				
1997	0.6382	0.5956	0.5590	0.5364	0.2443	0.0425	0.2017	0.0455
1998	0.5786	0.5400	0.5126	0.5007	0.2230	0.0386	0.1844	0.0274
1999	0.4648	0.4292	0.4154	0.3943	0.1984	0.0355	0.1629	0.0491
2000	0.4650	0.4230	0.4072	0.3815	0.2226	0.0421	0.1805	0.0667
2001	0.4953	0.4500	0.4294	0.4023	0.2418	0.0453	0.1965	0.0752
2002	0.3765	0.3332	0.3283	0.2959	0.2263	0.0433	0.1830	0.0908
2003	0.4481	0.4019	0.3875	0.3538	0.2420	0.0462	0.1957	0.0860
2004	0.2307	0.1938	0.2059	0.1793	0.1889	0.0369	0.1521	0.0953
2005	0.3301	0.2986	0.2994	0.2721	0.1768	0.0315	0.1453	0.0606
2006	0.3475	0.3134	0.3132	0.2852	0.1859	0.0340	0.1518	0.0639
2007	0.3910	0.3590	0.3551	0.3308	0.1858	0.0319	0.1538	0.0557
2008	0.4074	0.3757	0.3704	0.3449	0.1882	0.0318	0.1565	0.0533
2009	0.3340	0.2943	0.2977	0.2667	0.2093	0.0396	0.1696	0.0863
2010	0.3980	0.3582	0.3545	0.3233	0.2125	0.0398	0.1728	0.0715
2011	0.3094	0.2680	0.2721	0.2410	0.2113	0.0413	0.1700	0.0932
回归系数	-0.0170*** (-3.7672)	-0.0167*** (-3.7317)	-0.0144*** (-3.6324)	-0.0151*** (-3.7231)	-0.0025* (-2.0212)	-0.0003 (-1.1780)	-0.0021** (-2.2287)	0.0021* (1.9450)

续表

年份	极化指数				基尼系数	地区内差距	地区间差距	超变密度
	ER	EGR	LU	P	G	G_w	G_b	G_t
R^2	0.5219	0.5172	0.5037	0.5160	0.2391	0.0964	0.2765	0.2254
增长率 1（%）	-2.283	-2.066	-2.303	-2.286	-0.584	0.482	-0.790	10.090
增长率 2（%）	-4.104	-3.496	-3.843	-3.772	-3.340	-2.937	-3.406	9.730
增长率 3（%）	0.146	-0.159	-0.249	-0.305	3.092	5.041	2.697	10.570

说明：$G = G_w + G_b = G_w + G_{nb} + G_t$。括号内为 t 值，***、**、* 分别表示 1%、5%、10% 显著性水平。增长率 1 是 1997—2011 年的年均增长率；增长率 2 是 1997—2005 年的年均增长率；增长率 3 是 2006—2011 年的年均增长率。

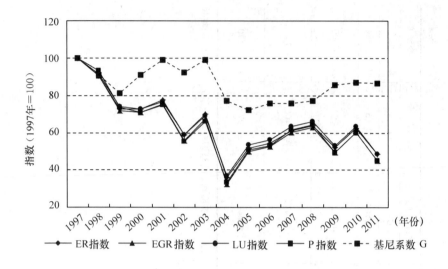

图2-5　中国物流产业碳排放分布的极化格局

　　结合表2-10和图2-5可知，物流产业碳排放分布的极化程度在样本期呈下降趋势，与总体基尼系数相比，未能呈现出完全一致的趋势，部分年份出现了相反的走势，说明基尼系数并不能很好地度量地区的极化程度。2011年与1997年相比，P指数年均下降2.286%，总体基尼系数下降0.584%，极化指数的下降幅度大于地区差距的下降幅度，主要是由于碳排放分布的地区间差距在样本期下降。2011年与1997年相比，地区间差距年均下降0.790%，说明地区间对抗程度下降，同时与1997年相比，地区内差距的年均增长幅度为0.482%，地区内差距增加说明地区内的集聚程度减弱，两方面力量的共同作用使得碳排放分布的极化程度在样本期内呈现下降趋势。若同样以2006年为界，研究"十一五"前后物流碳排放极化分布的变动趋势，1997—2005年，P指数和总体基尼系数均为下降趋势，年均下降分别为3.772%、3.340%。此时极化指数下降的幅度小于地区差距的下降幅度。同一时期，地区内差距、地区间差距同时呈现下降趋势，年均降幅为2.937%、3.406%，说明地区内集聚程度增加，地区间对抗程度减弱，由于对抗程度减弱的幅度大于集聚程度增加的幅度，因此极化指数下降。进入"十一五"后即2006—2011年，P指数仍然呈下降趋势，年均下降0.305%，总体基尼系数刚好相反，呈上升趋势，年均增长率为 3.092%，地区内差距和地区间差距均呈上升趋势，年均增长率分别为 5.041% 和 2.697%，说明此时地区内集聚程度在缩小，地区间的对抗程度在增加，并且地区内集聚程度减弱的幅度超过了地区间对抗程度增加的幅度，使得 2006—2011 年的总体极化指数呈现出下降趋势。

为了刻画物流产业碳排放地区分布的极化指数、基尼系数及其分解项随时间变化的趋势，将各指数分别对年份进行简单线性回归，结果列于表 2-10 中。ER 指数、EGR 指数、LU 指数、P 指数的回归系数分别为 -0.0170、-0.0167、-0.0144、-0.0151，其中 ER 指数下降幅度最大，LU 指数降幅最小，总体基尼系数、地区内差距、地区间差距的回归系数虽然也为负，但系数绝对值均小于四种极化指数，说明物流产业碳排放极化分布下降的程度要远大于地区差距扩大的程度，因此用地区差距来度量极化程度并不合适。

第三节　中国物流产业碳排放驱动因素分析
——基于 LMDI 分解技术

一　指数分解及 LMDI 分解技术回顾

近年来，各种分解方法被用来定量分析不同因素变动对能源消费和二氧化碳排放的影响，取得了不少进展，如计量回归、结构分解方法（Structure Decomposition Analysis，SDA）和指数分解方法（Index Decomposition Analysis，IDA）等，在文献中，两种分解技术，即 SDA 和 IDA 被广泛应用于驱动因子的分析。SDA 是以投入产出表的数据为基础，对数据要求较高，罗斯和凯斯勒（Rose & Casler，1996）对 SDA 的理论模型基础和主要特征做了回顾。IDA 指数分解法中最常用的两种方法是拉氏指数（Laspeyres Index Decomposition）和迪氏指数（Divisia Index Decomposition）。拉氏指数假定其他因素不变，直接对各因素微分，从而求出某一因素变化的影响，由于其他因素假定保持基期水平不变，因而该方法产生的余项较大；而迪氏指数将分解的各因素看作时间的连续可微函数，通过对时间微分，求出各因素变化的影响，由于其采用对数增长率来描述要素变动，因此余项较小，在对数平均迪氏指数法（Logarithmic Mean Divisia Index，LMDI）提出后，分解余项为零。然而至今，就哪种分解方法最好，学术界并未达成共识。洪明华（Ang，2004）比较了各种指数分解方法，并得出结论，LMDI 由于其具有完全分解、无残差、适应性强、易解释的特性以及乘法分解与加法分解结果的一致性和唯一性而受到重视，因而被认为是目前较好的分解方法，得到了广泛的应用。然而，其主要缺陷在于，由于 LMDI 公式中存在对数项，无法处理数据集中存在零值和负值的情形，负值在实际中一般不会出现，当出现零值时，洪明华和崔（Ang & Choi，1997）提出由一个较小的数值 δ 代替零值，当 δ 趋近于零时，可以得到一个收敛的结果，但伍德和伦曾（Wood & Lenzen，2006）认为该方法并不稳健，因为当数据集中包含大量的零值或极小数值时，该分解方法会产生较大的偏差。洪明华和刘（Ang & Liu，2007）给出了出现零值的可能情形下如何利用"分析限制"（Analytical Limit）的方法处理 LMDI分解中的零值。

国内外对二氧化碳排放进行因素分解的研究中，大多数的研究集中于分解全国范围的二氧化碳排放量以及碳排放强度，例如王灿等（Wang et al.，2005）、徐国泉等（2006）、宋德勇和卢忠宝（2009）、郭朝先（2010）、刘俊杰和贾兴梅（2010）、王栋等（2012）所做的研究。其中较少涉及对企业或者某一行业碳排放增长的原因进行研究，尤其缺少针对物流领域的碳排放分解，仅有的一些研究集中分析了影响交通运输部门废弃物增长的原因，例如：拉克什曼南和韩（Lakshmanan & Han，1997）将1970—1991 年美国交通运输部门二氧化碳排放量的增长变化归因于人们旅游倾向的增长、人口以及 GDP 的增长；卢怡静等（Lu et al.，2007）将德国、日本、韩国和中国台湾等地 1990—2002 年公路车辆的二氧化碳排放的变化分解为排放系数的变化、汽车燃料强度、车辆所有权、人口密度和经济增长 5 个因素；蒂米尔西纳和什雷斯塔（Timilsina & Shrestha，2009）分析了影响运输部门二氧化碳增长的潜在因素，将某些亚洲国家在 1980—2005 年每年二氧化碳排放量的增长分解为燃料结构变化、能源强度、运输方式的转变、人均 GDP 以及人口因素，并发现人均 GDP、人口增长和能源强度是运输部门二氧化碳排放量增长的主要因素；王文文等（Wang W. W. et al.，2011）调查了影响中国运输业二氧化碳排放量变化的潜在因素，在计算 1985—2009 年交通部门二氧化碳排放量的基础上，提出利用 LMDI 分解技术分解各影响因素的特征，发现交通部门的二氧化碳排放量在研究期间年均增长率为 10.56%，其中公路运输排放的二氧化碳最多。研究还指出，推动交通部门二氧化碳排放增长的主要因素是人均经济活动的影响和运输方式的转移，而运输强度和运输服务效果则抑制了二氧化碳的排放；张明等（Zhang M. et al.，2011）研究了交通运输业能源消费量及其影响因素之间的关系，并利用 LMDI 分解技术研究各因素对交通能源消费量变化的影响。研究发现，在交通运输业能耗强度提高的同时，能源利用效率出现了逐步下降的趋势。运输部门的效率是能源消费量增加的最主要贡献因素，而能源强度则在降低能源消费量上发挥主导作用。

综上，在总结已有研究成果时发现，物流产业碳排放的驱动因素分解分析是一个被学术界普遍忽略的问题，然而，物流产业能源消费结构、能源效率、运输方式、经济发展以及人口因素的差异都可能成为物流产业碳排放快速增长的驱动力，因此有必要系统分析中国物流产业碳排放变化的内在动因。本节以 1991—2011 年物流产业碳排放量为基础，结合其他社会经济发展相关统计数据，利用 LMDI 分解模型分析中国物流产业碳排放持续高速增长的驱动因素，对于物流产业从调整能源结构、优化运输方式等角度揭示碳排放的内在动因和提出相应的碳减排措施具有一定的指导意义。

二　数据来源及处理

（一）物流产业的碳排放量

在碳排放的估算中，主要以 8 种能源消费量产生的碳排放作为研究对象，而各能源的碳排放系数则根据 IPCC 在 2006 年碳排放计算指南中提供的估算方法进行计算，得到各类能源的碳排放系数后，采用下述公式计算碳排放量：

$$C = \sum_{i=1}^{8} C_i = \sum_{i=1}^{8} CI_i \times E_i \qquad (2.25)$$

其中，E_i 表示第 i 种能源消费量，$i = 1,2,\cdots,8$，分别表示煤炭、焦炭、原油、汽油、煤油、柴油、燃料油、天然气，CI_i 为前文测算得到的碳排放系数，如表 2 - 11 所示。文中使用的能源消费量数据均来源于《中国能源统计年鉴》（1992—2012）。

表 2 - 11 各类能源碳排放系数 CI_i 单位：kgC/kgce

能源	煤炭	焦炭	原油	汽油	煤油	柴油	燃料油	天然气
碳排放系数	0.7552	0.8547	0.5854	0.5532	0.5737	0.5913	0.6176	0.4479

资料来源：作者测算整理。

（二）物流服务指标

本书将货物周转量和旅客周转量折算成"综合周转量"，以此作为物流产业运输服务的衡量指标。折算方法根据国家统计部门对不同运输工具的客货周转量使用不同换算方法，即铁路 1 吨公里 = 1 人公里、公路 1 吨公里 = 10 人公里、水路 1 吨公里 = 1 人公里、航空 1 吨公里 = 13.9 人公里，统一用亿换算吨公里为计量单位。

（三）GDP 及人口

为统一全书的数据口径，将 GDP 按照 1997 年不变价格进行调整，以剔除价格波动的影响，人口数据为上年年末人口数与本年年末人口数的算术平均数，GDP 及各年年末人口数均来源于《中国统计年鉴 2012》。

三 物流产业碳排放因素分解方法

为了分析碳排放增长的潜在影响因素，可以进一步将式（2.25）写为：

$$C^t = \sum_{ij} \frac{C_{ij}^t}{E_{ij}^t} \times \frac{E_{ij}^t}{E_j^t} \times \frac{E_j^t}{T_j^t} \times \frac{T_j^t}{T^t} \times \frac{T^t}{GDP^t} \times \frac{GDP^t}{P^t} \times P^t \qquad (2.26)$$

其中，i 代表能源类型，包括上述 8 种能源，这里均指已经扣除了用于加工转换二次能源消费量和损失量后的终端能源消费数量；j 代表运输方式，这里包括铁路、公路、水路和航空；t 表示年份；E 表示终端能源消费量；T 表示物流服务，这里用综合周转量来衡量；GDP 为测度经济产出的指标，这里指国内生产总值 GDP；P 为人口因素。式（2.26）可以进一步表示为：

$$C^t = \sum_{ij} EC_{ij}^t \times ES_{ij}^t \times EI_j^t \times FM_j^t \times TG^t \times RG^t \times P^t \qquad (2.27)$$

这里，EC 表示能源排放强度因素，即消耗单位 i 种能源产生的碳排放量；ES 表示能源结构因素，即物流产业消耗的某类化石能源占总能源的比重；EI 表示能源效率因素，即物流产业单位综合周转量所需的能源消费量；FM 表示物流产业的运输方式，即某种运输方式的综合周转量占全部综合周转量的份额；TG 表示物流产业对地区经济的拉动作用，等于综合周转量除以当年的 GDP，即单位 GDP 所需的物流综合周转量，也称为物流发展因素；RG 为人均 GDP，表示经济增长因素；P 为人口因素。

利用洪明华和刘（2007）所给出的 LMDI 分解技术进一步分析物流产业的碳排放变化，加法分解法可以将期末到期初物流产业的碳排放变化分解成各影响因素变化的贡献之和，即：

$$\Delta C_{tot} = C^t - C^0 = \Delta C_{EC} + \Delta C_{ES} + \Delta C_{EI} + \Delta C_{FM} + \Delta C_{TG} + \Delta C_{RG} + \Delta C_P$$
$$(2.28)$$

其中，$\Delta C_{EC} = \sum_{ij} w_{ij} \ln \dfrac{EC^t_{ij}}{EC^0_{ij}}$；$\Delta C_{ES} = \sum_{ij} w_{ij} \ln \dfrac{ES^t_{ij}}{ES^0_{ij}}$；$\Delta C_{EI} = \sum_{ij} w_{ij} \ln \dfrac{EI^t_j}{EI^0_j}$；

$$\Delta C_{FM} = \sum_{ij} w_{ij} \ln \dfrac{FM^t_j}{FM^0_j}$$；$\Delta C_{TG} = \sum_{ij} w_{ij} \ln \dfrac{TG^t_j}{TG^0_j}$；$\Delta C_{RG} = \sum_{ij} w_{ij} \ln \dfrac{RG^t}{RG^0}$；

$$\Delta C_P = \sum_{ij} w_{ij} \ln \dfrac{P^t}{P^0}$$。

在各变化量中，w_{ij} 相当于权重，可以表示为：$w_{ij} = \begin{cases} \dfrac{C^t_{ij} - C^0_{ij}}{\ln C^t_{ij} - \ln C^0_{ij}}, C^t_{ij} \neq C^0_{ij} \\ C^t_{ij}, C^t_{ij} = C^0_{ij} \end{cases}$，其中 t 和 0 分别表示期末和期初。

乘法分解法可以将期末到期初物流产业的碳排放变化分解成各影响因素变化的贡献之积，即：

$$D_{tot} = \dfrac{C^t}{C^0} = D_{EC} \times D_{ES} \times D_{EI} \times D_{FM} \times D_{TG} \times D_{RG} \times D_P \qquad (2.29)$$

其中，$D_{EC} = \exp\left[\sum_{ij} w_{ij} \ln \dfrac{EC^t_{ij}}{EC^0_{ij}} \right]$；$D_{ES} = \exp\left[\sum_{ij} w_{ij} \ln \dfrac{ES^t_{ij}}{ES^0_{ij}} \right]$；$D_{EI} = \exp\left[\sum_{ij} w_{ij} \ln \dfrac{EI^t_j}{EI^0_j} \right]$；$D_{FM} = \exp\left[\sum_{ij} w_{ij} \ln \dfrac{FM^t_j}{FM^0_j} \right]$；$D_{TG} = \exp\left[\sum_{ij} w_{ij} \ln \dfrac{TG^t_j}{TG^0_j} \right]$；

$$D_{RG} = \exp\left[\sum_{ij} w_{ij} \ln \dfrac{RG^t}{RG^0} \right]$$；$D_P = \exp\left[\sum_{ij} w_{ij} \ln \dfrac{P^t}{P^0} \right]$。

这里，$w_{ij} = \dfrac{L(C^t_{ij}, C^0_{ij})}{L(C^t, C^0)}$ 表示权重，且 $\begin{cases} L(a,b) = \dfrac{a - b}{\ln a - \ln b}, \ a \neq b \\ L(a,b) = a, \ a = b \end{cases}$。

式（2.28）和式（2.29）表明，物流产业碳排放的变化可以分解为上述 7 类因素：ΔC_{EC} 和 D_{EC} 表示 8 种能源碳排放强度的影响，即碳排放系数的影响效应；ΔC_{ES} 和 D_{ES} 表示能源结构因素的影响效应；ΔC_{EI} 和 D_{EI} 表示能源效率因素的影响效应；ΔC_{FM} 和 D_{FM} 表示运输方式的影响效应；ΔC_{TG} 和 D_{TG} 表示物流产业的发展因素；ΔC_{RG} 和 D_{RG} 表示地区经济增长因素的影响效应；ΔC_P 和 D_P 表示人口变化的作用。

四　中国物流产业碳排放因素分解结果及分析

在本书中，由于各类能源的碳排放系数固定，碳排放强度是不变的，则碳排放系数的影响效应 $\Delta C_{EC} = 0$，$D_{EC} = 1$，碳排放技术的贡献率为 0。因此，影响中国物流产业碳排放的因素主要有能源结构、能源效率、运输方式、物流产业的发展、地区经济增长及人口效应，根据上述分解各影响因素的公式，以 1991 年为基期计算 6 类影响因素的分解结果，结果列于表 2 - 12 中，同时绘制得到各影响因素的累积效应图 2 - 6。

总体上，物流产业的碳排放量呈现出不断增长的趋势，物流碳排放量快速增长的主要原因是中国经济的快速发展，经济增长对碳排放的贡献率呈指数增长的趋势，并且在研究期内的各个阶段，经济增长对碳排放量增长的拉动作用都要大于抑制因素对碳排放的贡献率，因而导致碳排放总量的持续快速增长。在考察 6 类驱动因素对物流产业碳排放的影响程度时，从分解因素看到，碳排放增长的拉动因素主要有经济增长、能源结构、能源效率、运输方式以及人口因素，而物流发展因素则对碳排放起到了抑制作用，下面分别对各种影响因素进行分析。

（一）总效应

与物流产业碳排放呈逐年增长趋势相一致，各影响因素对碳排放变化的总效应整体上也呈现上升趋势，进一步验证了 LMDI 技术在总量分解上具有良好的稳健性。样本期间，全国物流产业的碳排放量由 1991 年的 2645.34 万吨上升到 2011 年的 13925.71 万吨，增长了 426%，年均增长率达到 9.473%。从 1991 年为基期的碳排放的累积增长趋势看，大致可以划分为三个阶段：第一阶段，1991—1995 年缓慢增长，碳排放年均增长率为 3.441%；第二阶段，1996—2001 年先迅速增长后趋于平稳，年均增长率为 14.279%；第三阶段，2002—2011 年呈指数增长，年均增长率

表2－12　1991—2011年各因素对中国物流产业碳排放的影响效果

年份	总效应		能源结构		能源效率		运输方式		物流发展		经济增长		人口因素	
	ΔC_{tot}	D_{tot}	ΔC_{ES}	D_{ES}	ΔC_{EI}	D_{EI}	ΔC_{FM}	D_{FM}	ΔC_{TC}	D_{TC}	ΔC_{RG}	D_{RG}	ΔC_{P}	D_{P}
1991—1992	804.114	1.138	-68.940	0.989	23.606	1.004	714.784	1.122	-309.723	0.951	411.427	1.069	32.960	1.005
1992—1993	1324.633	1.233	-66.771	0.989	-17.917	0.997	1123.840	1.194	-916.267	0.865	1136.691	1.197	65.057	1.010
1993—1994	1437.957	1.257	-141.839	0.978	-212.264	0.967	1283.378	1.227	-1541.155	0.782	1954.892	1.366	94.946	1.015
1994—1995	2045.402	1.369	-144.802	0.978	-186.561	0.972	1676.096	1.293	-2111.661	0.723	2684.186	1.510	128.142	1.020
1995—1996	5208.493	1.818	-103.494	0.988	1690.020	1.214	2652.851	1.356	-3345.410	0.681	4107.139	1.602	207.386	1.024
1996—1997	5325.269	1.838	-89.135	0.990	1521.865	1.190	2737.712	1.368	-3560.321	0.666	4470.365	1.667	244.784	1.028
1997—1998	5735.235	1.920	-67.303	0.992	1564.031	1.195	3100.663	1.423	-3853.388	0.645	4712.057	1.709	279.175	1.032
1998—1999	6138.920	1.981	-79.116	0.991	1534.060	1.186	3300.473	1.444	-3871.196	0.650	4941.572	1.734	313.127	1.035
1999—2000	6637.017	2.050	-35.261	0.996	1408.386	1.164	3513.445	1.462	-3979.402	0.650	5379.531	1.789	350.318	1.039
2000—2001	6502.948	2.001	-54.815	0.994	1277.734	1.146	3238.510	1.413	-4133.904	0.643	5793.626	1.855	381.798	1.042

续表

年份	总效应		能源结构		能源效率		运输方式		物流发展		经济增长		人口因素	
	ΔC_{tot}	D_{tot}	ΔC_{ES}	D_{ES}	ΔC_{EI}	D_{EI}	ΔC_{FM}	D_{FM}	ΔC_{TG}	D_{TG}	ΔC_{RG}	D_{RG}	ΔC_P	D_P
2001—2002	7391.110	2.141	-23.346	0.998	1323.702	1.146	3752.259	1.472	-4372.320	0.637	6290.262	1.912	420.552	1.044
2002—2003	8402.362	2.241	-81.982	0.992	1806.125	1.189	3960.899	1.463	-4945.527	0.622	7185.972	1.994	476.875	1.047
2003—2004	9630.441	2.309	55.343	1.005	1601.774	1.149	3857.151	1.398	-5012.043	0.647	8579.336	2.107	548.880	1.049
2004—2005	10493.667	2.348	98.239	1.008	1619.799	1.141	3742.538	1.356	-5313.104	0.649	9734.880	2.208	611.315	1.051
2005—2006	11913.505	2.499	163.312	1.013	1710.831	1.140	4241.873	1.386	-5839.326	0.638	10964.394	2.323	672.421	1.053
2006—2007	13248.185	2.632	278.991	1.021	1525.872	1.118	4686.045	1.408	-6459.198	0.624	12484.651	2.490	731.824	1.055
2007—2008	16348.241	3.247	213.319	1.015	1318.690	1.100	7528.356	1.720	-7203.894	0.595	13723.952	2.688	767.817	1.057
2008—2009	16652.888	3.267	197.680	1.014	979.266	1.072	7583.672	1.715	-7211.117	0.599	14300.793	2.764	802.594	1.059
2009—2010	18632.002	3.495	260.511	1.018	731.986	1.050	8420.393	1.761	-7619.727	0.599	15963.027	2.922	875.811	1.061
2010—2011	19752.450	3.536	282.701	1.018	633.347	1.041	8512.197	1.723	-8374.357	0.585	17751.974	3.112	946.588	1.062

资料来源：作者测算整理。

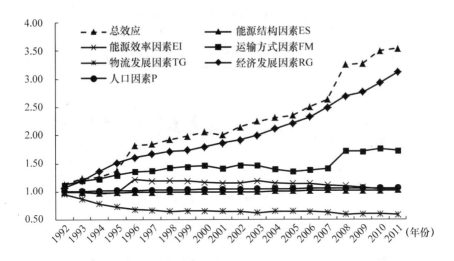

图2-6　中国物流产业碳排放 LMDI 分解的累积效应

为9.002%，至今物流产业的碳排放量仍尚未到达拐点。

（二）能源结构因素

从能源结构对物流产业碳排放的影响看，物流产业的能源结构对碳排放增长有缓慢的拉动作用，对能源结构的影响效应作进一步分解，如图2-7所示，能源结构影响效应中占主导地位的分别为煤炭和柴油，其中煤炭所占比重呈逐年下降趋势，因此煤炭的碳排放影响效应也呈现出逐年下降的趋势，从0.977下降为0.885，下降了0.092；反之，柴油所占比重却呈现出逐年上升的趋势，从1992年的1.003上升为2011年的1.147，上升了0.144，其他能源消费量的比重均呈现出小幅微调。综合看，能源结构因素对物流产业碳排放影响总体上呈现出促进作用，柴油、煤油占总能源消费量的比重分别上升了24.87%和5.05%，而煤炭、汽油对碳排放的贡献率在1992—2011年分别下降了29.2%和4.67%，焦炭、原油、天然气的贡献率在这20年间基本持平，物流产业对柴油、煤油等石油燃料的依赖作用越来越大，柴油这一高碳排放的能源消耗对碳排放的拉动作用抵消了煤炭减少给碳排放增长带来的抑制作用，使得总体上对物流产业碳排放量的增长呈现出促进作用，且由于不同能源作用的相互抵消，使得能源结构对碳排放的总效应并不十分明显，20年间影响效应仅增加了0.029。

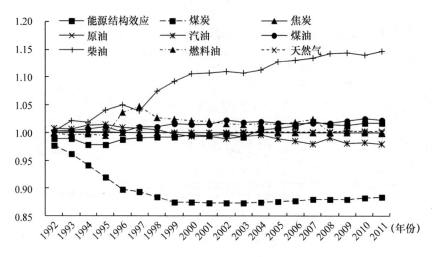

图 2-7　物流产业各类能源碳排放变化的能源结构效应趋势图

（三）能源效率因素

研究期内，能源效率对碳排放的影响大致可以分为三个阶段：1992—1995 年物流产业的能源效率影响效应呈下降趋势，影响效应从 1992 年的 1.004 下降为 1995 年的 0.972，下降了 0.032；1995—1996 年能源效率的影响效应由 0.972 上升为 1.214；自 1996 年起能源效率对碳排放的作用开始逐步回落，到 2011 年影响效应降为 1.041，下降了 0.173。能源效率的影响效应总体上表现出拉动作用，成为促进碳排放增长的因素，但由于其影响幅度比较小，对碳排放的拉动作用非常有限。

（四）运输方式因素

一个潜在的影响物流部门碳排放的因素是运输方式的转变，研究表明，在等量运输下，铁路、公路和航空的能耗比为 1∶9.3∶18.6。从客运上看，铁路运输产生的每人每公里碳排放量是公路运输的 1/2，是国内短途航空的 1/4；从货运上看，铁路运输产生的每吨每公里碳排放量是公路运输的 1/10[①]。在研究的样本期间，铁路的综合周转量占全部综合周转量的比值，从 1991 年的 44.98% 下降为 2011 年的 23.24%，公路综合周转量的占比由 12.11% 增加为 31.55%，水路综合周转量占比变化不大，由 42.81% 增加为 44.91%，航空综合周转量虽然有所上升，但其所占比重在研究期内基本保

----

① 数据来源于中国铁路网提供的国恒铁路研究数据和美国环保署发布的文件。

持不变，年均航空综合周转量占比仅为全部综合周转量的 0.2%。图 2 - 8
给出了 4 种运输方式影响因素的变化趋势。由图 2 - 8 可知，运输方式对物
流产业碳排放的影响主要取决于铁路运输方式和公路运输方式占全部运输
方式的比重，1991 年到 2011 年铁路运输的综合周转量下降了 21.74%，公
路运输的综合周转量上升了 19.44%，铁路运输综合周转量比重下降所带来
的碳排放量的减少作用要远小于公路运输综合周转量比重上升所带来的碳
排放量的增加作用，因此总体上，运输方式变化对碳排放量的变化仍然表
现出拉动作用。由此可见，铁路在能源利用效率和对环境的贡献方面较其
他运输方式有不可比拟的优势，但是中国铁路发展长期滞后，截至 2012 年
底，人均拥有铁路长度仅为 7.2 厘米，远低于美国等发达国家，甚至低于印
度等发展中国家，在倡导发展低碳物流的时代，应当继续"四纵四横"的
高速铁路建设，并进一步完善中心城市间的城际高速铁路建设，以及与周
边城镇间的高速铁路网络建设，尽快形成以铁路为主体，水路和管道运输
为支撑，公路和航空运输为辅的低碳化的综合运输体系，通过设立铁路等
低能耗和低碳排放的运输方式为主体，从而减少物流运输系统对化石能源
的需求以及对环境污染的排放，实现物流产业的低碳化。

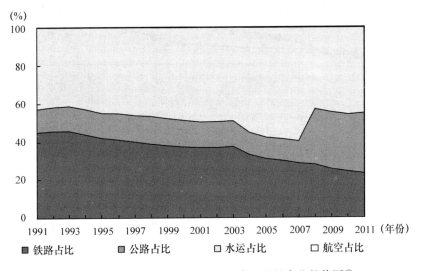

图 2 - 8　物流产业各种运输方式所占比重的变化趋势图①

———————————

①　由于航空综合周转量占比与铁路、公路和水路综合周转量占比差异较大，因此图 2 - 8
中未能显示出其变化趋势。

（五）物流发展因素

这里需要对物流发展这一分解因素做出说明，本书拟定的物流发展因素，指的是综合周转量与国内生产总值 GDP 的比。由图 2-9 可知，综合周转量的增速自 1993 年起始终慢于 GDP 的增速，因而该指标在研究期内越来越小，表明随着中国经济的不断发展，每运送亿吨公里的货物，其价值在不断增加，或者说每单位 GDP 所需物流综合周转量在逐步减少，表明物流产业的科技水平在不断提高，随着科技发展，单位 GDP 需要的综合周转量减少，物流运输过程中消耗的能源也随之减少，因此对物流产业的碳排放量产生抑制作用。

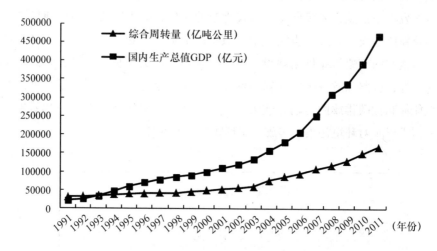

图 2-9　综合周转量与 GDP 的变化曲线

（六）经济增长因素及人口因素

地区经济增长因素是拉动物流产业碳排放增长的最主要的动力，与总效应的发展趋势基本一致，在研究期内基本呈现出指数增长的态势，对碳排放的累积效应值从 1992 年的 1.069 上升为 2011 年的 3.112，上升了 2.043，贡献率由 1992 年的 17.4% 上升为 2011 年的 36.4%，增加了近 20%。经济的发展与物流产业的碳排放量是密切相关的。随着经济的发展，人们有着较高的生活水平，追求高质量的生活依赖于便利的交通设施，在这个不断增长的经济体系中，现代物流的显著特色是高效率的交通系统，从而使得货运周转量和客运周转量显著增加。人口因素对物流产业碳排放量的增长虽然也具有拉动作用，但是拉动作用较为平缓。

通过上述影响效应的分析，可以发现各种影响因素对碳排放的作用并不相同，按照总效应的变化趋势，将研究区间分为三个阶段，分别为1991—1995年、1995—2001年和2001—2011年，并在各阶段将各影响效应与总效应的变化趋势相比较，得到物流产业碳排放因素分解的判断矩阵，即可发现导致物流产业持续高碳排放的原因，结果如表2-13所示。

表2-13　　　　　　　　物流产业碳排放因素分解的判断矩阵

时期	总效应	能源结构	能源效率	运输方式	物流发展	经济增长	人口因素
1991—1995	↑	−	−	+	−	+	+
1995—2001	先↑后↓	+	+	+	−	+	+
2001—2011	↑	+	+	+	−	+	+
1991—2011	↑	+	+	+	−	+	+
是否显著		不显著	不显著	显著	显著	显著	不显著

说明："↑"表示增加；"↓"表示降低；"+"表示该影响因素使得碳排放增加，即对碳排放有正向的拉动效应；"−"表示该影响因素使得碳排放减少，即对碳排放有负向的抑制效应。

结合物流产业碳排放因素分解的判断矩阵和前文累积效应图2-6看，1991—1995年和2001—2011年两个时间段期间，物流产业的碳排放均呈现出显著的上升趋势，运输方式、物流发展、经济增长三个因素对碳排放的影响显著，其中运输方式、经济增长对碳排放增加有明显的拉动作用，而物流发展即物流产业的科技发展因素对碳排放有显著的抑制作用。能源结构、能源效率对碳排放的影响效应并不显著，能源结构因素在1991—1995年由于煤炭占能源总量的比重迅速减少，使得该时期能源结构成为抑制碳排放增长的因子，1995年后煤炭的比重下降趋势逐渐趋于平稳，而物流产业对柴油、煤油等石油燃料的依赖程度增加，抵消了煤炭减少给碳排放增长带来的抑制作用，使得总体上对物流产业碳排放量的增长呈现出拉动作用。能源效率因素在1991—1995年和2001—2011年是减碳因子，而在1995—2001年对碳排放的抑制作用不明显，因此成为间接的增碳因子。人口因素对碳排放始终表现出拉动效应，但由图2-6可知影响作用并不明显。

第四节　本章小结

本章首先根据 IPCC（2006）碳排放计算指南估算了全国农业、工业、建筑业、物流产业、商业及其他三产六大产业 1991—2011 年的碳排放量以及中国 30 个省级地区物流产业 1997—2011 年的碳排放量，然后分别利用脱钩理论及脱钩指数、基尼系数及其组群分解方法、极化指数、LMDI分解技术等多种方法对全国六大产业、区域、省际物流产业碳排放量的分布、地区差异及驱动因素进行了系统研究。主要结论如下：

利用脱钩理论分析物流产业增长与能源、碳排放之间的互动关系可知：样本期间，中国六大产业的碳排放与经济增长处于弱脱钩的年份居多，距离达到强脱钩的理想状态尚有一定的距离，还不能同时实现经济增长与碳排放降低的双重目标；物流产业在考察期内阶段性地呈现出碳排放的脱钩状态。换言之，物流产业的确存在低碳发展的可能性。1991—2011年，物流脱钩弹性总体上表现出"W"型变化，脱钩状态呈现出"不太理想状态"的弱脱钩—"畸形状态"的扩张性负脱钩的周期性变化；碳排放的能源弹性高于碳排放的经济增长弹性，说明目前中国物流产业的碳减排技术对碳排放与产业脱钩的贡献作用并不明显，中国物流产业长期以高碳排放的油品为主，节能减排技术的发展相对滞后，距离实现强脱钩还有一定差距；省域物流碳排放脱钩分析发现，大部分省级地区同样经历了弱脱钩—扩张性脱钩—弱脱钩的过程，碳排放与物流产值的脱钩指数和能源消费与物流产值的脱钩指数相对比，发现两者弹性值的地区变化基本趋于一致，省域层面上经济增长与碳排放脱钩主要由经济与能源消费的脱钩所致；观察区域碳排放脱钩状态变化发现，自 2006 年起，东部和西部地区物流产业的碳排放脱钩效果明显好于中部地区，中部仍然是物流碳排放治理的重点区域。未来一段时期内，物流产业经济发展与能源消费引起的碳排放弱脱钩趋势仍将持续，距离实现最理想的强脱钩状态还有较大距离且不确定性仍然较强。

利用基尼系数及其组群分解方法和极化指数分析物流产业碳排放的非均衡性及极化程度可知：在"十五"及其以前各时段，物流产业的碳排放总量均值处于高速增长阶段，其中东部增速最快，进入"十一五"以后，虽然各区域物流产业的碳排放总量均值与 2006 年以前相比增速普遍放缓，但年均增长率仍然持续偏高，中部和西部地区由于物流规模的扩张，碳排放总量均值的增速超过东部以及全国平均水平；"十一五"规划实施以来，总体地区差距缓慢上升，说明近几年中国物流产业碳排放空间分布的地区差距有扩大的趋势。从地区差距的分解结果看，三大地区碳排放分布的地区内差距均呈现扩大趋势，物流产业碳排放的地区间差距在样本期内呈现波动态势，东部和西部碳排放的地区间差距最大，中部和西部次之，东部和中部的差距最小；从各分解项对总体基尼系数的贡献率看，地区间净差距是中国物流产业碳排放地区差距的主要来源，其次为超变密度，地区内差距的贡献最小。样本期内，地区间净差距对总体差距的贡献率呈下降趋势。地区内差距的贡献率呈缓慢上升趋势，超变密度的贡献率在样本期间上升趋势明显，超变密度贡献率上升，说明地区间出现交错的现象加剧；物流产业碳排放分布的极化指数在样本期呈下降趋势，极化指数与总体基尼系数虽然拥有相同的走势，但极化下降的程度要远大于地区差距扩大的程度，并且在"十一五"规划实施后，二者的年均变化率出现了完全相反的走势。这也说明，基尼系数虽然能较为客观地刻画中国物流产业碳排放分布的空间非均衡特征，但却不能很好地衡量碳排放分布的极化问题。

利用 LMDI 分解技术建立中国物流产业人均碳排放的驱动因素分解模型可知：在能源结构方面，由于柴油这一高碳排放的能源消耗对碳排放的拉动作用抵消了煤炭减少给碳排放增长带来的抑制作用，使得能源结构因素从总体上看对物流碳排放量的增长呈现出促进作用，但总效应并不十分明显；能源效率因素在 1991—1995 年和 2001—2011 年是减碳因子，在 1995—2001 年对碳排放的抑制作用不明显，因此成为间接的增碳因子。在整个研究期间影响效应总体上表现出拉动作用，成为促进碳排放增加的因素，由于其影响幅度比较小，因此拉动作用非常有限；从运输方式上看，1991—2011 年铁路运输的综合周转量下降了 21.74%，公路运输的综合周转量上升了 19.44%，铁路运输产生的每吨每公里碳排放量是公路运输的 1/10，因此铁路运输综合周转量下降所带来的碳排放量的减少作用要远小于公路运输综合周转量比重上升所带来的碳排放量的增加作用，总体上，运输方式转变对碳排放量的变化表现出明显的拉动作用；物流发展的影响效应逐步减弱，说明每单位 GDP 所需物流综合周转量在逐步减少，表明物流产业的科技水平在不断提高，随着科技发展，单位 GDP 需要的综合周转量减少，物流运输过程消耗的能源也随之减少，因此对物流产业的碳排放量产生抑制作用；随着经济的发展，人们有着较高的生活水平，追求高质量的生活依赖于便利的交通设施，现代物流的显著特色是高效率的交通系统，从而使得货运周转量和客运周转量显著增加，因此经济增长是物流产业碳排放持续增长最主要的动力；人口因素对物流产业碳排放量的拉动作用十分微弱。

根据上述分析，我们得到如下启示：一方面，各地区物流产业碳排放水平的不断上升说明目前中国物流产业仍然处于粗放型增长方式，在物流产业产值和周转量增加的同时，忽视了碳排放这一必然副产品也随之增加的事实，这也提醒我们要根据自身物流产业所处的发展阶段制定相应的碳减排措施以实现碳减排和产业发展的共赢；另一方面，应大力推进物流产业科技水平的提高，进一步发挥物流发展因素对碳排放的抑制作用，同时优化物流运输体系，形成以铁路为主体，水路和管道为支撑，公路和航空运输为辅的低碳化的综合运输体系。

第三章 碳排放约束视角下中国省域
物流产业全要素生产率测度

第一节 考虑环境污染的物流产业全要素
生产率研究现状

物流产业是国民经济和社会发展的基础产业和服务行业，同时也是社会经济活动中物流和客流的载体，自 2009 年 3 月物流产业被纳入"振兴经济的十大产业"以来，现代物流产业已经正式成为国民经济的重要产业和新的经济增长点。但是，与此同时物流产业对能源的依赖逐年上升，其中又以柴油和汽油等高污染型能源为主，2011 年物流产业柴油和汽油消费量占全国柴油和汽油消费总量的比例高达 60.67% 和 45.61%。由此可见，物流产业所产生的碳排放是温室气体和大气污染的重要来源之一，对环境的影响之大不言而喻，环境因素在物流产业研究中所占的地位也可见一斑。目前，虽然已有较多文献对物流产业效率与生产率展开研究，但都没有考虑到环境因素，作为物流产业运作必然副产品的各类环境污染物，在物流产业全要素生产率测度过程中也从未被计入在内。

早期研究物流产业效率与生产率的文献集中于对运输业进行分析，近年来随着物流产业的快速发展，对物流产业效率与生产率问题的研究也逐渐增多，例如伦纳和特伯（Renner & Tebbe，1998）、拉比诺维奇（Rabinovich，2006）、陈东燊等（Chan，Felix T. S. et al.，2006）、周根贵等（Zhou，G. et al.，2008），国内学者邓学平等（2008，2009a，2009b）、田刚和李南（2009a，2009b，2011）、余泳泽和刘秉镰（2010）、余泳泽和武鹏（2010）等所做的研究。综观现有物流产业效率与生产率的研究，主要基于传统

DEA 方法，虽然取得了大量成果，但仍然存在以下不足：一方面，模型中隐含了外部环境均质化的假设，得到的效率值包含了外部环境因素和随机误差的影响，不能客观反映生产者的决策和管理水平；另一方面，国内学者对物流生产率的考察虽然从企业层面、行业层面和区域层面均进行了不同程度的研究，但都仅从资本、劳动力和能源等生产要素的投入角度以及合意的期望产出角度考察，缺少对环境污染等非期望产出的度量。如此，使所测度的效率值不能反映生产过程中带来的"好"产出和"坏"产出的两面性。近年来，随着各类环境问题的凸显，交通领域已经开始把对非期望产出的控制纳入全要素生产率测度的框架内，例如麦克马伦和卢（Mc-Mullen & Noh，2007）、游明敏等（Yu M. M. et al.，2008）、罗赫尔斯和韦伯（Rogers & Weber，2011）、温等（Oum et al.，2013）。国内现有文献未见同时考虑上述两方面问题的物流产业全要素生产率的研究，因此相关文献所评估的效率值并不能真实反映中国现阶段物流产业的发展水平，外部环境对物流产业生产率的影响程度亦无从考察。

　　鉴于此，本书试图从以下两个方面对现有文献进行补充：（1）舍斯塔洛瓦（Shestalova，2003）指出，序列 DEA 与当期 DEA 相比能够避免技术退步，因此本章将基于序列 DEA 的方向距离函数与 Malmquist-Luenberger（ML）生产率指数相结合，以产出为导向，重新测算同时考虑期望产出和非期望产出即碳排放的中国省域物流产业全要素生产率及其分解变量；（2）采用弗里德等（Fried et al.，2002）提出的三阶段 DEA 方法，研究外部营运环境条件对物流产业 ML 生产率指数的影响，为了避免在第一阶段中非期望产出作为投入变量不能保持与资源投入之间同增同减的比例关系而产生的对实际生产过程的误判［塞福德和朱乔（Seiford & Zhu），2002］，因此在第一阶段使用产出导向基于序列 DEA 的方向距离函数模型进行测算，并在第二阶段中对期望产出和非期望产出分别进行调整，以剔除外生环境变量对物流产业全要素生产率的影响。

第二节　研究方法

一　方向距离函数

假设有 $k=1,2,\cdots,K$ 个生产单位使用 N 种投入 $x = x_1,\cdots,x_N, x \in R_N^+$，得

到 M 种期望产出 $y = y_1, \cdots, y_M, y \in R_M^+$，$I$ 种非期望产出 $b = b_1, \cdots, b_I, b \in R_I^+$。生产可能集 $P(x)$ 为有界闭集合，表示为：$P(x) = \{(y,b): x$ 能生产 $(y,b), x \in R_N^+\}$，满足如下性质：

（1）投入和期望产出随意处置：若 $(y,b) \in P(x)$，且 $y' \leqslant y$ 或 $x' \geqslant x$，则 $(y',b) \in P(x), P(x) \subseteq P(x')$；

（2）非期望产出弱处置性：若 $(y,b) \in P(x)$，且 $0 \leqslant \theta \leqslant 1$，则 $(\theta y, \theta b) \in P(x)$；

（3）期望产出和非期望产出零结合性：若 $(y,b) \in P(x)$，且 $b = 0$，则 $y = 0$。

性质（2）表示在给定要素投入水平下，要减少非期望产出，则必然会使用部分原本用于生产期望产出的投入，进而导致期望产出的减少。性质（3）意味着只要有期望产出发生，必然伴随非期望产出。$P(x)$ 满足零结合性，还需满足法尔和格罗斯科普夫（Färe & Grosskopf，2004）提出的两个假定：

（1）$\sum_{k=1}^{K} b_{ki} > 0, i = 1, \cdots, I$，表示至少一个生产单位生产每一种非期望产出；

（2）$\sum_{i=1}^{I} b_{ki} > 0, k = 1, \cdots, K$，表示每一个生产单位至少生产一种非期望产出。

传统的 Malmquist 生产率指数利用谢泼德（Shephard，1970）提出的产出距离函数代表潜在的技术，定义为：

$$D_0^t(x^t, y^t, b^t) = \inf\{\theta: ((y^t, b^t)/\theta) \in P^t(x)\} \tag{3.1}$$

其中，期望产出和非期望产出是同比例缩放，法雷尔（Farrell，1957）定义的技术效率是 Shephard 产出距离函数的倒数。为了使非期望产出减少成为可能，根据卢恩伯格（Luenberger，1995）提出的短缺函数（Shortage Function）和钟等（Chung et al.，1997）提出的方向距离函数（Directional Distance Function）表示技术效率，定义为：

$$\vec{D}_0^t(x^t, y^t, b^t; g^t) = \sup\{\beta: (y^t, b^t) + \beta \times g^t \in P^t(x)\} \tag{3.2}$$

这里，g^t 为方向向量，当 $g^t = (g_y^t, -g_b^t)$ 时，表示期望产出增加的同时非期望产出减少，β 为距离函数值，描述在产出水平 (y^t, b^t) 上，按照方向

向量 $g^t = (g_y^t, -g_b^t)$ 运动到生产前沿面时，期望产出增加和非期望产出减少的最大程度。事实上，Shephard 的产出距离函数是方向距离函数的一种特殊情况。为了更好地解释 Shephard 的产出距离函数与方向距离函数的联系和区别，如图 3-1 所示，OABCD 是生产技术前沿面，在 Shephard 距离函数条件下，产出最大化要求 E 点沿 EF 的方向到达前沿面上的 F 点，而方向距离函数中则要求 E 点沿着方向向量 $g^t = (g_y^t, -g_b^t)$ 确定的方向由 E 点向 G 点移动。令 $g^t = (y^t, -b^t)$，可以证明两种距离函数之间存在如下关系：

$$\vec{D}_0^t(x^t, y^t, b^t; y^t, -b^t) = \sup\{\beta : D_0^t(x^t, (y^t, -b^t) + \beta(y^t, -b^t)) \leqslant 1\}$$

$$= \sup\{\beta : (1 + \beta) D_0^t(x^t, y^t, -b^t) \leqslant 1\}$$

$$= \sup\{\beta : \beta \leqslant D_0^t(x^t, y^t, -b^t)^{-1} - 1\}$$

$$= (1/D_0^t(x^t, y^t, -b^t)) - 1$$

$$(3.3)$$

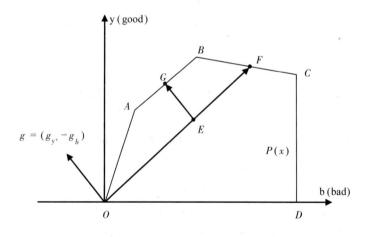

图 3-1　方向距离函数

式（3.2）表示 t 时期的方向距离函数，它比较的是 (y^t, b^t) 和 t 期的生产前沿，被定义为每一产出在当期的方向距离函数。类似地，交互期（相邻期）的方向距离函数定义为：

$$\vec{D}_0^t(x^{t+1}, y^{t+1}, b^{t+1}; g^{t+1}) = \sup\{\beta : (y^{t+1}, b^{t+1}) + \beta \times g^{t+1} \in P^t(x)\}$$

$$(3.4)$$

$$\vec{D}_0^{t+1}(x^t, y^t, b^t; g^t) = \sup\{\beta : (y^t, b^t) + \beta \times g^t \in P^{t+1}(x)\} \quad (3.5)$$

式 (3.4)、式 (3.5) 分别表示 $t+1$ 期产出 t 期技术和 t 期产出 $t+1$ 期技术的混合方向距离函数。当把非期望产出引入生产率指数的测度时，方向距离函数可以避免时期交叉的问题，为度量非期望产出减少时期望产出增加的情况，选取方向向量 $g^t = (g_y^t, -g_b^t)$，即期望产出沿着 g_y^t 的方向变动，非期望产出沿着 $-g_b^t$ 的方向变动，这样 t 时期的方向距离函数定义为：

$$\vec{D}_0^t(x^t, y^t, b^t; g_y^t, -g_b^t) = \sup\{\beta : (y^t + \beta \times g_y^t, b^t - \beta \times g_b^t) \in P^t(x)\} \quad (3.6)$$

β 表示产出 (y^t, b^t) 与其在生产前沿面上投影 $(y^t + \beta g_y^t, b^t - \beta g_b^t)$ 的距离。由此可知，方向距离函数取决于投入产出值 (x^t, y^t, b^t) 和 g^t，方向向量 g^t 与研究目的及非期望产出的危害有关，法尔等 (2005) 认为非期望产出的强弱可处置性也制约方向向量的选择。本书将方向向量设定为 $g^t = (y^t, -b^t)$，并将生产单位 k' 在 t 时期的方向距离函数写成如下线性规划形式：

$$\vec{D}_0^t(x_{k'}^t, y_{k'}^t, b_{k'}^t; y_{k'}^t, -b_{k'}^t) = \max(w_y \beta_y + w_b \beta_b)$$

$$s.t. \quad \sum_{k=1}^K z_k^t y_{km}^t \geq (1 + \beta_y) y_{k'm}^t, m = 1, \cdots, M$$

$$\sum_{k=1}^K z_k^t b_{ki}^t = (1 - \beta_b) b_{k'i}^t, i = 1, \cdots, I \quad (3.7)$$

$$\sum_{k=1}^K z_k^t x_{kn}^t \leq x_{k'n}^t, n = 1, \cdots, N$$

$$z_k^t \geq 0, k = 1, \cdots, K$$

z_k^t 为权重；β_y 和 β_b 分别表示期望产出扩张和非期望产出缩减的比率；w_y 和 w_b 为其相对应的权重，$w_y + w_b = 1$，弱可处置性决定了期望产出和非期望产出在现有基础上按照相同比例扩张和减少，因此 $w_y = w_b = 1/2$。通过观测值 $(x_{k'}^t, y_{k'}^t, b_{k'}^t)$ 与生产可能性边界 $[x_{k'}^t, (1 + \beta_b) y_{k'}^t, (1 - \beta_b) b_{k'}^t]$ 的比较使得方向距离函数值 $\vec{D}_0^t(x_{k'}^t, y_{k'}^t, b_{k'}^t; y_{k'}^t, -b_{k'}^t)$ 达到最大化的 $w_y \beta_y + w_b \beta_b$。$t+1$ 期的方向距离函数模型，只需将上述式 (3.7) 中的 t 换成 $t+1$ 即可，混合期方向距离函数模型参考同期 DEA 模型设定如下：

$$\vec{D}_0^{t+1}(x_{k'}^t, y_{k'}^t, b_{k'}^t; y_{k'}^t, -b_{k'}^t) = \max(w_y\beta_y + w_b\beta_b)$$

$$s.t. \quad \sum_{k=1}^{K} z_k^{t+1} y_{km}^{t+1} \geqslant (1 + \beta_y) y_{k'm}^t, m = 1, \cdots, M$$

$$\sum_{k=1}^{K} z_k^{t+1} b_{ki}^{t+1} = (1 - \beta_b) b_{k'i}^t, i = 1, \cdots, I \qquad (3.8)$$

$$\sum_{k=1}^{K} z_k^{t+1} x_{kn}^{t+1} \leqslant x_{k'n}^t, n = 1, \cdots, N$$

$$z_k^{t+1} \geqslant 0, k = 1, \cdots, K$$

$$\vec{D}_0^t(x_{k'}^{t+1}, y_{k'}^{t+1}, b_{k'}^{t+1}; y_{k'}^{t+1}, -b_{k'}^{t+1}) = \max(w_y\beta_y + w_b\beta_b)$$

$$s.t. \quad \sum_{k=1}^{K} z_k^t y_{km}^t \geqslant (1 + \beta_y) y_{k'm}^{t+1}, m = 1, \cdots, M$$

$$\sum_{k=1}^{K} z_k^t b_{ki}^t = (1 - \beta_b) b_{k'i}^{t+1}, i = 1, \cdots, I \qquad (3.9)$$

$$\sum_{k=1}^{K} z_k^t x_{kn}^t \leqslant x_{k'n}^{t+1}, n = 1, \cdots, N$$

$$z_k^t \geqslant 0, k = 1, \cdots, K$$

$\vec{D}_0^{t+1}(x_{k'}^t, y_{k'}^t, b_{k'}^t; y_{k'}^t, -b_{k'}^t)$ 为 $t + 1$ 期技术 t 期混合方向距离函数，$\vec{D}_0^t(x_{k'}^{t+1}, y_{k'}^{t+1}, b_{k'}^{t+1}; y_{k'}^{t+1}, -b_{k'}^{t+1})$ 为 t 期技术 $t + 1$ 期混合方向距离函数。

二　序列 DEA

传统的构造生产前沿面的方法通常是依据当期横截面数据来构建，也称为当期 DEA 分析，由于该方法造成不同时期的生产前沿面之间不连续，也就是说该生产前沿面所代表的技术进步是不连续的，在动态分析时可能出现技术退步的现象。为了避免这一问题，托尔肯斯和埃克奥特（Tulkens & Eeckaut, 1995）首次提出采用序列的思想构造生产前沿面，即当 $t \in (0, T)$ 时，选择 $(0, t)$ 之间的数据构造生产前沿面，称为序列 DEA（Sequential DEA）分析。序列 DEA 总是将当期观测值以前的数据包括在内，使得最优生产前沿面呈连续并不断向外扩张，弥补了当期 DEA 分析中可能存在技术退步现象的不足。

假定对于任意时期 t，该时期 t 以前所有时期都是技术上可行的，生产可能性集合随时间推移而扩展，此时 t 期的产出集合为：$\bar{P}^t(x) = \{y : y \leq \bar{Y}^t \lambda,\ x \geq \bar{X}^t \lambda, \lambda \geq 0\}$，其中，$\bar{X}^t = (\cdots, X^{t_0}, \cdots, X^{t-1}, X^t) = (\bar{X}^{t-1}, X^t)$，$\bar{Y}^t = (\cdots, Y^{t_0}, \cdots, Y^{t-1}, Y^t) = (\bar{Y}^{t-1}, Y^t)$，$t_0$ 是投入和产出均可得到的初始时期，构造最后的生产可能性集合需要 t_0 时期以前全部时期的投入产出信息，由于缺失相关信息，需要从某一时期 t_0 起截断产出集合 $\bar{P}^t(x)$，定义：

$$\bar{P}^t(x \mid \bar{X}^{t_0} = X^{t_0}, \bar{Y}^{t_0} = Y^{t_0})$$
$$= \{y : y \leq (Y^{t_0}, Y^{t_0+1}, \cdots, Y^t) \times \lambda, x \geq (X^{t_0}, X^{t_0+1}, \cdots, X^t) \times \lambda, \lambda \geq 0\} \tag{3.10}$$

相应生产集合 $\{(x,y) : y \leq (Y^{t_0}, Y^{t_0+1}, \cdots, Y^t) \times \lambda, x \geq (X^{t_0}, X^{t_0+1}, \cdots, X^t) \times \lambda, \lambda \geq 0\}$，因此，结合托尔肯斯和埃克奥特（1995）提出的序列 DEA 的思想将线性规划式（3.7）、式（3.8）、式（3.9）分别表示如下：

$$\vec{D}_0^t(x_{k'}^t, y_{k'}^t, b_{k'}^t; y_{k'}^t, -b_{k'}^t) = \max(w_y \beta_y + w_b \beta_b)$$
$$s.t. \sum_{t=1}^{T} \sum_{k=1}^{K} z_k^t y_{km}^t \geq (1 + \beta_y) y_{k'm}^t, m = 1, \cdots, M;$$
$$\sum_{t=1}^{T} \sum_{k=1}^{K} z_k^t b_{ki}^t = (1 - \beta_b) b_{k'i}^t, i = 1, \cdots, I; \tag{3.11}$$
$$\sum_{t=1}^{T} \sum_{k=1}^{K} z_k^t x_{kn}^t \leq x_{k'n}^t, n = 1, \cdots, N;$$
$$z_k^t \geq 0, k = 1, \cdots, K$$

$$\vec{D}_0^{t+1}(x_{k'}^t, y_{k'}^t, b_{k'}^t; y_{k'}^t, -b_{k'}^t) = \max(w_y \beta_y + w_b \beta_b)$$
$$s.t. \sum_{t=1}^{T+1} \sum_{k=1}^{K} z_k^{t+1} y_{km}^{t+1} \geq (1 + \beta_y) y_{k'm}^t, m = 1, \cdots, M;$$
$$\sum_{t=1}^{T+1} \sum_{k=1}^{K} z_k^{t+1} b_{ki}^{t+1} = (1 - \beta_b) b_{k'i}^t, i = 1, \cdots, I; \tag{3.12}$$
$$\sum_{t=1}^{T+1} \sum_{k=1}^{K} z_k^{t+1} x_{kn}^{t+1} \leq x_{k'n}^t, n = 1, \cdots, N;$$
$$z_k^{t+1} \geq 0, k = 1, \cdots, K$$

$$\vec{D}_0^t(x_{k'}^{t+1}, y_{k'}^{t+1}, b_{k'}^{t+1}; y_{k'}^{t+1}, -b_{k'}^{t+1}) = \max(w_y\beta_y + w_b\beta_b)$$

$$s.t. \quad \sum_{t=1}^{T}\sum_{k=1}^{K} z_k^t y_{km}^t \geqslant (1+\beta_y)y_{k'm}^{t+1}, m = 1, \cdots, M;$$

$$\sum_{t=1}^{T}\sum_{k=1}^{K} z_k^t b_{ki}^t = (1-\beta_b)b_{k'i}^{t+1}, i = 1, \cdots, I; \qquad (3.13)$$

$$\sum_{t=1}^{T}\sum_{k=1}^{K} z_k^t x_{kn}^t \leqslant x_{k'n}^{t+1}, n = 1, \cdots, N;$$

$$z_k^t \geqslant 0, k = 1, \cdots, K$$

三　全要素生产率指数及其分解

（一）Malmquist 生产率指数

法尔等（1994）在 Shephard 产出距离函数的基础上将传统 Malmquist 生产率指数（MI 指数）定义为第 t 期与第 $t+1$ 期生产率指数的几何平均值，表示为：

$$MI_t^{t+1} = \left\{\frac{D_0^t(x^{t+1}, y^{t+1})}{D_0^t(x^t, y^t)} \times \frac{D_0^{t+1}(x^{t+1}, y^{t+1})}{D_0^{t+1}(x^t, y^t)}\right\}^{\frac{1}{2}} \qquad (3.14)$$

规模报酬不变 CRS 条件下，MI 指数进一步分解为技术效率变化（Efficiency Change，EFFCH）指数和技术进步（Technology Progress Change，TECH）指数；规模报酬可变 VRS 条件下，技术效率变化（EFFCH）指数进一步分解为纯技术效率变化（Pure Technical Efficiency Change，PEC）指数和规模效率变化（Scale Efficiency Change，SEC）指数，则 MI 生产率指数的分解及表达式如下[①]：

$$MI_t^{t+1} = EFFCH_t^{t+1} \times TECH_t^{t+1} = PEC_t^{t+1} \times SEC_t^{t+1} \times TECH_t^{t+1} \qquad (3.15)$$

$$PEC_t^{t+1} = \frac{D_v^{t+1}(x^{t+1}, y^{t+1})}{D_v^t(x^t, y^t)} \qquad (3.16)$$

$$TECH_t^{t+1} = \left\{\frac{D_c^t(x^{t+1}, y^{t+1})}{D_c^{t+1}(x^{t+1}, y^{t+1})} \times \frac{D_c^t(x^t, y^t)}{D_c^{t+1}(x^t, y^t)}\right\}^{\frac{1}{2}} \qquad (3.17)$$

---

① $\vec{D}_c$、$\vec{D}_v$ 分别表示基于规模报酬不变（CRS）和规模报酬可变（VRS）条件下的方向距离函数。

$$SEC_t^{t+1} = \frac{D_v^t(x^t, y^t)/D_c^t(x^t, y^t)}{D_v^{t+1}(x^{t+1}, y^{t+1})/D_c^{t+1}(x^{t+1}, y^{t+1})} \tag{3.18}$$

（二）Malmquist-Luenberger 生产率指数

根据钟等（Chung et al.，1997）的 Malmquist-Luenberger 生产率指数（ML 指数），假定非期望产出弱处置，期望产出自由处置，方向向量 $g^t = (y^t, -b^t)$，即以每一个被评价单元的实际观测值作为方向向量，则 t 期到 $t+1$ 期的 ML 生产率指数表示为：

$$ML_t^{t+1} = \left\{ \frac{[1 + \vec{D}_0^t(x^t, y^t, b^t; g^t)]}{[1 + \vec{D}_0^t(x^{t+1}, y^{t+1}, b^{t+1}; g^{t+1})]} \times \frac{[1 + \vec{D}_0^{t+1}(x^t, y^t, b^t; g^t)]}{[1 + \vec{D}_0^{t+1}(x^{t+1}, y^{t+1}, b^{t+1}; g^{t+1})]} \right\}^{\frac{1}{2}}$$

$$\tag{3.19}$$

CRS 条件下，ML 指数进一步分解为技术效率变化（EFFCH）指数和技术进步（TECH）指数；VRS 条件下，技术效率变化（EFFCH）指数进一步分解为纯技术效率变化（PEC）指数和规模效率变化（SEC）指数，则 ML 生产率指数的分解及表达式如下：

$$ML_t^{t+1} = EFFCH_t^{t+1} \times TECH_t^{t+1} = PEC_t^{t+1} \times SEC_t^{t+1} \times TECH_t^{t+1} \tag{3.20}$$

$$PEC_t^{t+1} = \frac{1 + \vec{D}_v^t(x^t, y^t, b^t; g^t)}{1 + \vec{D}_v^{t+1}(x^{t+1}, y^{t+1}, b^{t+1}; g^{t+1})} \tag{3.21}$$

$$TECH_t^{t+1} = \left\{ \frac{[1 + \vec{D}_c^t(x^t, y^t, b^t; g^t)]}{[1 + \vec{D}_c^{t+1}(x^t, y^t, b^t; g^t)]} \times \frac{[1 + \vec{D}_c^{t+1}(x^{t+1}, y^{t+1}, b^{t+1}; g^{t+1})]}{[1 + \vec{D}_c^t(x^{t+1}, y^{t+1}, b^{t+1}; g^{t+1})]} \right\}^{\frac{1}{2}}$$

$$\tag{3.22}$$

$$SEC_t^{t+1} = \frac{[1 + \vec{D}_c^t(x^t, y^t, b^t; g^t)]/[1 + \vec{D}_v^t(x^t, y^t, b^t; g^t)]}{[1 + \vec{D}_c^{t+1}(x^{t+1}, y^{t+1}, b^{t+1}; g^{t+1})]/[1 + \vec{D}_v^{t+1}(x^{t+1}, y^{t+1}, b^{t+1}; g^{t+1})]}$$

$$\tag{3.23}$$

ML（MI）指数测度的是从 t 期到 $t+1$ 期生产率的变化，若 $ML(MI) < 1$，生产率下降；$ML(MI) = 1$，生产率保持不变；若 $ML(MI) > 1$，生产率提高。EFFCH（PEC）测度的是投入要素自由处置且规模报酬不变（规模报酬可变）时，t 期到 $t+1$ 期每个生产单位的期望产出和非期望产出与生产前沿面的逼近程度，若 $EFFCH（PEC） > 1$，说明生产单位在 $t+1$ 期比 t 期更接近生产边界，效率上是进步的。TECH 是技术进步指

数，它测度的是 t 期到 $t+1$ 期每个地区生产可能性边界的移动程度。t 期
到 $t+1$ 期，当技术进步时，$TECH>1$，生产可能性边界朝着期望产出更
多、非期望产出更少的方向移动。SEC 是规模效率变化指数，衡量 t 期到
$t+1$ 期生产单位由规模变化引起的效率的变化。

第三节   数据来源及测算

根据第二章中对中国物流产业的界定，以交通运输业、仓储业和邮政
业代表中国物流产业的发展水平。本章依然选择中国 30 个省为研究对象
（包括直辖市、自治区，以下统称为省。西藏、台湾、香港、澳门不包括
在内），实际样本期间为 1997—2011 年，按照地域差别将中国各省划分为
东、中、西三个区域，划分方法与前文一致。数据来源于《中国统计年
鉴》《中国能源统计年鉴》（1998—2012）。

一   投入指标的界定与测算

（一）资本存量

根据 "永续盘存法" 估计 1997—2011 年中国各省物流实际资本存
量，计算公式为：

$$K_{i,t} = K_{i,t-1}(1-\delta) + \frac{I_{i,t}}{P_t} \qquad (3.24)$$

式中，$K_{i,t}$、$K_{i,t-1}$ 是 i 省在 t 年和 $t-1$ 年的资本存量，$I_{i,t}$ 是按照当期价
格计算的 i 省在 t 年的投资额，P_t 为 t 期的价格指数，δ 为折旧率。因此，
资本存量的估计需要确定以下四方面内容：①价格平减指数 P_t：用价格指
数对当期的投资流量做平减，将其转化为可比价的实际投资额。由于本书
以 1997 年为基期，因此可以使用 1991 年起正式公布的固定资产投资价格指
数作为价格平减指数。②投资流量 $I_{i,t}$：由于中国先后采用了两种不同的核
算体系，因此投资流量的处理也不尽相同。田刚和李南（2009a）选择固定
资产净值作为投资流量，忽略了资本品价格中的通胀因素。张军等
（2004）、单豪杰（2008）则将固定资本形成总额作为投资流量，虽然固定
资本形成总额与全社会固定资产投资在输出结果上相近，前者表现稍优，
但固定资本形成总额在概念上存在缺陷。此外，由于省际固定资本统计数

据缺少物流产业的固定资本形成总额这一指标，因此本书以各年度分省物流产业的全社会固定资产投资作为投资流量。③折旧率 δ：张军等（2004）取折旧率为 9.6%，单豪杰（2008）在假定建筑年限为 38 年、设备年限为 16 年的情况下，得到建筑折旧率为 8.12%，设备折旧率为 17.08%，而其在分省估算中折旧率取 10.96%。刑亚茹和王家明（2012）在假定公路使用寿命为 60 年的前提下，残值率取 4%，得到公路的折旧率为 5.22%。董静和岑晏青（2011）计算得到的 2009 年公路的实际折旧率为 5.32%。本书借鉴薛俊波和王铮（2007）对中国 17 个部门资本存量的估算结果，将物流产业年均折旧率定为 5.42%。④基期资本存量 $K_{i,1}$：由于省际物流产业数据的缺乏，初始资本存量的计算年份为 1997 年，已有研究普遍采用的是投资增长比法，如单豪杰（2008）利用基期的投资额除以投资的平均增长率与折旧率之和得到基期资本存量，该方法需要满足两个假定：一是假定经济稳态增长的情况下资本存量的增长率与投资增长率相同；二是基期前后投资变化不显著，由于时间间隔较短，这两个假定显然不适用物流产业的研究。如果按照余泳泽和武鹏（2010）用各省市 1990 年的固定资产投资除以 10% 作为该省的初始资本存量，本书认为不够精确，因为各地区物流产业的发展水平并不一致。相比之下，本书认为吴延瑞（Wu Y. R.，2000）、田刚和李南（2009b）的估算方法较为合理。假设首期资本存量是过去投资的总和，则第 t 期的投资额可近似表示为：

$$I_{i,t} = I_{i,0} \times e^{\lambda_i t} \tag{3.25}$$

两边取对数，得到：

$$\ln I_{i,t} = \ln I_{i,0} + \lambda_i t, \ t = (1,2,\cdots,T) \tag{3.26}$$

对上式进行回归分析可以得到 $I_{i,0}$ 和 λ_i，则基期的资本存量为：

$$K_{i,1} = \int_{-\infty}^{1} I_{i,t} dt = \frac{I_{i,0} e^{\lambda_i}}{\lambda_i} \tag{3.27}$$

由此可计算得到分省不同时期物流产业资本存量的估算值，单位为亿元。

（二）劳动力

劳动投入量包括就业人数、劳动时间、劳动强度和劳动质量等方面内容。国外文献多采用工作小时数或人均受教育水平作为劳动力的投入指标，限于这些指标在物流各部门间的可比性，以及指标数据可获得性，遵循大多数文献的研究思路，以从业人员数作为劳动力投入指标，但经过后续指标"等张性"检验，发现中国物流产业年底从业人员与两类产出指标间的显著性相关检验为负，未能满足 DEA 建模的基本条件，为保证建模准确性，本书采用各省物流产业当年在岗职工人数作为劳动力投入指标的替代，具体测算如式（3.28）所示，单位为万人。

当年在岗职工数 =（上一年年末在岗职工数 + 本年年末在岗职工数）÷2   （3.28）

（三）能源投入

各地区物流产业的一次能源消费量作为能源投入，由于各地区能源消费种类不同，因此需要将不同类型的能源消费量统一折算成标准煤后加总而成，单位为万吨标准煤。

二 产出指标的界定与测算

（一）期望产出

物流产业的产出在价值形态上是物流产业的总产值，但在实用价值形态上表现为周转量，包括货物周转量和旅客周转量。由于周转量是运量与运距的乘积，不受价格因素的影响，可以较好地反映经济活动对物品流动需求的实现程度。本书将货物周转量和旅客周转量折算成"综合周转量"①，以此作为产出指标②，统一用亿换算吨公里作为计量单位。折算方法根据国家统计部门对不同运输工具的客货周转量所采用的不同换算方法，得到综合周转量计算公式，如表 3 - 1 所示。

---

① 本书将货物周转量和旅客周转量统一折算成综合周转量的原因是：采用 DEA 方法进行全要素生产率测度时，投入和产出应保持统计口径一致，从投入角度看，物流产业的资本存量、劳动力、能源均是包含了货运和客运后的交通运输业、仓储业和邮政业全部运输周转量的投入要素，难以将各投入要素区分为货运投入要素和客运投入要素，因此在产出端，不能只衡量单一的货物周转量，否则 DEA 模型投入产出统计口径不一致，会使测度结果出现偏差。国内学者就物流产业的产出是否包含客运这一问题的观点并未达成一致，如刘俊等（2012）计算周转量时也将客运周转量包含在内。

② 根据《财政部、交通部关于印发〈交通运输企业成本费用管理核算办法〉的通知》（交财发〔1995〕445 号文件）规定的客、货周转量换算比例进行换算，其中关于水路运输转换，特别指出，部直属水运企业：1 人公里 = 1 吨公里；地方水运企业：铺位运客 1 人公里 = 1 吨公里；座位运客 3 人公里 = 1 吨公里。由于统计数据中未区分部直属水运企业和地方水运企业，且无铺位和座位之分，这里统一按照 1 人公里 = 1 吨公里进行折算。

表 3 - 1 <center>**综合周转量计算**</center>

运输方式	货物周转量 （亿吨公里）	旅客周转量 （亿人公里）	综合周转量 （亿换算吨公里）
铁路	F	P	$Y = P + F$
公路	F	P	$Y = P/10 + F$
水路	F	P	$Y = P + F$

说明：省际间航空运输周转量和管道运输周转量的统计数据较难获得，由于本书着重考察省际变化，因此计算各省综合周转量时只统计铁路、公路、水路三种运输方式。

（二）非期望产出

根据第二章中对物流产业碳排放的测算，采用《2006 年 IPCC 国家温室气体清单指南》中提供的估算方法，以 8 种主要能源（煤炭、焦炭、原油、汽油、煤油、柴油、燃料油、天然气）的消耗为基准测算得到分省物流产业的碳排放量，计算公式如下：

$$C = \sum_{i=1}^{8} C_i = \sum_{i=1}^{8} CI_i \times E_i \qquad (3.29)$$

其中，E_i 为第 i 种能源的消费量；CI_i 为第二章中测算得到的碳排放系数[①]；由于物流产业所排放的废气中不仅包含二氧化碳还包括一些运输中未能完全燃烧的碳氢化合物和一氧化碳，因此主要估算碳排放量，单位为万吨。

表 3 - 2 描述了 1997—2011 年 30 个省级地区物流产业的资本存量、劳动力、能源、综合周转量和碳排放量的基本统计特征。经计算，资本、劳动力和能源的变异系数分别为 1.15、1.84 和 1.06，综合周转量与碳排放量的变异系数分别为 0.84 和 1.06。由变异系数大小发现中国物流产业资本要素变动大于能源消费的变动，而劳动力投入变动最大，原因可能是物流产业劳动力流动频繁。由能源消费导致的碳排放量的变动幅度也显著大于本书界定的期望产出综合周转量。能源消费的增长速度快于期望产出的增长速度，可见物流产业仍属于经济发展粗放的要素投入模式。

---

① 本章测算的能源碳排放系数，煤炭：0.7552kgC/kgce；焦炭：0.8547kgC/kgce；原油：0.5854kgC/kgce；汽油：0.5532kgC/kgce；煤油：0.5737kgC/kgce；柴油：0.5913kgC/kgce；燃料油：0.6176kgC/kgce；天然气：0.4479kgC/kgce。

表 3 - 2　　　　　　　　　　　　变量原值统计特征

指标	N	T	最小值	最大值	均值	标准差	单位
资本存量	30	15	90.3	10567.1	1843.4	1608.0	亿元
劳动力	30	15	2.8	59.0	21.4	11.5	万人
能源	30	15	4.5	2611.4	480.0	454.7	万吨标准煤
综合周转量	30	15	77.2	20384.4	2578.2	3063.4	亿换算吨公里
碳排放量	30	15	1.6	1512.2	282.5	265.7	万吨

资料来源：作者计算整理。

　　本书利用 DEA 方法建立碳排放约束下的物流产业全要素生产率模型时，各投入产出指标需满足"等张性（Isotonicity）"，即在各决策单元投入增加时，产出也相应增加。本书利用 Spearman 相关分析验证，结果如表3-3所示，证实了投入产出数据的相关系数在1%显著性水平下为正，因此建立 DEA 模型是可靠的。

表 3 - 3　　　　　　　　投入产出 Spearman 相关性检验

指标	资本存量	劳动力	能源
综合周转量	0.776 *** (0.000)	0.481 *** (0.000)	0.770 *** (0.000)
碳排放量	0.914 *** (0.000)	0.489 *** (0.000)	0.999 *** (0.000)

说明：括号为 p 值，*** 表示 1% 显著性水平。

第四节　碳排放约束下省域物流产业全要素
生产率测度及分析

一　不同情形下物流产业全要素生产率的动态演进

　　基于方向距离函数和式（3.14）至式（3.23），计算得到两种条件下的全要素生产率指数及其分解结果。情形一：不考虑碳排放约束，为传统的 Malmquist（MI）生产率指数；情形二：考虑碳排放约束，即在提高综合周转量的同时减少非期望产出——碳排放量，此时测度的是 Malmquist-Luenberger（ML）生产率指数，结果列于表3-4中。

表 3 - 4 　　　　　　不同情形下 1997—2011 年省域物流
产业全要素生产率比较

省份	不考虑碳排放						考虑碳排放					
	EFFCH	TECH	PEC	SEC	MI	排序	EFFCH	TECH	PEC	SEC	ML	排序
北京	0.868	1.119	0.925	0.939	0.972	28	0.991	1.007	0.990	1.001	0.997	17
天津	0.980	1.155	0.982	0.998	1.132	3	0.990	1.074	0.986	1.005	1.063	1
河北	0.913	1.099	0.966	0.945	1.004	23	0.967	1.036	0.972	0.996	1.002	10
辽宁	0.929	1.104	0.991	0.937	1.026	14	0.979	1.017	0.989	0.990	0.996	19
上海	0.927	1.171	1.000	0.927	1.086	4	0.966	1.066	1.000	0.966	1.030	3
江苏	0.928	1.127	0.981	0.946	1.046	12	0.980	1.018	0.981	1.000	0.998	16
浙江	0.969	1.189	1.024	0.946	1.152	1	0.992	1.018	0.993	0.999	1.010	6
福建	0.932	1.153	0.960	0.971	1.075	7	0.987	1.020	0.986	1.001	1.007	8
山东	0.941	1.114	1.009	0.933	1.049	10	0.976	1.027	0.992	0.984	1.003	9
广东	0.861	1.191	0.932	0.924	1.026	13	0.968	1.013	0.956	1.013	0.981	29
海南	0.941	1.210	0.940	1.000	1.138	2	0.980	1.072	0.966	1.015	1.051	2
山西	0.879	1.109	0.913	0.963	0.975	27	0.976	1.019	0.973	1.002	0.994	21
吉林	0.851	1.096	0.866	0.982	0.933	30	0.972	1.015	0.964	1.009	0.987	28
黑龙江	0.862	1.100	0.913	0.944	0.948	29	0.978	1.014	0.978	1.001	0.992	26
安徽	0.965	1.110	0.991	0.974	1.072	8	0.991	1.021	0.990	1.001	1.011	4
江西	0.903	1.134	0.920	0.981	1.024	15	0.974	1.019	0.972	1.002	0.993	23
河南	0.917	1.103	0.979	0.937	1.012	19	0.978	1.023	0.978	1.000	1.000	12
湖北	0.934	1.121	0.986	0.948	1.047	11	0.989	1.012	0.989	1.000	1.001	11
湖南	0.893	1.117	0.935	0.955	0.997	26	0.975	1.018	0.974	1.001	0.992	25
四川	0.887	1.125	0.933	0.951	0.998	25	0.982	1.011	0.981	1.000	0.992	24
贵州	0.891	1.132	0.883	1.009	1.008	20	0.980	1.015	0.976	1.005	0.995	20
云南	0.893	1.145	0.906	0.986	1.023	16	0.985	1.013	0.984	1.002	0.998	15
陕西	0.905	1.109	0.938	0.965	1.004	21	0.983	1.014	0.982	1.001	0.997	18
甘肃	0.943	1.143	0.938	1.005	1.077	6	0.991	1.018	0.989	1.001	1.008	7
宁夏	0.951	1.139	0.983	0.968	1.084	5	0.990	1.022	0.993	0.997	1.011	5
青海	0.911	1.102	0.928	0.981	1.004	22	0.983	1.017	0.969	1.015	1.000	13
新疆	0.910	1.163	0.914	0.995	1.057	9	0.987	1.011	0.985	1.002	0.998	14
内蒙古	0.899	1.114	0.926	0.971	1.002	24	0.957	1.024	0.957	1.000	0.981	30
重庆	0.916	1.112	0.929	0.985	1.018	17	0.985	1.010	0.982	1.003	0.994	22

续表

省份	不考虑碳排放						考虑碳排放					
	EFFCH	TECH	PEC	SEC	MI	排序	EFFCH	TECH	PEC	SEC	ML	排序
广西	0.899	1.127	0.928	0.969	1.014	18	0.974	1.015	0.973	1.002	0.989	27
东部	0.926	1.148	0.973	0.951	1.063		0.980	1.033	0.983	0.997	1.012	
中部	0.900	1.111	0.937	0.960	1.000		0.979	1.018	0.977	1.002	0.996	
西部	0.909	1.128	0.928	0.980	1.026		0.982	1.015	0.979	1.002	0.997	
全国	0.913	1.131	0.947	0.964	1.032		0.980	1.022	0.980	1.000	1.002	

说明：ML（MI）= EFFCH × TECH = PEC × SEC × TECH。

资料来源：作者计算整理。

情形一：不考虑碳排放约束，得到全国以及三大地区的物流产业全要素生产率年均增长百分比分别为 3.2%、6.3%、0 和 2.6%，除了中部地区以外，东部、西部地区以及全国全要素生产率均表现为增长趋势，全要素生产率增长主要是由于技术进步推动的，全国 30 个省级地区在样本期内均表现出不同程度的技术进步，全国及三大地区的技术进步分别推动全要素生产率增加 13.1%、14.8%、11.1% 和 12.8%。而纯技术效率变化和规模效率变化均出现明显的倒退趋势，全国及三大地区纯技术效率变化分别为 −5.3%、−2.7%、−6.3% 和 −7.2%，规模效率变化为 −3.6%、−4.9%、−4% 和 −2%。技术进步上升的幅度超过了纯技术效率和规模效率下降的幅度，所以使得此时 MI 生产率指数处于年均增长状态。从地区上看，中国绝大部分省份都处于纯技术效率和规模效率无效区域，上海、浙江和山东位于高纯技术效率和低规模效率区域，其综合技术效率的提升应以改进规模效率为主，甘肃和贵州地区规模效率递增，应着重提高纯技术效率水平，而海南地区则处于规模效率不变状态，余下省份均处于纯技术效率和规模效率的双低区域。虽然中国有 24 个省物流产业的纯技术效率和规模效率在样本期内均小于 1，但是由于技术进步的作用抵消了纯技术效率和规模效率下降的幅度，因而全国、东部和西部地区 1997—2011 年传统的 MI 生产率指数仍然保持了增长的态势，中部地区则维持不变。

情形二：加入碳排放约束的影响后，中西部地区的 ML 生产率指数年均增长呈下降趋势，中部为 −0.4%、西部为 −0.3%，全国和东部地区 ML 生产率指数年均增长仍然保持了上升趋势，其中全国增长 0.2%、东部增长 1.2%。中国大部分地区碳排放约束下物流产业发展水平仍然偏低，当要求物流产业各部门尽可能增加期望产出时，往往可能导致污染排放量的增加或者较少比例的污染治理。对比之下发现，加入碳排放约束后，全国以及三大地区 ML 生产率指数低于传统 MI 生产率指数，技术效率变化虽然仍然为负值，但却比不考虑碳排放约束时有不同程度的增加，增加量分别为全国 6.7%、东部 5.4%、中部 7.9% 和西部 7.2%，原因是加入碳排放约束后，纯技术效率和规模效率都有所提升，其中规模效率提升的幅度更大，除东部地区仍为规模效率递减外，中西部地区都为规模效率递增，全国范围内物流产业的规模效率保持不变。ML 生产率指数低于传统 MI 生产率指数的原因是加入碳排放约束后技术进步指数发生较大幅度的下降，下降情况分别为全国 10.8%、东部 11.5%、中部 9.4% 和西部 11.3%。虽然就全要素生产率的分解来说，物流产业的技术进步率仍然推动了全要素生产率的增长，技术效率变化促使其衰退，但是对比无约束时的全要素生产率及其分解变量，中西部地区全要素生产率的下降仍可以归结为是由于技术进步的动力不足导致的。说明全国以及三大地区物流产业对碳排放的治理还不够，至少在这一非期望产出层面上是环境技术无效率的，忽略了碳排放这一必然副产品，将会高估物流产业的全要素生产率。从地区上看，加入碳排放约束后，仅上海一个地区的纯技术效率保持不变，其余省份在样本期内纯技术效率均为无效。观察规模效率发现，加入碳排放约束前后，各省的规模效率也发生了明显变化，河北、辽宁、上海、浙江、山东和宁夏各地区规模效率递减，其余省份或为规模效率不变或为规模效率递增。综上，不考虑碳排放约束的测度结果会导致纯技术效率和规模效率被低估，而技术进步指数虚高过大，最终导致 ML 生产率指数低于不考虑碳排放约束时测度的传统 MI 生产率指数。

二　碳排放约束下物流产业全要素生产率差异性检验

总体来说，考虑碳排放影响的 ML 生产率指数相比传统的 MI 生产率指数有明显的下降，但不能就此认为物流产业是环境管制完全无效率的，因为仍有包括北京、山西、吉林、黑龙江在内的四个地区加入碳排放约束后全要素生产率 ML 指数大于未加入碳排放约束的 MI 生产率指数，结果出现差异的原因可能是由于这些地区在环境管制过程中通过优化物流运输线路、简化运输环节、优化仓储、降低库存等方式，或者直接通过降低单位能源投入的排污强度以及物流产业的能源消耗，从而提高了物流产业的全要素生产率。

表3-5和表3-6给出了全要素生产率及其分解的显著性统计检验结果，单样本 K-S 正态检验结果表明在5%显著性水平下，全要素生产率、技术效率变化、技术进步、纯技术效率变化、规模效率变化指数均不服从正态分布。因此，利用两类非参数检验方法测度 MI 生产率指数和 ML 生产率指数及其分解是否存在显著差异。结果表明，在1%显著性水平下，技术效率变化、技术进步、纯技术效率变化、规模效率变化以及全要素生产率指数均通过显著性差异检验，存在显著差别。说明减少碳排放等非期望产出对物流产业的全要素生产率及其分解均会产生显著的影响。

表3-5　　　　　　One-Sample Kolmogorov-Smirnov 正态性检验

Kolmogorov-Smirnov 检验	EFFCH	TECH	PEC	SEC	MI/ML
Z 值	1.594 **	1.790 ***	1.389 **	1.728 ***	1.593 **
	(0.012)	(0.003)	(0.042)	(0.005)	(0.012)

说明：括号内为 p 值，** 、*** 分别表示5% 、1% 显著性水平。

表3-6　　　　　　**不同情形下物流产业全要素生产率**
测度的显著性差异检验

H_0 假设	Mann-Whitney U 检验	Two-Sample Kolmogorov-Smirnov Z 检验
ML_EFFCH = MI_EFFCH	- 6.387 ***	3.486 ***
	(0.000)	(0.000)
ML_TECH = MI_TECH	- 6.653 ***	3.873 ***
	(0.000)	(0.000)
ML_PEC = MI_PEC	- 3.319 ***	2.324 ***
	(0.001)	(0.000)
ML_SEC = MI_SEC	- 5.455 ***	2.969 ***
	(0.000)	(0.000)
ML = MI	- 3.400 ***	2.066 ***
	(0.001)	(0.000)

说明：括号内为 p 值，*** 表示1% 显著性水平。

这一结论与钟等（1997）、法尔等（2001）、王兵等（2008）、孙传旺等（2010）的研究结果不同，上述学者认为 ML 生产率指数的测度结果比忽略非期望产出的传统 MI 生产率指数测度有较高的增长率。主要原因是传统测度忽视了该过程对生产率的贡献，事实上，这一过程中可以通过使用先进排污技术、绿色能源等方式减少在生产过程的浪费，在改善环境的同时提高生产率。ML 生产率指数正是将这一环境改善的贡献作为生产率贡献考虑在内，这样得到的生产率值高于传统方法测度的结果。然而本书的测度结果正好相反，加入碳排放约束后的 ML 生产率指数除北京、山西、吉林、黑龙江四省外全部低于传统方法得到的 MI 生产率指数，忽视非期望产出时全要素生产率高估，意味着期望产出增加的百分比超过了非期望产出减少的百分比，或者说污染排放物的年均增加值已经超过了年均减排量。这也正说明中国物流产业环境技术效率偏低，甚至部分地区可能是环境技术无效率的，传统方法得到物流产业全要素生产率的大幅提升是以高能耗、重污染为代价的。从这个意义上说，物流产业并不支持波特和范德林德（Porter & Van der Linde，1995）假说提出的环境管制可以通过激发企业的技术创新能力从而增强企业竞争力的说法。

第五节　考虑外部营运环境条件对物流产业全要素生产率的影响

弗里德等（Fried et al.，2002）认为，第一阶段测度全要素生产率得到的产出与前沿面的差额受到包括外部环境因素、随机因素、内部管理因素的影响。如果不排除外部环境因素对物流生产率的影响，将所有无效的生产单元失败的原因归结为内部管理不善，这样对于外部环境恶劣的生产单元生产率的评估不公平。基于这一思想，我们使用三阶段 DEA 模型来研究外部营运环境条件对物流产业 ML 生产率指数的影响，主要目的是为了将外部环境影响因素剥离，使所有的生产单元处于相同的外部环境条件下。多数学者在应用考虑非期望产出的三阶段模型时，将非期望产出作为投入变量进行处理，即采用径向方法衡量非期望产出与投入资源的效率。存在的问题是，实际生产过程中，非期望产出与资源投入之间并不能保持同增同减的比例关系，因此该方法虽然能尽可能缩减非期望产出，但不能反映实际的生产过程［塞福德和朱乔（Seiford & Zhu），2002］。为了避免这一现象，本书借鉴张纯洪等（Zhang C. et al. , 2011）的研究，第一阶段的 DEA 模型使用产出导向的方向距离函数，第二阶段分别对期望产出和非期望产出进行调整，具体方法如下。

一 三阶段模型研究方法

第一阶段，对投入产出应用 DEA 分析，得到每个决策单元考虑非期望产出时的物流产业全要素生产率评价结果，使用前文所述的基于序列 DEA 的方向距离函数方法。

第二阶段，利用相似随机前沿分析（Stochastic Frontier Analysis, SFA），对第一阶段得到的产出差额与一系列外部环境变量进行回归。由于第一阶段为产出导向，因此第二阶段对期望产出和非期望产出的松弛变量分别进行 SFA 分析，以剔除外部环境因素对松弛变量的影响。假设有 K 个生产单元，M 项期望产出，I 项非期望产出，期望产出松弛变量 S_{mk} 定义为：

$$S_{mk} = y_m \times z - y_{mk} \geq 0 \qquad (3.30)$$

其中，S_{mk} 为第一阶段中第 k 个生产单元生产第 m 项期望产出的差额，y_{mk} 为第一阶段中第 k 个生产单元生产的第 m 项期望产出的值，$y_m \times z$ 为 y_{mk} 对应投入 x_k 在产出效率子集上的最优映射，即最优期望产出值。

期望产出松弛变量 S_{mk} 与外生环境变量的 SFA 模型定义为：

$$S_{mk} = f^m(\lambda_k;\delta^m) + \nu_{mk} + u_{mk} \qquad (3.31)$$

其中，$f^m(\lambda_k;\delta^m)$ 表示环境变量对差额的影响，$\lambda_k = [\lambda_{1k},\cdots,\lambda_{jk}]$，为 J 个外生环境变量，δ^m 为待估参数，f^m 的函数形式无从得知，根据弗里德等（2002）的研究设定为 $f^m = \lambda_k \times \delta^m$；$\nu_{mk} + u_{mk}$ 为混合误差项，其中 ν_{mk} 表示随机误差项，服从零均值正态分布 $\nu_{mk} \sim N(0,\sigma^2_{\nu m})$，$u_{mk} \geq 0$ 表示管理无效率，假定其服从截断正态分布 $u_{mk} \sim N^+(u^m,\sigma^2_{um})$，另外假定 ν_{mk} 和 u_{mk} 二者独立不相关，允许环境变量、随机误差和管理无效率对每个投入变量有不同的影响。令变差率 $\gamma^m = \sigma^2_{um}/(\sigma^2_{um} + \sigma^2_{vm})$，当 γ^m 趋近于 1 时，生产单元与生产率边界的偏差全部由管理无效率因素 u_{mk} 引起；反之，当 γ^m 趋近于 0 时，偏差全部来自随机误差项 ν_{mk}。当 γ^m 介于 0 和 1 之间时，说明偏差由管理无效率因素和随机误差共同作用。

非期望产出的松弛变量即为环境治理量，因此将第 k 个生产单元生产

第 i 项非期望产出的差额 S_{ik} 定义为：

$$S_{ik} = b_{ik} - b_i \times z \geq 0 \qquad (3.32)$$

其中，b_{ik} 为第一阶段中第 k 个生产单元生产的第 i 项非期望产出的值，$b_i \times z$ 为最优非期望产出值。S_{ik} 与外生环境变量的 SFA 模型定义为：

$$S_{ik} = f^i(\lambda_k; \delta^i) + \nu_{ik} + u_{ik} \qquad (3.33)$$

其中，λ_k、δ^i、ν_{ik}、u_{ik} 的定义与前文相同。

利用 SFA 的回归结果调整全部生产单位的产出项，原则是将所有生产者调整到相同的外部环境条件下，同时考虑随机因素的干扰。调整前借助乔德鲁等（Jondrow et al.，1982）提出的方法（JLMS）从 SFA 回归模型的混合误差项中将随机因素分离出来，得到随机误差的条件估计量：

$$E[v_{mk} | v_{mk} + u_{mk}] = S_{mk} - (\lambda_k \times \hat{\delta}^m) - \hat{E}[u_{mk} | v_{mk} + u_{mk}], \quad m = 1, 2, \cdots,$$
$$M, \quad k = 1, 2, \cdots, K \qquad (3.34)$$

$$E[v_{ik} | v_{ik} + u_{ik}] = S_{ik} - (\lambda_k \times \hat{\delta}^i) - \hat{E}[u_{ik} | v_{ik} + u_{ik}], \quad i = 1, 2, \cdots, I,$$
$$k = 1, 2, \cdots, K \qquad (3.35)$$

这样不仅可以反映出外部环境变量和随机误差对生产率的影响程度，也可以反映出纯粹的由于管理技术导致的生产率低下。基于最有效的生产单元的产出量，有如下两种调整方式：

调整方式一：外部环境约束能力最弱可以理解为处于最差的经营环境，将全部生产单元置于最差的外部环境，并遇到最坏的运气时，将期望产出向下调整一个较大的量，非期望产出向上调整一个较大的量，调整方程为：

$$y_{mk}^* = y_{mk} - [\max\{f^m(\lambda_k; \hat{\delta}^m)\} - f^m(\lambda_k; \hat{\delta}^m)] - [\max\{\hat{\nu}_{mk}\} - \hat{\nu}_{mk}]$$
$$\qquad (3.36)$$

$$b_{ik}^* = b_{ik} + [\max\{f^i(\lambda_k; \hat{\delta}^i)\} - f^i(\lambda_k; \hat{\delta}^i)] + [\max\{\hat{\nu}_{ik}\} - \hat{\nu}_{ik}]$$
$$\qquad (3.37)$$

其中，y_{mk}^*、y_{mk} 分别为调整后和初始期望产出的值，b_{ik}^*、b_{ik} 分别为调整后和初始的非期望产出的值。右侧第一个括号代表将全部生产单元置于相同的外部经营环境，第二个括号代表将所有的生产单元的统计噪声调整至相同的情形，即面临相同的运气。

调整方式二：外部环境约束能力最强可以理解为处于较好的经营环境，

将全部生产单元置于较好的外部环境，且处于较好的运气时，将期望产出向上调整一个较小的量，非期望产出向下调整一个较小的量，调整方程为：

$$y_{mk}^{*} = y_{mk} + [f^{m}(\lambda_{k};\hat{\delta}^{m}) - \min\{f^{m}(\lambda_{k};\hat{\delta}^{m})\}] + [\hat{\nu}_{mk} - \min\{\hat{\nu}_{mk}\}]$$

$$(3.38)$$

$$b_{ik}^{*} = b_{ik} - [f^{i}(\lambda_{k};\hat{\delta}^{i}) - \min\{f^{i}(\lambda_{k};\hat{\delta}^{i})\}] - [\hat{\nu}_{ik} - \min\{\hat{\nu}_{ik}\}]$$

$$(3.39)$$

其中，y_{mk}^{*}、y_{mk}、b_{ik}^{*}、b_{ik} 的定义同上。由于调整中存在极端情况，为使得所有生产单元均有意义，因此在保证调整后的产出值为正的前提下选择最大、最小调整量。

第三阶段：使用调整后的期望产出和非期望产出的值代替初始的产出数据，再次运用基于序列 DEA 的方向距离函数方法进行第一阶段的 ML 生产率测算。

二　不可控环境变量选择及数据来源

根据张纯洪等（2011）将不可控环境变量定义为那些对生产单元的物流营运环境或物流产业生产率产生重要影响，又不在样本主观可控范围内的因素，包括地区宏观经济环境、政府对物流产业发展的政策导向、地区人力资源水平以及物流基础设施的发展水平。结合物流产业的发展特征，选择以下 4 个变量作为初始的外部环境变量，数据来源于《中国统计年鉴》（1998—2012）。

（1）地区发展水平：物流需求总量的大小与地区总体经济发展水平息息相关，一个地区总体经济发展水平越好，越有利于物流产业的发展，该地区物流生产率水平也越高。本书采用地区生产总值衡量该地区产业经济发展的总体水平，并折算为 1997 年不变价。

（2）市场化程度：采用樊纲等（2010）给出的"中国各地区市场化进程相对指数"来衡量，并利用趋势外推法将数据扩展至 2011 年，市场化水平的增长，可以通过提高地区的资源配置效率从而对物流产业生产率产生促进作用。

（3）政府干预程度：用各地区物流财政支出占全部财政支出的比重衡量。政府财政支出对物流产业生产率的影响是一把双刃剑，一方面，财政支出投入到物流人才培养、公共基础设施建设时，有助于生产率的提高；

另一方面，当政府支出主要用于行政管理费用上时，它对物流产业发展不仅不会产生积极作用，有时还会因为资源配置无效率而导致经济效率受损。

（4）人力资源水平：物流产业的发展离不开充足且可靠的人力资源，而教育是提升人力资源水平的重要手段。本书以居民平均受教育年限衡量地区人力资源水平，以6岁（含6岁）以上人口为研究对象，对文盲和半文盲、小学、初中、高中和大专及以上人口所占比例进行加权平均，分别设定其受教育年限为0年、6年、9年、12年和16年。

三　基于三阶段 DEA 的中国物流产业全要素生产率分析

利用基于序列 DEA 的方向距离函数方法得到第一阶段物流产业的 ML 生产率指数，并根据式（3.30）、式（3.32）分别计算综合周转量和碳排放量的松弛变量，然后将各产出松弛变量作为因变量，上述4个外部环境变量作为自变量，利用 Frontier 4.1 进行 SFA 回归，得到如表 3 - 7 所示结果。

表 3 - 7　　　　　　　　　　　SFA 回归结果

变量	综合周转量松弛变量	碳排放量松弛变量
常数项	- 53. 131 （ - 0. 322）	- 139. 106 *** （ - 6. 404）
地区发展水平	0. 041 *** （4. 637）	0. 0025 *** （2. 262）
市场化程度	90. 460 *** （4. 561）	22. 295 *** （3. 765）
政府干预程度	- 16. 938 ** （ - 1. 727）	- 7. 636 *** （ - 3. 444）
人力资源水平	32. 944 （1. 26）	6. 443 *** （2. 595）
σ_u^2	578319. 1 *** （441655. 6）	23574. 9 *** （15549. 4）
γ	0. 9 *** （78. 8）	0. 9 *** （89. 0）
Log likelihood function	- 2267. 6	- 1754. 1
LR test of the one-sided error	345. 0	352. 5

说明：括号内为 t 值，** 、*** 分别表示 5%、1% 显著性水平。

由回归结果可知，每个单边似然比检验统计量 LR 均通过 1% 的显著性水平检验，表明本书选择的外部环境变量对生产率的影响是显著的，混合误差项中存在技术非效率，利用 SFA 模型进行分析是必要的。两个回归方程中的管理无效率项 σ_u^2 数值非常大，也通过了 t 检验，说明不同省份之间物流产业的管理技术水平差异很大。γ 表示管理无效率方差占总方差的比，两个回归方程的 γ 值都趋近于 1，显著性水平达到 1%，表明管理无效率对产出松弛变量的产生有很大影响，而随机误差因素的影响相对较小。由于产出差额的变化与传统投入差额的变化刚好相反，若解释变量与产出差额正相关，则有利于产出的增长，说明解释变量可以促进物流产业全要素生产率的提升；当回归系数为负时，表明增加外部环境变量有利于减少产出差额值，不利于物流产业生产率的提高。非期望产出差额相当于环境治理量，因此非期望产出松弛与期望产出松弛有相同的解释。由两类产出差额的回归系数可知：

（1）地区生产总值对两类产出松弛量的回归系数都通过了 1% 的显著性水平检验，系数为正，与预期方向相同，地区经济发展水平越好，越有利于物流产业的发展，物流产业生产率水平也越高。

（2）市场化水平对两类产出松弛变量的回归系数都为正，且通过 1% 的显著性水平检验，与预期结果一致。随着市场化进程的加快，资源配置效率进一步提高，使得物流产业各生产要素从生产率较低的企业和地区流向生产率较高的企业和地区，从而提高了整个行业的生产率水平。

（3）政府干预程度对期望产出和非期望产出松弛变量的回归系数分别在 5% 和 1% 的显著性水平下通过检验，但影响作用为负，与预期结果不一致，说明政府干预并不利于物流产出的增加，目前政府对物流产业的支出可能更多是行政管理等费用的支出，干预过多造成资源要素的浪费，不利于物流产业生产率的提高。

（4）人力资源水平对非期望产出碳排放松弛变量的回归系数为正，并且在 1% 水平下显著。说明人力资源水平提高，非期望产出松弛也随之增加，碳排放松弛变量即为治理量，因此相当于是通过减少碳排放量而提高物流产业的生产率，与预期是相符的。人力资源水平对期望产出松弛变量的回归系数虽然为正，但结果并不显著。

根据式（3.36）至式（3.39）调整两种极端条件下的期望产出和非期望产出，再将调整后的产出值和初始投入代入方向距离函数，重新测算物流产业的全要素生产率，得到如表 3-8 所示的两种调整方法的结果。

由表 3-8 可知，剔除环境变量和随机因素的影响后，物流产业的全要素生产率及其分解变量均发生了较大变化，说明选取的外部环境变量确实会对物流产业的生产率产生影响，因此对产出进行调整是有必要的。

分别讨论如下：调整前，不考虑外部环境和随机变量的影响；调整一，将所有生产者置于相同的约束力最弱的环境，即文中所说的最差的外部环境条件，并使所有生产者遇到最差的运气；调整二，将所有生产者置于相同的约束力最强的环境，即文中所说的较好的外部环境条件，并使所有生产者遇到最好的运气。

从国家层面来看，调整前的 ML_0 生产率指数大于 ML_1 生产率指数，小于 ML_2 生产率指数。一方面，将所有生产者置于最好的外部环境时，ML_2 生产率指数为 1.023，比调整前上升 2.1%，虽然上升幅度不大，但各分解变量均有所上升，其中综合技术效率增长了 1.1%，仍然处于较低的水平，纯技术效率上升 0.8%，规模效率上升 0.3%，技术进步指数上升了 1%，说明中国物流产业的实际外部营运环境与全国最优物流营运环境的差距较大，因此当所有的生产者都置于最优外部营运环境时，各生产率值均有上升。另一方面，当把所有生产者置于最差的外部环境时，ML_1 生产率指数为 0.998，比调整前下降了 0.4%，主要源于技术进步率下降 1.6%，在这一调整中，规模效率不变，纯技术效率和综合技术效率有相同的变化，调整后上升 1.2%，说明中国物流产业的实际外部营运环境虽然好于最差的物流营运环境，但相差不大，外生环境变量对规模效率的影响十分微弱。从区域层面来看，剔除外生环境变量后，东、中、西三大地区综合技术效率都有不同程度的上升，原因是纯技术效率、规模效率同时都有所上升。技术进步除东部上升 4.2% 外，中、西部地区调整后分别下降了 1%、0.8%，说明中、西部地区技术进步程度被高估，由于中、西部地区综合技术效率上升抵消了技术进步下降的影响，因而三大地区 ML_2 生产率指数调整后都保持了上升的趋势。反之，当调整至最差环境时，东部和西部地区的 ML_1 生产率指数下降，主要是源于综合技术效率上升幅度无法抵消技术进步下降的幅度，中部地区 ML_1 生产率指数不变，说明中部地区物流外部营运环境差距较小，且与最差营运环境相似。从综合技术效率分解看，纯技术效率调整后均有所上升，规模效率调

表3-8　　三阶段调整后中国省域物流产业全要素生产率及其分解

省份	调整一:最差环境					调整二:最好环境				
	EFFCH_1	TECH_1	PEC_1	SEC_1	ML_1	EFFCH_2	TECH_2	PEC_2	SEC_2	ML_2
北京	0.993	1.004	0.991	1.002	0.997	0.994	1.008	0.990	1.004	1.002
天津	1.005	1.005	1.000	1.005	1.009	1.008	1.123	1.000	1.008	1.132
河北	0.986	1.012	0.988	0.997	0.998	0.985	1.024	0.980	1.005	1.009
辽宁	0.996	0.995	0.997	0.999	0.991	0.996	1.007	0.997	0.999	1.003
上海	1.000	1.000	1.000	1.000	1.000	1.000	1.640	1.000	1.000	1.640
江苏	0.993	1.006	0.992	1.001	0.999	0.990	1.016	0.994	0.996	1.006
浙江	1.006	1.010	1.003	1.004	1.017	0.990	1.030	1.007	0.983	1.020
福建	0.993	1.019	0.989	1.004	1.012	0.981	1.035	0.980	1.001	1.015
山东	0.989	1.017	0.990	0.999	1.007	0.999	0.999	1.000	0.999	0.998
广东	0.970	1.011	0.969	1.001	0.980	0.987	1.016	0.986	1.000	1.003
海南	0.996	1.012	0.987	1.009	1.007	0.966	1.047	0.964	1.002	1.012
山西	0.994	0.993	0.989	1.006	0.987	0.982	1.005	0.977	1.006	0.987
吉林	0.993	0.986	0.987	1.006	0.979	0.993	1.009	0.989	1.004	1.002
黑龙江	0.987	1.007	0.995	0.992	0.994	0.998	1.003	0.995	1.003	1.001
安徽	1.013	1.006	1.000	1.013	1.019	0.999	1.001	0.994	1.005	1.000
江西	0.997	1.005	0.993	1.004	1.003	0.983	1.019	0.971	1.012	1.001
河南	0.995	1.005	0.994	1.001	0.999	0.992	1.000	0.983	1.008	0.992

续表

省份	调整一：最差环境					调整二：最好环境				
	EFFCH_1	TECH_1	PEC_1	SEC_1	ML_1	EFFCH_2	TECH_2	PEC_2	SEC_2	ML_2
湖北	0.996	1.007	0.993	1.002	1.003	0.990	1.015	0.990	1.001	1.005
湖南	0.985	0.998	0.984	1.001	0.983	0.992	1.012	0.981	1.011	1.003
四川	0.989	1.005	0.994	0.995	0.995	0.999	1.007	0.993	1.007	1.007
贵州	0.997	1.002	0.990	1.007	0.999	0.993	1.008	0.987	1.007	1.001
云南	0.998	1.002	0.997	1.001	1.000	1.000	1.006	0.999	1.001	1.005
陕西	0.999	1.004	0.998	1.001	1.003	1.000	1.005	0.999	1.001	1.005
甘肃	0.998	1.006	1.008	0.990	1.004	0.997	1.003	0.998	0.999	1.000
宁夏	0.999	1.009	1.000	0.999	1.008	0.995	1.010	0.989	1.006	1.005
青海	0.953	1.039	1.000	0.953	0.990	0.993	1.019	0.990	1.003	1.012
新疆	0.997	1.001	1.008	0.989	0.998	0.986	1.001	0.998	0.988	0.987
内蒙古	0.964	0.997	0.967	0.997	0.961	0.957	1.005	0.957	0.999	0.961
重庆	1.000	1.003	0.987	1.013	1.002	0.997	1.008	0.980	1.018	1.005
广西	0.991	1.006	0.983	1.008	0.997	0.998	1.009	0.980	1.018	1.007
东部	0.993	1.008	0.992	1.002	1.001	0.991	1.075	0.991	1.000	1.065
中部	0.995	1.001	0.992	1.003	0.996	0.991	1.008	0.985	1.006	0.999
西部	0.989	1.007	0.994	0.996	0.996	0.992	1.007	0.988	1.004	1.000
全国	0.992	1.006	0.992	1.000	0.998	0.991	1.032	0.988	1.003	1.023

资料来源：作者计算整理。

整后东部和中部上升，西部下降，说明东部和中部地区的规模效率被低估，西部地区的规模效率被高估。从省际层面看，当调整到最好环境时，福建、海南、江西、宁夏、重庆的综合技术效率有所减少，说明这5个省较高的综合技术效率与各自所处的有利环境或较好的运气密切相关，它们真正的技术管理水平并不是很高。江苏、浙江、广东、海南、吉林、云南、甘肃、青海、新疆、内蒙古在调整后规模效率都有所下降，说明这10个省物流产业的规模效率受当地较好的环境或者运气的影响，实际规模效率比看上去略低一些。虽然和调整前相比，这10个省的规模效率有所减小，但是有27个省的规模效率值远大于相应的纯技术效率值，说明纯技术效率不高是制约中国大多数省份物流产业生产率提升的主要因素。反之，将外部环境变量调整至最差环境时，除山东省外，其他省的纯技术效率都有所上升。当调整至最差环境时，纯技术效率仍然高估，由此可以推断山东省的物流技术管理水平非常低。广东、海南、吉林、黑龙江等10个省规模效率下降，即便如此，除去甘肃、宁夏、青海和新疆4个省外，其余省份在向最差环境调整后规模效率都高于纯技术效率，得到与调整一类似的结论，即制约中国大多数省市物流产业全要素生产率提升的主要原因是代表决策与管理水平的纯技术效率偏低，中国物流产业仍然存在较为严重的低效率和资源浪费现象。

　　为了进一步检验使用环境变量调整前后物流产业的生产率指数是否存在显著差异，首先进行 Kolmogorov-Smirnov Z 正态性检验，结果如表3 – 9 所示。调整后的技术进步、规模效率和 ML_2 生产率指数均服从正态分布，因此采用非参数 Mann-Whitney U 检验、Kolmogorov-Smirnov Z 检验和配对样本 T 检验法相结合进行显著性分析，结果如表3 – 10 所示。

表3 – 9　　　　　　　One-Sample Kolmogorov-Smirnov 正态性检验

统计量	EFFCH_1	TECH_1	PEC_1	SEC_1	ML_1
Kolmogorov-Smirnov Z	0.810 (0.528)	1.508 ** (0.021)	0.838 (0.484)	1.824 *** (0.003)	1.174 (0.127)
统计量	EFFCH_2	TECH_2	PEC_2	SEC_2	ML_2
Kolmogorov-Smirnov Z	0.891 (0.405)	2.855 *** (0.000)	0.852 (0.462)	1.687 *** (0.007)	3.087 *** (0.000)

　　说明：括号内为 p 值，**、*** 分别表示5%、1%显著性水平。

表3-10 调整前后 ML 指数及其分解的差异性统计检验结果

H_0	Mann-Whitney U 检验	Kolmogorov-Smirnov Z 检验	Paired sample T 检验	H_0	Mann-Whitney U 检验	Kolmogorov-Smirnov Z 检验	Paired sample T 检验
EFFCH_0 = EFFCH_1	-4.762*** (0.000)	2.711*** (0.000)	6.428*** (0.000)	EFFCH_0 = EFFCH_2	-4.599*** (0.000)	2.324*** (0.000)	6.065*** (0.000)
TECH_0 = TECH_1	-5.546*** (0.000)	2.969*** (0.000)	-4.851*** (0.000)	TECH_0 = TECH_2	-3.017*** (0.003)	2.195*** (0.000)	0.702 (0.488)
PEC_0 = PEC_1	-4.378*** (0.000)	2.195*** (0.000)	9.168*** (0.000)	PEC_0 = PEC_2	-2.869*** (0.004)	1.549** (0.016)	5.187*** (0.000)
SEC_0 = SEC_1	-0.118 (0.906)	0.645 (0.799)	-0.178 (0.860)	SEC_0 = SEC_2	-1.362 (0.173)	1.291* (0.071)	1.443 (0.160)
ML_0 = ML_1	-0.044 (0.965)	0.516 (0.952)	-1.601 (0.120)	ML_0 = ML_2	-2.188** (0.029)	1.678*** (0.007)	1.236 (0.226)

说明:括号内为 p 值,*、**、*** 分别表示 10%、5%、1% 显著性水平。

上述结果表明，将外部营运环境调整到最坏情况时，SEC_0 与 SEC_1、ML_0 与 ML_1 不能拒绝零假设，这两组指数是相近的，若将外部营运环境调整到最好情况时，SEC_0 与 SEC_2 仅有 1 个统计量通过显著性检验，其余指标都至少通过两类显著性检验，存在显著差异。说明外部营运环境确实会改变地区物流产业生产率水平，当前中国物流产业大多数地区的外部环境水平偏低，与外部环境最有效地区的差距仍然较大，随着外部环境条件的改善可以提高物流产业整体生产率水平。

四 物流产业全要素生产率的动态演进

为了进一步考察剔除外生环境变量后中国物流产业全要素生产率的走势，表 3 - 11 和图 3 - 2 分别给出了将所有生产单元调整到最好环境下，即剔除外生环境变量和随机误差影响后的中国物流产业全要素生产率指数（ML 指数）及其分解变量在 1997—2011 年的变化趋势。

表 3 - 11　　　　　　1997—2011 年物流产业 ML 指数及其分解

年份	EFFCH_2	TECH_2	PEC_2	SEC_2	ML_2
1997—1998	0.8734	1.1028	0.8689	1.0053	0.9633
1998—1999	0.9029	1.1735	0.9217	0.9796	1.0595
1999—2000	0.9974	1.1384	0.9761	1.0218	1.1354
2000—2001	1.0104	1.0506	0.9995	1.0109	1.0616
2001—2002	0.9926	1.0647	0.9808	1.0120	1.0569
2002—2003	0.9884	1.0040	1.0233	0.9659	0.9923
2003—2004	0.9705	1.0570	0.9492	1.0225	1.0258
2004—2005	0.9825	1.0185	0.9631	1.0202	1.0008
2005—2006	1.0035	1.0041	1.0071	0.9963	1.0076
2006—2007	0.9931	1.0161	0.9859	1.0072	1.0090
2007—2008	0.9945	1.0000	0.9994	0.9951	0.9945
2008—2009	1.0174	1.0000	1.0123	1.0051	1.0174
2009—2010	0.9994	1.0000	0.9984	1.0010	0.9994
2010—2011	1.0252	1.0000	1.0405	0.9853	1.0252

资料来源：作者计算整理。

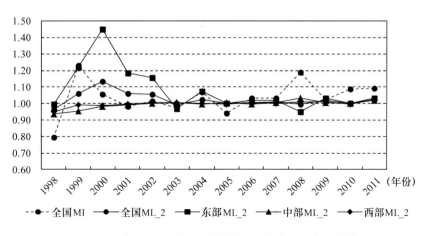

图 3 - 2　1997—2011 年 MI 指数与 ML 指数均值变化趋势

　　由表 3 - 11 可知，考虑碳排放约束后，中国物流产业 ML 生产率指数在 1998—2002 年得到了不同程度的改善，结合中国物流产业的发展阶段可知，该时期中国物流产业正处于初步发展阶段，此间中国物流产业结构发生变革，逐步形成了以市场调节为主体的运行机制，由于物流规模扩张引起生产率的提高，这一期间物流产业发展迅速。2002—2003 年由于"非典"疫情的暴发，物流产业发展受到较大影响，虽然 2003 年物流纯技术效率进步但是仍未能抵消规模效率下降带来的负面影响，最终导致当年物流产业 ML 生产率指数下降。2003—2007 年物流产业进入了高速发展阶段，社会物流需求迅速增加，国民经济对物流的依存度也进一步提升，在这一有利的外部发展环境下，物流产业的纯技术效率、规模效率都得到了大幅改善，使得物流产业的 ML 生产率指数在这一阶段一直处于上升趋势。2008 年纯技术效率和规模效率的下降，使得综合技术效率变化指数下降，主要原因是 2008 年爆发全球经济危机，整体经济出现下滑的趋势，而物流产业是农业、工业、商业等多种行业的桥梁，也是出口的关键环节，不可避免地在经济危机中受到冲击而使 ML 生产率指数下降。2010 年同样由于纯技术效率的下降使得 ML 生产率指数轻微下滑。值得注意的是，虽然物流产业技术进步指数在 1997—2011 年始终是大于或等于 1 的，但 2007—2011 年技术进步指数一直保持不变，说明潜在的技术进步的增长动力已经出现乏力现象。一直以来，技术进步是推动生产率上升的主要动力，为了保持物流产业 ML 生产率指数的上升趋势，在未来应当增加资金和技术的支持，提高节能减排技术的创新，推动物流产业全要素生产率的前沿面外移。

图 3 - 2 给出两种情形下全国物流产业全要素生产率对比以及三大地区 ML 生产率指数。从图 3 - 2 中可以看出，1999—2002 年、2008 年两种情形下物流产业全要素生产率差异较大，不考虑环境污染等非期望产出时的生产率虚高过高，说明此期间物流产业全要素生产率的大幅提升是以高能耗、重污染为代价的，其余年份两种情形下的物流产业全要素生产率差异不大，但多数年份的 ML 生产率指数要低于传统的 MI 生产率指数。从地区分布看，以 2006 年为界，全国以及三大地区的 ML 生产率指数呈现出发散—收敛的周期性变化的特征，其中东部地区的 ML 生产率指数下降幅度超过其他地区，说明在此期间，东部地区为全国物流产业的均衡发展做出的贡献最大，中部地区一直保持在一个较低的水平，说明中部各省的物流产业一直以一个相对稳定的速度发展，西部地区的 ML 生产率波动最为复杂，说明西部地区的物流产业发展水平最不平衡。2003—2007 年，三大地区的物流产业 ML 生产率水平变化趋势基本与全国一致，地区内部各省市之间物流产业的差距正在逐步缩小，到 2007 年底各地区物流产业全要素生产率几乎达到相同水平，基本实现物流产业的均衡发展。2008 年，由于爆发金融危机，经济进入低迷期，同时由于各地区物流产业在经济增长中发挥的作用不同，全要素生产率的差距又出现明显扩大趋势，到 2009 年由于经济形势的恢复，物流产业的生产率差距开始逐步回落，2011 年全国以及三大地区的 ML 生产率走势基本趋同。

值得注意的是，西部地区由于技术进步率较高，使得全要素生产率高于中部经济发达地区，与传统东—中—西的发展格局不同，西部各省在发展初期技术水平偏低，与中部地区在物流方面差距明显，因此才出现技术前沿面的迅速外移。此外，由于西部地区发展相对滞后，可能在物流产业发展初期，就已经考虑到对环境污染的治理问题，使得单位能耗的污染排放量低于东部地区，因此保持了相对较高的环境生产效率，田刚和李南（2009a）、吴军等（2010）也得到类似的结论。

五 技术"创新者"地区分析

为了研究哪些地区推动了生产可能性边界的外移，从而成为中国物流产业环境技术的最佳实践者，法尔等（2001）和库马尔（Kumar, 2006）

提出了下面三个条件来寻找技术前沿面的"创新者"：

$$TECH_t^{t+1} > 1 \qquad (3.40)$$

$$\overrightarrow{D_0^t}(x^{t+1}, y^{t+1}, b^{t+1}; y^{t+1}, -b^{t+1}) < 0 \qquad (3.41)$$

$$\overrightarrow{D_0^{t+1}}(x^{t+1}, y^{t+1}, b^{t+1}; y^{t+1}, -b^{t+1}) = 0 \qquad (3.42)$$

第一个条件：表示技术前沿面向期望产出更多、非期望产出更少的方向移动，意味着 $t+1$ 期与 t 期相比，可能得到更多的期望产出和更少的非期望产出；第二个条件：表示在 t 期的技术条件下，使用 $t+1$ 期投入不能得到 $t+1$ 期产出，即 $t+1$ 期产出在 t 期的生产可能性边界之外，意味着这一变化时期发生了技术进步；第三个条件："创新者" $t+1$ 期应当在技术前沿面上，即保证是有效的。同时满足上述三点，才能认为是推动生产前沿面外移的"创新者"，由此得到历年物流产业技术创新省份，如表 3 - 12 所示。

表 3 - 12 1997—2011 年物流产业技术创新省份

年份	技术"创新者"	年份	技术"创新者"	年份	技术"创新者"
1997—1998	海南	2002—2003	天津	2007—2008	—
1998—1999	天津	2003—2004	天津	2008—2009	—
1999—2000	天津	2004—2005	天津	2009—2010	—
2000—2001	天津、上海	2005—2006	天津	2010—2011	—
2001—2002	天津、上海	2006—2007	天津		

资料来源：作者计算整理。

由表 3 - 12 可以看出，在 1997—2011 年间，仅有海南、天津和上海 3 个省推动了碳排放约束下物流产业生产可能性边界向外扩张，其中生产可能性边界移动主要发生在 1997—2007 年之间，且"创新者"省份全部集中在东部地区，这与东部地区在全国物流产业发展中的先锋作用相符。天津自 1998 年以来连续 9 次成为环境生产前沿的技术"创新者"，与其发展战略有关，天津近年来凭借其沿海港口城市地位，重点发展物流产业，已明确将物流产业纳入支柱产业，正是由于天津市在物流经济运作、产业措施、基础设施建设、经营管理包括物流人员技术培训等方面进行了不懈努力，才得以连续多年成为物流产业的"创新者"。海南于 1998 年成为物流"创新者"主要得益于 1996 年提出的"一省两地"，把将海南省建成度假休闲的旅游胜地明确列入产业结构调整战略，使得海南省短期内物流产业得到了飞速发展，成为"创新者"省份。自 2008 年爆发金融危机以来，中国经济处于低迷期，物流产业也受到了较大的影响，所有省份均不处于环境生产前沿面。与前文研究结论一致，中国大部分省份物流产业的环境技术创新并不理想，近年来物流产业的产出大量增加是以牺牲环境和较大的资源消耗为代价取得的。

六　物流产业全要素生产率收敛性分析

由图 3 - 2 可知，三大地区碳排放约束下的物流产业全要素生产率在 1997—2011 年与全国平均走势基本趋于一致，地区间的差距正在逐步缩小。为了证实这一趋势存在，并进一步研究地区间生产率发展水平能否最终达成一致，运用 β 收敛方法分析碳排放约束下物流产业全要素生产率 ML 指数的走势，根据收敛稳态的不同又可以分为绝对 β 收敛和条件 β 收敛。利用 Eviews7.0 面板数据进行估计，最大似然比检验和 Hausman 检验结果表明，固定效应 FE（Fixed Effect，FE）优于普通最小二乘 OLS 估计，故采用固定效应模型估计。

1. 绝对 β 收敛

研究全要素生产率落后地区是否存在追赶发达地区的趋势，最终达到相同稳定的增长速度，收敛公式为：

$$\ln(ML_{k,t}/ML_{k,0})/T = \alpha + \beta\ln(ML_{k,0}) + \varepsilon \tag{3.43}$$

其中，$\ln(ML_{k,t}/ML_{k,0})/T$ 表示第 k 个地区从基期到 t 期的 ML 生产率指数的年均增长率，α 为常数，1998—2011 年各地区物流产业 ML 生产率指数的几何平均值作为检验期，1997—1998 年的 ML 生产率指数为基期值。如果 β 系数显著为负，则 ML 生产率指数的年均增长率与基期值成反比，存在绝对 β 收敛，落后地区存在追赶发达地区的趋势，结果如表 3 -13所示。

表 3 - 13　　　　　　　　　　　　绝对收敛结果

变量	全国	东部	中部	西部
α	0.0009 (0.1550)	0.0375 (0.1479)	- 0.0046 (0.2057)	- 0.0012 (0.6678)

续表

变量	全国	东部	中部	西部
β	-0.2162^{***} (0.0000)	-0.3342^{***} (0.0000)	-0.2573^{***} (0.0000)	-0.2511^{***} (0.0000)
R^2	0.3002	0.2736	0.4016	0.3902
F	166.4679^{***} (0.0000)	53.1163^{***} (0.0000)	68.4577^{***} (0.0000)	90.2406^{***} (0.0000)

说明：括号内为 p 值，*** 表示 1% 显著性水平。

2. 条件 β 收敛

与绝对 β 收敛不同之处在于各地区存在不同的稳定水平，条件 β 收敛度量是各地区的全要素生产率是否收敛于各自的稳定水平，收敛公式为：

$$\ln(ML_{k,t}/ML_{k,t-1}) = \alpha_k + \beta\ln(ML_{k,t-1}) + \varepsilon \qquad (3.44)$$

其中，α_k 为固定效应，表示各地区的稳定条件，β 系数如果显著为负，则存在条件 β 收敛，即地区 k 收敛于稳定条件 α_k，结果如表 3 – 14 所示。

表 3 – 14　　　　　　　　　　**条件收敛结果**

变量	全国	东部	中部	西部
α	0.0037^{**} (0.0323)	0.0086^{**} (0.0110)	-0.0013 (0.5944)	0.0009 (0.1272)
β	-0.8289^{***} (0.0000)	-0.9801^{***} (0.0000)	-0.9260^{***} (0.0000)	-0.9452^{***} (0.0000)
R^2	0.6153	0.6587	0.8184	0.7455
F	620.492^{***} (0.0000)	272.1611^{***} (0.0000)	459.8059^{***} (0.0000)	413.0989^{***} (0.0000)

说明：括号内为 p 值，**、*** 分别表示 5%、1% 显著性水平。

由表 3 – 13 可知，全国以及三大地区物流产业全要素生产率均存在绝对 β 收敛，且 β 系数都通过 1% 的显著性水平，这表明不论是从全国还是从三大区域而言，物流产业的全要素生产率都是显著收敛的，各省物流产业全要素生产率增长速度与其初值呈负相关，物流产业发展水平落后的省份有向物流发达省份追赶的趋势，各省物流产业的发展正在向一个均衡水平运动。由表 3 – 14 可知全国以及三大地区条件 β 收敛检验结果，β 系数为负，并达到1%的显著性水平，说明全国以及东、中、西部地区物流产业全要素生产率存在条件 β 收敛，各省存在并收敛于各自的稳态水平。从绝对收敛和条件收敛的 β 系数看，东部地区的收敛趋势比较明显，收敛速度最快，东部各省之间通过落后地区对先进地区的"追赶效应"，差距逐步缩小，西部地区次之，中部地区由于各省物流发展水平相对平缓，因此收敛趋势最弱。剔除外生环境变量的影响后，收敛检验各项值略有变动，但收敛的整体趋势没有发生变化。

七　物流产业全要素生产率的空间模式特征

随着"低碳物流"、"绿色物流"、"可持续发展"等概念相继出现，对包含碳排放约束的物流产业全要素生产率需要重新度量，本书根据以上历史数据对中国各省的物流产业全要素生产率进行了重新测算，反映了特定地区物流生产率的变化情况，并剔除了外生环境变量对物流生产率的影响。下面结合特定地区资源禀赋、经济体制等相关影响因素对物流产业生产率变化的空间模式进行分析，按照投入水平和全要素生产率水平的差异，分别采用 Ward 系统聚类和 K-Mean Cluster 聚类分析，将中国 30 个省划分为四类模式，如表 3 - 15 所示。

表 3 - 15　　　　物流产业全要素生产率的空间分布模式

地区	高投入区	低投入区
高生产率区	上海、浙江、福建	天津、海南
低生产率区	北京、河北、辽宁、江苏、山东、广东、河南、湖北、湖南、四川、云南	山西、吉林、黑龙江、江西、贵州、陕西、青海、新疆、内蒙古、重庆、广西、安徽、甘肃、宁夏

资料来源：作者计算整理。

由表 3 - 15 可知，第一类模式为高生产率高投入，主要以上海、浙江、福建为代表，这类地区具有较高的投入水平，产出水平也相对较高，这三个地区均为东部沿海省份，各省物流产业发展迅速，拥有丰富的资源，交通基础设施条件相对较好，各项资源投入匹配度比较合理，产出相对较大。第二类模式为高生产率低投入，这类地区主要以天津、海南为代表，同样为东部沿海省份，结合物流产业全要素生产率及其分解变量表

3-8发现，这两个省份均有较高的技术进步指数，都在多个年度被视为物流技术创新省份，因此即使以相对较少的物流投入资源也可获得较高的产出。第三类模式为低生产率高投入，包括以北京、江苏、广东、河南、四川等地区为代表的11个省份，这类地区投入水平高，但物流产业生产率水平却相对较低，结合表3-8发现，这些地区技术进步指数并不低，物流产业生产率低下主要是由于纯技术效率偏低导致，说明这些地区在规模报酬可变的条件下，将物流产业对环境的污染考虑在内时，其投入资源的利用效率是相对较低的，在未来应当着重调整资源的匹配度，提高物流产业纯技术效率水平。第四类模式为低生产率低投入，这类地区包括以山西、吉林、江西、广西、贵州、新疆等地区为代表的14个省份，这些省份均为中部和西部省市，地区经济发展水平、物流资源禀赋以及人力资源的获取能力都相对落后，技术效率水平和技术进步程度都无法使得物流产业的生产率水平到达前沿生产面，因此造成了物流资源的浪费和环境污染的问题。

第六节　本章小结

　　本章运用基于序列DEA的方向距离函数和Malmquist-Luenberger（ML）生产率指数方法测算1997—2011年中国30个省级地区物流产业全要素生产率及其分解，并与传统Malmquist指数法进行比较，修正了传统Malmquist生产率指数未考虑物流生产运作过程中对环境污染的影响所导致的效率高估。为了进一步研究外生环境条件对物流产业ML生产率指数的影响，构建了三阶段DEA模型，对比分析了将所有生产单元置于相同的较好的外部环境条件下以及置于相同的恶劣环境条件下得到的生产率指数与初始ML生产率指数的差别，最后对剥离外生环境变量影响后的ML生产率指数进行了技术创新者分析、收敛性检验和空间聚类模式特征研究。得到的主要结论为：

　　第一，目前中国物流产业仍然是高投入、高成本、低收益的生产模式，并伴随着高能耗、重污染的环境问题，技术进步表现为产出水平提高和污染物的增加。忽略环境因素会低估技术效率的改进，高估前沿技术进步率，从而使全要素生产率测度出现偏差。本书在碳排放约束下测度到物流产业的真实全要素生产率逐年上升，年均增长率为0.2%。东部地区物流 ML 生产率指数上升主要源于东部较高的技术进步率，中西部地区 ML 生产率指数下降是由于规模效率提升和技术进步不能抵消纯技术效率的衰退，换言之，中西部地区的物流产业普遍存在技术进步动力不足的问题。

第二，中国地区间物流发展不平衡，全国及三大地区的 ML 生产率指数呈现先收敛后发散的特征，其中东部地区 ML 生产率指数降幅最大，为物流产业的均衡发展做出的贡献最大，中部地区各省一直以一个相对稳定的速度发展，西部地区 ML 生产率指数的波动最为复杂。2003—2007 年，三大地区物流产业生产率水平变化趋势与全国一致，地区差距逐步缩小，到 2007 年底基本实现物流产业的均衡发展。2008 年，金融危机使经济陷入低迷，由于各地区物流产业的地位不同，物流产业生产率指数的差距又再次扩大，2009 年经济开始恢复，物流产业生产率差距也逐步回落，到 2011 年 ML 生产率走势再次趋同。

第三，中国物流产业的全要素生产率指数及其分解变量在剔除外生环境变量和随机误差的影响后，都发生了变化，无论置于最好的外部环境还是置于最差的外部环境，综合技术效率、纯技术效率都出现一定程度的上升，表明制约中国大多数省份物流产业全要素生产率提升的主要瓶颈是代表决策与管理水平的纯技术效率偏低，中国物流产业仍然存在较为严重的低效率和资源浪费的现象。显著性检验结果表明，外部营运环境是制约中国物流落后地区发展的主要因素。优越的外部营运条件可以提高物流产业的生产率水平，未来物流产业发展的重心之一应当是大力优化外部环境。

第四，技术"创新者"分析显示，研究期间，仅有海南、天津和上海三个省份推动了碳排放约束下物流产业生产可能性边界向外扩张，"创新者"省份全部集中在东部沿海地区。天津自 1998 年连续 9 次推动环境生产前沿扩张，这与天津将现代物流产业作为调整产业结构、转变经济增长方式的支柱产业这一发展战略有必然联系。海南 1998 年成为物流"创新者"主要得益于 1996 年提出的"一省两地"策略，将海南省建成度假休闲的旅游胜地明确列入产业结构调整战略，因此短期内物流产业得到了飞速发展。2008 年爆发金融危机后，所有省份均不处于环境生产前沿，说明中国物流产业的环境技术创新并不理想，近年来物流产出的快速增加是以牺牲环境和资源消耗为代价取得的。

第五，收敛分析发现，全国以及三大地区总体上存在显著的收敛趋势，物流产业发展水平落后的地区有向物流发达地区追赶的趋势，且各省物流产业的发展水平正在逐步向各自的均衡水平收敛。东部地区的收敛速度最快，西部地区次之，中部由于各省物流发展水平相对平缓，因此收敛趋势最弱。

第六，按照投入和生产率水平可以将中国各地区的物流产业划分为四类模式：第一类模式为高生产率高投入，以上海、浙江、福建为代表；第二类模式为高生产率低投入，以天津和海南为代表；第三类模式为低生产率高投入，包括以北京、江苏、广东、河南、四川等地区为代表的 11 个省份；第四类模式为低生产率低投入，包括以山西、吉林、江西、广西、贵州、新疆等地区为代表的 14 个省份。物流投入和生产率分类模式的提出，可以为中国各省有针对性地制定物流产业环境可持续协调发展规划提供依据。

第四章 异质性生产技术视角下中国区域物流产业全要素生产率研究

第一节 考虑地区技术差异的中国物流产业全要素生产率研究现状

　　物流产业是国民经济的重要组成部分,是融合了运输业、仓储业、货代业和信息业的复合型服务产业,涉及领域广泛,吸纳就业人数多,是现代制造业和商贸流通业发展的支柱性基础产业。其不仅可以促进生产、拉动消费,而且在加快产业结构调整、转变经济增长方式和增强国民经济竞争力等方面也发挥着重要作用。自 2009 年《物流业调整和振兴规划》出台后,中国物流产业在一系列政策扶持下得到了快速的发展。据统计,2012 年全国社会物流总额为 177.3 万亿元,按可比价计算,同比增长 9.8%;增加值为 3.5 万亿元,同比增长 9.1%。但在物流产业快速发展的同时也存在着高投入低产出、专业化水平不足以及资源配置效率低等问题,而长期的粗放式增长进一步加剧了能源消费,扩大了对环境的负面影响,加之物流产业自身单位增加值的能耗水平就高于行业间的平均水平,由此决定了物流产业的节能减排在发展低碳经济中的重要地位。

　　目前,国内物流产业效率与生产率的分析方法主要有参数方法和非参数方法,参数方法主要是随机前沿分析(SFA),非参数方法最典型的是数据包络分析(DEA)。在研究内容上,主要分成两类:一类是对物流企业特别是物流上市公司进行的绩效研究,其基本结论显示中国物流企业缺乏有效的市场淘汰机制,整体生产率水平较低,且主要受制于规模效率低下,不同类型的物流企业的个体差异十分显著,如港口类、运输类和仓储类均各不相同（张宝友等，2007，2008；邓学平等，2008，2009a，2009b；汪旭辉、徐健，2009；史成东等，2010；钟祖昌，2011；杨德权、裴金英，2012；张毅等，2012，2013）；另一类是从行业视角对物流产业的生产率进行评价，得出的普遍结论是中国物流产业生产率虽然处于稳步上升阶段，但整体水平不高，各省市之间的物流产业生产率差距随着时间的推移逐渐缩小，但是区域间的生产率差距仍然十分显著（贺竹磬、孙林岩，2006；刘军、杨明，2009；田刚、李南，2009a，2009b，2011；余泳泽、武鹏，2010；范月娇，2012；姚娟、庄玉良，2013）。

上述研究从不同角度对中国物流产业效率与生产率进行了分析，但是仍然存在不足之处：（1）国内学者在构建物流产业效率与生产率指标时忽略了物流运作过程中能源消耗产生的二氧化碳这一非期望产出；（2）无论是对物流上市公司绩效的评价还是对物流产业效率与生产率的测度，传统的 DEA 和 SFA 方法均将各决策单元视为相同类型，没有考虑到不同区域或不同类型的物流企业间存在经济发展水平、技术水平以及制度的差异等情况。而传统的效率和生产率比较的前提是所有生产单元处于相同环境且拥有相似的技术水平，若生产单元分属不同的技术集合，面对不同的生产前沿，若仍然使用单个生产前沿构造的距离函数比所表示的效率值判断，将会因为衡量基准的不一致而使评价结果缺乏可比性。

本章充分考虑到各区域物流产业的发展长期受到经济基础积淀、资源禀赋特点、国家政策导向、人力资源获取等多方面的影响，造成区域物流技术环境客观上存在较大差距的这一现实特点，试图从以下三个方面对现有文献进行拓展：（1）将能源和碳排放纳入全要素生产率的分析框架中，结合非参数序列 DEA 的方向距离函数和共同前沿 Metafrontier-Malmquist-Luenberger 生产率指数测度 1997—2011 年中国 30 个省级地区物流产业全要素生产率增长、分解及技术差距比率[①]；（2）运用核密度估计方法考察物流产业全要素生产率的动态演进；（3）基于面板数据模型判断技术效率较低的省份是否伴随有较高的技术追赶，并全面探讨了物流产业全要素生产率的宏观影响因素。

---

① 本章物流产业全要素生产率及其分解变量均指碳排放约束下的全要素生产率及其分解。

第二节　共同前沿生产函数方法回顾

针对地区技术异质性问题，日本速水佑次郎和美国弗农·拉坦（Hayami Yujiro & Vernon W. Ruttan，1969，1970）首次提出可同时分析不同组群投入产出的共同前沿（Metafrontier）生产函数模型。速水佑次郎和弗农·拉坦（1971）将其视为一条已知个别经济体生产函数的包络曲线，意味着所有具有不同技术环境的组群，其生产者都有获得共同技术的潜在可能。夏尔马和莱昂（Sharma & Leung，2000）引入随机前沿的概念，构造了随机共同前沿（Stochastic Metafrontier）生产函数。巴特斯和拉奥（Battese & Rao，2002）延续了随机共同前沿的分析框架，利用 SFA 方法对不同技术水平下各组群的技术效率进行评价。巴特斯等（Battese et al.，2004）对巴特斯和拉奥（2002）的模型进行了修正，利用线性规划，构建了随机参数法的共同前沿函数，并利用该模型对印度尼西亚不同技术组群服装生产公司的技术差距比率进行分析，得到相对技术效率得分和排名。奥唐奈等（O'Donnell et al.，2008）又将该模型进一步扩展为共同前沿 DEA 模型和共同前沿 SFA 模型，并分析了 4 大洲 97 个国家的农业技术效率及技术差距比率。目前，国外相关文献已将共同前沿模型广泛应用于不同产业的效率与生产率分析中，以探讨不同组群间的技术差距，其中应用共同前沿 SFA 模型居多，如对非洲国家可可业［比纳姆等（Binam et al.），2008］、英国机场［阿萨夫（Assaf），2009］、跨国银行［黄台心等（Huang et al.），2010］等所做的研究。

另外，有学者将共同前沿模型拓展进行跨期生产率分析，如拉奥（Rao，2006）结合距离函数的定义，提出共同前沿 Malmquist 生产率指数（Metafrontier Malmquist Productivity Index，MMPI），并使用追赶（Catch-Up）的概念分析效率变动的原因，同时提供共同技术前沿下不同子技术厂商全要素生产率的比较，改善了传统 Malmquist 生产率指数模型因个体生产前沿不同而失去比较的共同基准的不足。拉奥（2006）提出的 MMPI 模型的分解中忽略了规模效率调整的影响，陈谷劦和杨浩彦（Chen & Yang，2011）在 MMPI 模型中加入规模效率的调整项，推导出参数和非参数框架下一般性的共同前沿 Malmquist 生产率指数（Generalized Metafrontier Malmquist Productivity Index，GMMPI），并将"追赶"指数进一步分解为纯技术追赶和潜在技术追赶。以台湾 41 家和大陆 15 家主要银行为例对 1993—2007 年的全要素生产率进行分解，并分析规模效率变动和生产率的差异性。类似的还有王群伟等（Wang Q. et al.，2013）所做的研究。

目前，国内应用共同前沿模型进行分析的文献中，单一国家研究多应用于金融业（王兵、朱宁，2011）、农业（梁流涛、耿鹏旭，2012）和工业（王燕、谢蕊蕊，2012），跨国、跨地区研究则以金融业居多，如李兰冰等（2011）对海峡两岸证券业经济效率的比较研究，针对绿色全要素生产率的研究主要有王群伟等（2010）、汪克亮等（2012，2013），目前国内对物流领域生产率的研究中均未曾以共同前沿模型进行技术效率的评估和全要素生产率指数的分析。使用 MMPI 模型，不仅可以同时衡量技术效率变动和技术的改善，还可以分解出技术差距比率，隐含了实际生产技术对潜在生产技术的追赶，有助于进一步的分析。本章在陈谷劦和杨浩彦（2011）分解的基础上，借鉴王兵和朱宁（2011）将技术规模变化引入共同前沿 Metafrontier-Malmquist-Luenberger（MML）生产率指数的分解中，即将技术效率变化分解为纯效率变化（Pure Efficiency Change，PEC）、规模效率变化（Scale Efficiency Change，SEC），将技术进步分解为纯技术变化（Pure Technical Change，PTC）和技术规模变化（Technical Scale Change，STC）。并借此将共同前沿下的全要素生产率拆解为 8 项变动，进而分析各部分对物流产业全要素生产率变化产生的影响。

第三节　基于共同前沿的生产率指数方法

一　生产可能集和修正的方向距离函数

生产单位使用 N 种投入资源 $x = x_1,\cdots,x_N,x \in R_N^+$，得到 M 种期望产出 $y = y_1,\cdots,y_M,y \in R_M^+$，以及 I 种非期望产出 $b = b_1,\cdots,b_I,b \in R_I^+$，第 $k(k = 1,\cdots,K)$ 个地区在 $t(t = 1,\cdots,T)$ 时期的投入和产出为 (x_k^t,y_k^t,b_k^t)，生产可能集满足闭合、有界和凸性。投入和期望产出具有强可处置性，非期望产出具有弱可处置性和零结合性，基于 DEA 方法将包含非期望产出的生产可能集表示为：

$$P^t(x^t) = \{(x^t, y^t, b^t) : \sum_{k=1}^{K} z_k^t y_{km}^t \geq y_m^t, \forall m; \sum_{k=1}^{K} z_k^t b_{ki}^t = b_i^t, \forall i;$$

$$\sum_{k=1}^{K} z_k^t x_{kn}^t \leq x_n^t, \forall n; \sum_{k=1}^{K} z_k^t = 1, z_k^t \geq 0, \forall k\} \tag{4.1}$$

z_k^t 为权重，$\sum_{k=1}^{K} z_k^t = 1$ 与 $z_k^t \geq 0$ 表示生产技术规模报酬可变（VRS），去掉 $\sum_{k=1}^{K} z_k^t = 1$，仅 $z_k^t \geq 0$ 表示生产技术规模报酬不变（CRS）。由于 VRS 条件下，$\sum_{k=1}^{K} z_k^t = 1$ 只针对强可处置性的投入、产出，本书选择的碳排放作为一项非期望产出，满足弱可处置性的假设，并与期望产出共同形成联合弱可处置性，因此需要对权重 z_k^t 进行修正，根据库奥斯马宁（Kuosmanen，2005）的研究，将 z_k^t 分解为 $z_k^t = \lambda_k^t + u_k^t$，其中 λ_k^t 表示产出保持不变的可处置部分，u_k^t 表示产出减少的可处置部分，式（4.1）中生产可能集修正为：

$$P^t(x^t) = \{(x^t, y^t, b^t) : \sum_{k=1}^{K} \lambda_k^t y_{km}^t \geq y_m^t, \forall m; \sum_{k=1}^{K} \lambda_k^t b_{ki}^t = b_i^t, \forall i;$$

$$\sum_{k=1}^{K} (\lambda_k^t + u_k^t) x_{kn}^t \leq x_n^t, \forall n; \sum_{k=1}^{K} (\lambda_k^t + u_k^t) = 1, \lambda_k^t, u_k^t \geq 0, \forall k\} \tag{4.2}$$

若在 CRS 假设下，只需将上式中 $\sum_{k=1}^{K} (\lambda_k^t + u_k^t) = 1$ 去掉，并设 $u_k^t = 0$ 即与式（4.1）相同。根据钟等（Chung et al., 1997）提出的方向距离函数，可以同时考虑期望产出的扩张和非期望产出的减少，定义碳排放约束下基于产出导向的方向距离函数为[①]：

$$\vec{D}_0^t(x^t, y^t, b^t, g^t) = \sup\{\beta : (y^t, b^t) + \beta \times g^t \in p^t(x)\} \tag{4.3}$$

$g^t = (g_x^t, g_y^t, -g_b^t)$ 是投入减少、期望产出增加和非期望产出减少的方向向量，基于序列 DEA，在 VRS 条件下，生产单位 k' 在 t 时期的方向距离函数可以通过求解下面的线性规划来求得：

---

① 将碳排放纳入全要素生产率的测度框架中，通常有两种做法：一是将碳排放作为一种投入变量处理；二是将碳排放作为非期望产出处理。由于碳排放作为投入变量处理不符合生产过程的本质，且其在数据处理过程中会产生误差，因此本书采用第二种做法。

$$\vec{D}_0^t(x_{k'}^t, y_{k'}^t, b_{k'}^t; y_{k'}^t, -b_{k'}^t) = \max\beta$$

$$s.t. \begin{cases} \sum\limits_{t=1}^{T}\sum\limits_{k=1}^{K} \lambda_k^t y_{km}^t \geqslant (1+\beta)y_{k'm}^t, m = 1, \cdots, M; \\ \sum\limits_{t=1}^{T}\sum\limits_{k=1}^{K} \lambda_k^t b_{ki}^t = (1-\beta)b_{k'i}^t, i = 1, \cdots, I; \\ \sum\limits_{t=1}^{T}\sum\limits_{k=1}^{K} (\lambda_k^t + u_k^t)x_{kn}^t \leqslant x_{k'n}^t, n = 1, \cdots, N; \\ \sum\limits_{t=1}^{T}\sum\limits_{k=1}^{K} (\lambda_k^t + u_k^t) = 1, \lambda_k^t \geqslant 0, u_k^t \geqslant 0, k = 1, \cdots, K \end{cases} \quad (4.4)$$

β 为距离函数值,β 越小,说明生产单元越接近生产前沿面,效率越高,当 $\beta = 0$ 时生产单元处于生产的前沿面上,此时生产是完全有效的。

二 共同前沿 Metafrontier-Malmquist-Luenberger 生产率指数

(一)组群前沿技术效率、共同前沿技术效率与技术差距比率

共同前沿分析方法的目的是对处于不同技术前沿下的生产单元的技术落差进行测度。该方法首先根据生产技术的近似程度对各生产单元分类,建立组群前沿(Group-frontier),对组群内部效率进行评价,然后在组群前沿的基础上构建共同前沿,并测度组群前沿与共同前沿之间的技术差距比率(Technology Gap Ratio,TGR)。在实际研究中,通常由生产单元的地理位置、市场条件和自然资源作为判断生产技术相近程度的标准。图 4 - 1 为既定投入要素形成的单一期望产出与单一非期望产出的共同前沿和组群前沿。两者的区别在于,共同前沿表示评价对象潜在的生产技术水平,而组群前沿表示实际的生产技术水平。

假定由于地区技术差异形成 $G(G = 1, \cdots, G)$ 个组群前沿,每个组群由若干个处于相同生产技术下的技术集合构成,满足闭合、有界和凸性。产出技术组合 $T^{t,G} = \{(x^t, y^t, b^t) : x^t$ 可以生产 $(y^t, b^t)\}$,$P^{t,G}(x) = \{(y^t, b^t) : (x^t, y^t, b^t) \in T^{t,G}\}$ 为生产可能集,x^t、y^t、b^t 分别为 t 时期的投入、期望产出和非期望产出。$P^{t,G}(x)$ 的上界为组群前沿,隐含了组群间的技术差距无法被"超越",各生产单位追求最佳投入产出组合的技术边界。组群前沿下 t 时期基于产出导向的方向距离函数为 $\vec{D}_0^{t,G}$,表示为:

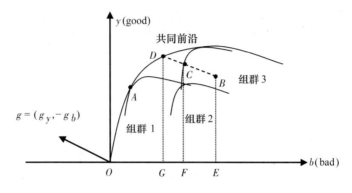

图 4 - 1　共同前沿和组群前沿

$$\vec{D}_0^{t,G}(x^t, y^t, b^t; g^t) = \sup\{\beta : (y^t, b^t) + \beta \times g^t \in P^{t,G}(x)\} \qquad (4.5)$$

$\vec{D}_0^{t,G}(x^t, y^t, b^t; g^t)$ 的包络曲线为组群前沿，g^t 为方向向量，通过 β 值来调整期望产出扩张和非期望产出缩减的最大比例。共同前沿下的技术边界为所有生产单元技术集合的并集 $T^{t,M} = \{T^{t,1} \cup T^{t,2} \cup \cdots \cup T^{t,G}\}$，$T^{t,M} = \{(x^t, y^t, b^t) : x^t$ 可以生产 $(y^t, b^t)\}$，满足闭合、有界和凸性。主要含义是：对于 $T^{t,M}$ 中的任意一个产出组合 (y^t, b^t)，都至少可以由一个组群内的投入要素生产出来。共同前沿覆盖了全部的生产单元，并包络了所有的组群前沿，此时生产可能集为 $P^{t,M}(x) = \{(y^t, b^t) : (x^t, y^t, b^t) \in T^{t,M}\}$。$P^{t,M}(x)$ 的上界为共同前沿，表示所有生产单元在相同潜在的技术水平下追求最佳投入产出的技术边界，隐含了组群间的技术差距可以被"超越"。共同前沿下 t 时期基于产出导向的方向距离函数为 $\vec{D}_0^{t,M}$，表示为：

$$\vec{D}_0^{t,M}(x^t, y^t, b^t; g^t) = \sup\{\beta : (y^t, b^t) + \beta \times g^t \in P^{t,M}(x)\} \qquad (4.6)$$

$\vec{D}_0^{t,M}(x^t, y^t, b^t; g^t)$ 的包络曲线为共同前沿。由于 $P^{t,G}(x)$ 是 $P^{t,M}(x)$ 的子集，共同前沿有不低于组群前沿的包络线，$\vec{D}_0^{t,M}(x^t, y^t, b^t; g^t) \geqslant \vec{D}_0^{t,G}(x^t, y^t, b^t; g^t)$，当且仅当生产单元同时位于组群前沿和共同前沿上时，等号成立，如图 4 - 1 中的 A 点。对 B 点来说，以组群前沿 2 为参照，$\vec{D}_0^{t,G,B}(x^t, y^t, b^t; g^t) = OE/OF$，若以共同前沿为参照，则有 $\vec{D}_0^{t,M,B}(x^t, y^t, b^t; g^t) = OE/OG$，显然 $OF \geqslant OG$，因此，两类前沿下，以方向距离函数

表示的技术效率，存在如下关系：

$$0 \leqslant TE^{t,M}(x^t,y^t,b^t) = \frac{1}{1 + \vec{D}_0^{t,M}(x^t,y^t,b^t;g^t)} \leqslant TE^{t,G}(x^t,y^t,b^t)$$

$$= \frac{1}{1 + \vec{D}_0^{t,G}(x^t,y^t,b^t;g^t)} \leqslant 1 \qquad (4.7)$$

当 $TE^{t,G} = 1$，$\vec{D}_0^{t,G}(x^t,y^t,b^t;g^t) = 0$ 时，组群前沿下的生产单元最有效，同理，当 $TE^{t,M} = 1$ 时，共同前沿下的生产单元最有效。将 $TE^{t,M}$ 与 $TE^{t,G}$ 的比值定义为技术差距比率，用 TGR 表示[①]。奥唐奈等（O' Donnell et al.，2008）将技术差距比率称为共同技术比率（Meta-Technology Ratio，MTR），本章沿用技术差距比率的说法。TGR 反映了组群前沿与共同前沿技术水平的差距，当生产单元的 TGR 越大，实际运用的生产技术水平越接近潜在的总体生产技术水平，生产技术的异质性程度越低，隐含的技术水平越好；反之，TGR 越小，实际生产技术与潜在的总体生产技术水平差距越大，隐含的技术水平越差，TGR 的取值区间为（0，1]，表示为：

$$TGR^t(x^t,y^t,b^t) = \frac{TE^{t,M}(x^t,y^t,b^t)}{TE^{t,G}(x^t,y^t,b^t)} = \frac{1 + \vec{D}^{t,G}(x^t,y^t,b^t;g^t)}{1 + \vec{D}^{t,M}(x^t,y^t,b^t;g^t)} \qquad (4.8)$$

利用 TGR 指标可以分析不同组群生产技术的异质性特征，也可以考察生产单元所在组群的生产技术与总体最优生产技术水平之间的差距。但是，据此依然无法判断不同生产单元或组群技术无效率的真正来源，也就无从给出针对性的政策建议。根据 Chiu 等（2012）的研究，将共同前沿下不同组群各生产单元的技术无效率（Metafrontier Technology Inefficiency，MTI）分解为技术差距无效率（Technology Gap Inefficiency，TGI）和组群前沿管理无效率（Managerial Inefficiency of Group-frontier，GMI），TGI 是由不同组群生产技术环境差异导致的无效率，在同一时期，这一因素是外生的，是外源性阻力，而 GMI 则是由于特定组群内部生产单元的管理失误使得较低的经济产出伴随较高的污染排放而导致的生产技术无效率，这一因素是内生的，是内源性阻力。

---

① 某省物流业 $TE^M = 0.4$，$TE^G = 0.8$，则 $TGR = 0.4/0.8 = 0.5$，表示该省物流产业在其组群的生产技术下，以相同的投入和产出组合只能达到共同前沿生产技术的 50%。

将 TGI 和 GMI 以图 4-1 为例表示如下：共同前沿和组群前沿技术效率分别为 $TE^M = OG/OE$、$TE^G = OF/OE$，则技术差距比率 $TGR = OG/OF$。生产单元 B 点的技术差距无效率 $TGI(B)$、管理无效率 $GMI(B)$ 和共同前沿技术无效率 $MTI(B)$ 分别表示如下：

$$TGI(B) = TE^{G,B} \times (1 - TGR(B)) = GF/OE \qquad (4.9)$$

$$GMI(B) = 1 - TE^{G,B} = EF/OE \qquad (4.10)$$

$$MTI(B) = TGI(B) + GMI(B) = GE/OE \qquad (4.11)$$

通过这种分解方式可以进一步分析各生产单元、不同组群技术效率提升的制约因素，为制定差异化的经济发展政策提供充分的理论依据。

（二）共同前沿 Metafrontier-Malmquist-Luenberger（MML）生产率指数

根据钟等（1997）提出的 Malmquist-Luenberger 生产率指数，以及周鹏等（Zhou P. et al., 2010）的研究，将共同前沿技术引入环境敏感生产率指数，得到基于 CRS 组群前沿技术集下的生产率指数（Group-frontier Malmquist Luenberger，GML），用公式表示为[①]：

$$GML_t^{t+1} = \left\{ \frac{[1 + \vec{D}_c^{t,G}(x^t, y^t, b^t; g^t)]}{[1 + \vec{D}_c^{t,G}(x^{t+1}, y^{t+1}, b^{t+1}; g^{t+1})]} \times \frac{[1 + \vec{D}_c^{t+1,G}(x^t, y^t, b^t; g^t)]}{[1 + \vec{D}_c^{t+1,G}(x^{t+1}, y^{t+1}, b^{t+1}; g^{t+1})]} \right\}^{\frac{1}{2}}$$

$$(4.12)$$

在 CRS 条件下，GML 指数可以分解为技术效率变化指数（$EFFCH^G$）和技术进步指数（$TECH^G$），在 VRS 条件下，参考索菲奥（Zofio, 2007）的分解方法，可以将技术效率变化指数（$EFFCH^G$）进一步分解为纯效率变化指数和规模效率变化指数，将技术进步指数（$TECH^G$）进一步分解为纯技术变化指数和技术规模变化指数，依次表示为 PEC^G、SEC^G、PTC^G 和 STC^G。整合到统一的分析框架中，得到 VRS 条件下用方向距离函数表示的 GML 指数的分解结果：

$$GML_t^{t+1} = EFFCH_{t,c}^{t+1,G} \times TECH_{t,c}^{t+1,G}$$

---

① $\vec{D}_c$、$\vec{D}_v$ 表示基于 CRS 和 VRS 条件下的方向距离函数。$\vec{D}_c^{t,G}(x^t, y^t, b^t; g^t)$ 和 $\vec{D}_c^{t+1,G}(x^t, y^t, b^t; g^t)$ 表示在 t 期和 $t+1$ 期的生产技术下，以 t 期为基期，基于 CRS 的实际投入和产出的方向距离函数。同理，$\vec{D}_c^{t,G}(x^{t+1}, y^{t+1}, b^{t+1}; g^{t+1})$ 和 $\vec{D}_c^{t+1,G}(x^{t+1}, y^{t+1}, b^{t+1}; g^{t+1})$ 表示在 t 期和 $t+1$ 期的生产技术下，$t+1$ 期为基期的方向距离函数。

$$= \frac{[1 + \vec{D}_c^{t,G}(x^t, y^t, b^t; g^t)]}{[1 + \vec{D}_c^{t+1,G}(x^{t+1}, y^{t+1}, b^{t+1}; g^{t+1})]}$$

$$\times \left\{ \frac{[1 + \vec{D}_c^{t+1,G}(x^t, y^t, b^t; g^t)]}{[1 + \vec{D}_c^{t,G}(x^t, y^t, b^t; g^t)]} \times \frac{[1 + \vec{D}_c^{t+1,G}(x^{t+1}, y^{t+1}, b^{t+1}; g^{t+1})]}{[1 + \vec{D}_c^{t,G}(x^{t+1}, y^{t+1}, b^{t+1}; g^{t+1})]} \right\}^{\frac{1}{2}}$$

$$= \frac{[1 + \vec{D}_v^{t,G}(x^t, y^t, b^t; g^t)]}{[1 + \vec{D}_v^{t+1,G}(x^{t+1}, y^{t+1}, b^{t+1}; g^{t+1})]}$$

$$\times \frac{[1 + \vec{D}_c^{t,G}(x^t, y^t, b^t; g^t)] / [1 + \vec{D}_v^{t,G}(x^t, y^t, b^t; g^t)]}{[1 + \vec{D}_c^{t+1,G}(x^{t+1}, y^{t+1}, b^{t+1}; g^{t+1})] / [1 + \vec{D}_v^{t+1,G}(x^{t+1}, y^{t+1}, b^{t+1}; g^{t+1})]}$$

$$\times \left\{ \frac{[1 + \vec{D}_v^{t+1,G}(x^t, y^t, b^t; g^t)]}{[1 + \vec{D}_v^{t,G}(x^t, y^t, b^t; g^t)]} \times \frac{[1 + \vec{D}_v^{t+1,G}(x^{t+1}, y^{t+1}, b^{t+1}; g^{t+1})]}{[1 + \vec{D}_v^{t,G}(x^{t+1}, y^{t+1}, b^{t+1}; g^{t+1})]} \right\}^{\frac{1}{2}}$$

$$\times \left\{ \frac{[1 + \vec{D}_c^{t+1,G}(x^t, y^t, b^t; g^t)] / [1 + \vec{D}_v^{t+1,G}(x^t, y^t, b^t; g^t)]}{[1 + \vec{D}_c^{t,G}(x^t, y^t, b^t; g^t)] / [1 + \vec{D}_v^{t,G}(x^t, y^t, b^t; g^t)]} \right.$$
$$\left. \times \frac{[1 + \vec{D}_c^{t+1,G}(x^{t+1}, y^{t+1}, b^{t+1}; g^{t+1})] / [1 + \vec{D}_v^{t+1,G}(x^{t+1}, y^{t+1}, b^{t+1}; g^{t+1})]}{[1 + \vec{D}_c^{t,G}(x^{t+1}, y^{t+1}, b^{t+1}; g^{t+1})] / [1 + \vec{D}_v^{t,G}(x^{t+1}, y^{t+1}, b^{t+1}; g^{t+1})]} \right\}^{\frac{1}{2}}$$

$$= PEC_{t,v}^{t+1,G} \times SEC_{t,v}^{t+1,G} \times PTC_{t,v}^{t+1,G} \times STC_{t,v}^{t+1,G} \tag{4.13}$$

4 个指标均大于 1 时，分别表示效率改善、规模效率提高、技术进步和技术偏离最优生产规模状态。类似地，可以将共同前沿下基于 VRS 的 MML 指数分解为：

$$MML_t^{t+1} = EFFCH_{t,c}^{t+1,M} \times TECH_{t,c}^{t+1,M} = PEC_{t,v}^{t+1,M} \times SEC_{t,v}^{t+1,M} \times PTC_{t,v}^{t+1,M} \times$$
$$STC_{t,v}^{t+1,M} \tag{4.14}$$

由式 (4.7) 可推导出：

$$[1 + \vec{D}_0^{t,G}(x^t, y^t, b^t; g^t)] = [1 + \vec{D}_0^{t,M}(x^t, y^t, b^t; g^t)] \times TGR^t(x^t, y^t, b^t) \tag{4.15}$$

$$[1 + \vec{D}_0^{t+1,G}(x^{t+1}, y^{t+1}, b^{t+1}; g^{t+1})] = [1 + \vec{D}_0^{t+1,M}(x^{t+1}, y^{t+1}, b^{t+1}; g^{t+1})]$$
$$\times TGR^{t+1}(x^{t+1}, y^{t+1}, b^{t+1}) \tag{4.16}$$

这两个表达式将组群前沿和共同前沿的技术效率之间通过 TGR 建立

起一种联系，结合技术效率变化指数的定义和式（4.15）、式（4.16），得到：

$$EFFCH_{t,c}^{t+1,M} = \frac{[1 + \vec{D}_c^{t,M}(x^t,y^t,b^t;g^t)]}{[1 + \vec{D}_c^{t+1,M}(x^{t+1},y^{t+1},b^{t+1};g^{t+1})]}$$

$$= \frac{[1 + \vec{D}_c^{t,G}(x^t,y^t,b^t;g^t)]}{[1 + \vec{D}_c^{t+1,G}(x^{t+1},y^{t+1},b^{t+1};g^{t+1})]} \times \frac{TGR^{t+1}(x^{t+1},y^{t+1},b^{t+1})}{TGR^t(x^t,y^t,b^t)} \quad (4.17)$$

$$= EFFCH_{t,c}^{t+1,G} \times \frac{TGR^{t+1}(x^{t+1},y^{t+1},b^{t+1})}{TGR^t(x^t,y^t,b^t)}$$

根据陈谷劦和杨浩彦（2011）、王兵和朱宁（2011），将上式右边第二项定义为纯技术追赶（Pure Technology Catch Up，PTCU），即 PTCU 的表达式如下：

$$PTCU = \frac{TGR^{t+1}(x^{t+1},y^{t+1},b^{t+1})}{TGR^t(x^t,y^t,b^t)} \quad (4.18)$$

王群伟等（Wang Q. et al.，2013）称其为 TGR 的增长指数，这里沿用纯技术追赶的定义。PTCU 衡量 $t+1$ 期和 t 期投入产出组合下，TGR 跨期变动的比值，当 PTCU > 1 时，说明生产单元的技术与潜在技术之间差距缩小，存在技术追赶现象。结合技术进步指数的定义，和式（4.15）、式（4.16）两式，有类似的分解表达[1]：

$$TECH_{t,c}^{t+1,M} = TECH_{t,c}^{t+1,G} \times$$

$$\left\{ \frac{TGR^t(x^{t+1},y^{t+1},b^{t+1})}{TGR^{t+1}(x^t,y^t,b^t)} \times \frac{TGR^t(x^t,y^t,b^t)}{TGR^{t+1}(x^{t+1},y^{t+1},b^{t+1})} \right\}^{\frac{1}{2}} \quad (4.19)$$

将上式等号右侧第二项定义为潜在技术相对变动（Potential Technological Relative Change，$PTRC$），即 $PTRC$ 的表达式如下：

$$PTRC = \left\{ \frac{TGR^t(x^{t+1},y^{t+1},b^{t+1})}{TGR^{t+1}(x^t,y^t,b^t)} \times \frac{TGR^t(x^t,y^t,b^t)}{TGR^{t+1}(x^{t+1},y^{t+1},b^{t+1})} \right\}^{\frac{1}{2}} \quad (4.20)$$

$PTRC$ 是以共同前沿和组群前沿所衡量的技术进步的比值。当 $PTRC > 1$ 时，表示潜在的技术水平的提升速度高于当前的技术水平，生产单元技术发展潜力提高。结合式（4.17）、式（4.19），可以得到 MML 指数的分解如下：

———————————

① 共同前沿技术进步指数 TECH[M] 的方向距离函数表达式见附录。

$$MML_t^{t+1} = EFFCH_{t,c}^{t+1,G} \times TECH_{t,c}^{t+1,G} \times \frac{TGR^{t+1}(x^{t+1},y^{t+1},b^{t+1})}{TGR^t(x^t,y^t,b^t)}$$

$$\times \left\{ \frac{TGR_c^t(x^{t+1},y^{t+1},b^{t+1})}{TGR_c^{t+1}(x^t,y^t,b^t)} \times \frac{TGR^t(x^t,y^t,b^t)}{TGR^{t+1}(x^{t+1},y^{t+1},b^{t+1})} \right\}^{\frac{1}{2}}$$

$$= GML_t^{t+1} \times \left\{ \frac{TGR^{t+1}(x^{t+1},y^{t+1},b^{t+1})}{TGR^{t+1}(x^t,y^t,b^t)} \times \frac{TGR^t(x^{t+1},y^{t+1},b^{t+1})}{TGR^t(x^t,y^t,b^t)} \right\}^{\frac{1}{2}}$$

$$(4.21)$$

将上式右边第二项，不同基期下 TGR 跨期变动的几何均值，定义为技术调整因子（Technology Adjustment Factor，TAF），即 TAF 的表达式如下：

$$TAF = \left\{ \frac{TGR^{t+1}(x^{t+1},y^{t+1},b^{t+1})}{TGR^{t+1}(x^t,y^t,b^t)} \times \frac{TGR^t(x^{t+1},y^{t+1},b^{t+1})}{TGR^t(x^t,y^t,b^t)} \right\}^{\frac{1}{2}} \quad (4.22)$$

TAF 表示由组群前沿调整到共同前沿时的调整参数。可以推导出，TAF 为 PTCU 和 PTRC 的乘积。假定 PTCU 和 PTRC 为 VRS 条件下的调整因子，可得共同前沿全要素生产率 MML 指数的分解如下[①]：

$$MML_t^{t+1} = EFFCH_{t,c}^{t+1,M} \times TECH_{t,c}^{t+1,M} = PEC_{t,v}^{t+1,M} \times SEC_{t,v}^{t+1,M} \times PTC_{t,v}^{t+1,M} \times STC_{t,v}^{t+1,M}$$

$$= PEC_{t,v}^{t+1,G} \times SEC_{t,v}^{t+1,G} \times PTC_{t,v}^{t+1,G} \times STC_{t,v}^{t+1,G} \times PTCU_{t,v}^{t+1} \times PTRC_{t,v}^{t+1}$$

$$\times \frac{SEC_{t,v}^{t+1,M}}{SEC_{t,v}^{t+1,G}} \times \frac{STC_{t,v}^{t+1,M}}{STC_{t,v}^{t+1,G}} \quad (4.23)$$

MML 生产率指数的分解式中，$SEC_{t,v}^{t+1,M}/SEC_{t,v}^{t+1,G}$ 和 $STC_{t,v}^{t+1,M}/STC_{t,v}^{t+1,G}$ 为共同前沿与组群前沿下的规模效率变化和技术规模变化的比值，用来衡量组群规模效率和技术规模对共同前沿的追赶程度。求解时，对每个地区不同时期的 GML 和 MML 生产率指数求解 CRS 和 VRS 两种条件下的 4 个线性规划，每种生产率指数在每种假设条件下，需求解两个当期方向距离函数、两个混合期方向距离函数，共计求出 16 个方向距离函数，在计算混合方向距离函数时，若 $t+1$ 期投入产出值在 t 期技术下不可行，则线性规划无解。

第四节　样本、数据与变量说明

本章在共同前沿框架下利用 Metafrontier-Malmquist-Luenberger（MML）

---

①　共同前沿全要素生产率 MML 指数分解的方向距离函数表达式见附录。

生产率指数研究异质性生产技术视角下中国区域物流产业全要素生产率。数据选择与第三章一致，以交通运输业、仓储业和邮政业数据作为中国物流产业的近似替代，1997—2011 年中国 30 个省、自治区和直辖市的投入产出数据为样本，不包括西藏、香港、澳门和台湾地区，并按照地域差别将中国各省划分为东、中、西三个区域。数据来源于《中国统计年鉴》《中国能源统计年鉴》（1998—2012），数据说明如表 4 - 1 所示。

表 4 - 1　　　　　　　　投入产出指标的选择与说明

分类	变量	指标	指标说明
投入变量	资本存量	根据"永续盘存法"估算：$K_{i,t} = K_{i,t-1}(1 - \delta) + I_{i,t}/P_t$	以分省物流产业的全社会固定资产投资作为投资流量并利用固定资产投资价格指数进行平减；折旧率取 5.42%；基期资本存量采用吴延瑞（Wu，2000）、田刚和李南（2009b）的做法，假定首期资本存量是过去投资的总和，利用回归方法得到，单位：亿元
	劳动力	当年在岗职工人数	当年在岗职工数 =（上一年末在岗职工数 + 本年年末在岗职工数）÷2，单位：万人
	能源	各地区一次能源消费量为基础统一折算成标准煤	单位：万吨标准煤
产出变量	综合周转量	将货物周转量和旅客周转量两者折算成"综合周转量"	按照国家统计部门对不同运输工具的客货周转量换算方法进行折算，铁路 1 吨公里 = 1 人公里、公路 1 吨公里 = 10 人公里、水路 1 吨公里 = 1 人公里，单位：亿换算吨公里
	碳排放量	以 8 种主要化石能源（煤炭、焦炭、原油、汽油、煤油、柴油、燃料油、天然气）消耗为基准测算分省物流产业的碳排放量	采用《2006 年 IPCC 国家温室气体清单指南》中提供的公式进行计算，单位：万吨

资料来源：作者整理。

在进行共同前沿 Metafrontier 估计以前，首先有必要检验观测到的东、中、西部地区的技术间的差异是否是统计上显著的，经过正态性检验，所分析的变量均服从非正态分布，因此使用 Kruskal-Wallis 非参数检验，这一检验是 Mann-Whitney U 检验的延伸，用以检验 3 个或 3 个以上组群间的差异，假设如下：

$$\begin{cases} H_0 = k & \text{样本来自同一总体} \\ H_1 = 0 & \text{样本来自不同总体} \end{cases} \quad (4.24)$$

基于检验，若得到的统计量的显著性水平 $p > 0.05$，接受零假设，样本与其他组群无显著差异；若 $p \leqslant 0.05$，则拒绝零假设，认为样本间差异显著，检验结果如表 4 - 2 所示。

表 4 - 2　　　　　　投入产出指标的 Kruskal-Wallis 检验

Kruskal-Wallis 检验	资本存量	劳动力	能源	综合周转量	碳排放量
Chi-square	56.085 *** (0.000)	141.079 *** (0.000)	60.341 *** (0.000)	118.011 *** (0.000)	60.796 *** (0.000)

说明：括号内为 p 值，*** 表示 1% 显著性水平。

检验结果拒绝零假设，说明东、中、西部地区物流产业的各项投入产出指标间存在显著差异，即三大区域物流产业全要素生产率前沿均不相同，技术存在显著差异，因此本章采用共同前沿模型分析是合适的。

第五节　共同前沿指数分解结果分析

一　组群前沿技术效率、共同前沿技术效率分析

根据式（4.7）至式（4.8）计算得到物流产业的共同前沿技术效率 TE^M、组群前沿技术效率 TE^G 及技术差距比率 TGR，结果如表 4 - 3 所示。从整体上看，物流产业共同前沿技术效率水平偏低，共同前沿下，东、中、西部地区的物流技术效率均值分别为 0.594、0.556 和 0.572，东部地区的技术效率高于中、西部地区，说明若采用全国潜在的最优生产技术，在维持既定产出下，各区域依次存在 40.6%、44.4% 和 42.8% 的物流技术提升潜力。组群前沿下，三大地区的物流技术效率分别为 0.607、0.761 和 0.774，西部地区最高，中部和东部地区次之。以西部地区为例，若采用潜在的最优生产技术水平，在维持产出不变的条件下，存在

22.6%的物流技术提升潜力。同样，东部和中部若采用各区域潜在的最优生产技术水平，分别存在40.3%和23.9%的物流技术提升潜力。从单独的省份来看，共同前沿下的物流技术效率均低于组群前沿下的技术效率，且差距较大，以中部地区江西省为例，在组群前沿下物流技术效率均值为0.916，意味着若采用中部地区的潜在最优生产技术衡量，江西省物流产业仅存在8.4%的技术提升潜力，而采用全国潜在最优生产技术衡量，平均技术效率为0.557，共同前沿下物流技术潜力可以提升44.3%，两者相差35.9%，存在低估物流技术提升潜力的现象，其他多数省份也可得到类似的结论。出现这一现象的原因是共同前沿和组群前沿下参考技术集不同，共同前沿反映的是全国潜在的最优生产技术水平，而组群前沿反映的是各区域自身现有条件下潜在的地区最优生产技术水平。因此，共同前沿下的技术效率均低于组群前沿下的技术效率，东部地区在两种前沿下物流技术效率差距较小，中西部地区的技术效率差距显著。

表4-3　　1997—2011年中国区域物流产业技术效率和技术差距比率

东部组群	TE^M	TE^G	TGR	中部组群	TE^M	TE^G	TGR	西部组群	TE^M	TE^G	TGR
北京	0.514	0.514	1.000	山西	0.552	0.740	0.746	四川	0.526	0.678	0.776
天津	0.777	0.828	0.938	吉林	0.540	0.846	0.638	贵州	0.539	0.743	0.725
河北	0.638	0.638	1.000	黑龙江	0.539	0.648	0.832	云南	0.521	0.641	0.812
辽宁	0.560	0.560	1.000	安徽	0.596	0.927	0.642	陕西	0.544	0.811	0.671
上海	0.736	0.736	1.000	江西	0.557	0.916	0.607	甘肃	0.553	0.840	0.658
江苏	0.545	0.545	1.000	河南	0.589	0.809	0.729	宁夏	0.764	0.879	0.869
浙江	0.552	0.552	1.000	湖北	0.527	0.595	0.886	青海	0.746	0.862	0.866
福建	0.546	0.546	1.000	湖南	0.550	0.681	0.808	新疆	0.530	0.698	0.760
山东	0.623	0.623	1.000	—	—	—	—	内蒙古	0.555	0.923	0.601
广东	0.533	0.533	1.000	—	—	—	—	重庆	0.532	0.719	0.740
海南	0.564	0.679	0.831	—	—	—	—	广西	0.539	0.774	0.696
平均值	0.594	0.607	0.978	平均值	0.556	0.761	0.730	平均值	0.572	0.774	0.739
最大值	0.777	0.828	1.000	最大值	0.596	0.927	0.886	最大值	0.764	0.923	0.869
最小值	0.514	0.514	0.831	最小值	0.527	0.595	0.607	最小值	0.521	0.641	0.601
标准差	0.087	0.099	0.052	标准差	0.024	0.124	0.101	标准差	0.089	0.091	0.085

说明：TE^G、TE^M、TGR分别表示组群前沿技术效率、共同前沿技术效率、技术差距比率。

共同前沿的技术基准和组群前沿的技术基准不同，在共同前沿下，得到物流产业的技术效率是东部最大，西部次之，中部最低，而在组群前沿下，次序为西部—中部—东部。因此，有必要对两种前沿下的技术效率的差异做进一步验证，经检验技术效率值不服从正态分布，因此选用非参数Mann-Whitney U检验法验证，结果如表4-4所示。

表4-4　　中国区域物流产业技术效率的 Mann-Whitney 差异性检验

Mann-Whitney U 检验	东部	中部	西部	全国
Z 值	-0.197 (0.843)	-3.256 *** (0.001)	-3.317 *** (0.001)	-4.200 *** (0.000)

说明：括号内为 p 值，*** 表示1%显著性水平。

由表4-4可以看出，两种前沿技术下，除东部以外，全国、中部、西部各省的物流技术效率均通过1%水平的显著性检验。原因是两种前沿参考技术集不同，组群前沿参考的是各区域实际的生产技术，而共同前沿参考的是全国潜在的最优生产技术水平。由于中部和西部地区物流产业的经济发展、技术水平以及管理水平显著落后于东部，使得中部和西部地区的参考技术前沿低于东部地区，测度结果差异显著。东部地区由于本身代表了全国最优的物流生产技术水平，全国潜在最优生产技术边界均由东部地区各省构建，因此测度结果无明显区别。若以组群前沿为参照，中部和西部地区会出现低估物流技术提升潜力的现象。

二　技术差距比率分析

技术差距比率是共同前沿框架下最重要的分析指标，用来衡量生产单元实际生产技术与潜在最优生产技术之间的差距。下面利用 TGR 指标考察中国区域物流技术效率间的差距。表4-2显示出东部地区除海南省外，其余各省的技术差距比率在研究期间均达到0.9以上，而中部和西部地区的技术差距比率则相对较低，仍然存在改进的空间。为了进一步验证不同地区间的物流技术差距，采用非参数 Kruskal-Wallis 方法进行验证，结果如表4-5所示。

表 4 - 5　中国区域物流技术效率差距比率的统计描述和差异性检验

地区	平均值	最大值	最小值	标准差
东部地区	0.978	1.000	0.831	0.052
中部地区	0.730	0.886	0.607	0.101
西部地区	0.739	0.869	0.601	0.085
Kruskal-Wallis 检验	Chi-square = 19.228 ***		P-value = 0.000	

说明：*** 表示 1% 显著性水平。

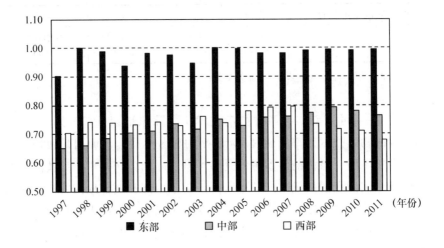

图 4 - 2　中国三大区域物流技术差距比率演变趋势

由表 4 - 5 可知，中国三大区域物流技术差距显著。图 4 - 2 给出了中国三大区域物流技术差距的演变趋势，结合图 4 - 2 观察 TGR 的动态变化，东部的 TGR 自 2006 年起基本趋于稳定，TGR 值为 0.978，说明东部地区的最优生产技术水平和全国最优生产技术水平始终比较接近，东部地区实现了全国潜在的最优生产技术的 97.8%，基本代表了物流技术效率的最高水平。原因是，一方面是东部优越的地理位置、完善的基础设施、先进的管理模式等自身优势促进物流技术发展；另一方面，源于国家对东部地区物流产业发展的政策倾斜，多个东部沿海和港口地区将物流产业定位为地区支柱性产业，都为东部地区物流产业的发展提供了重要支撑，使其成为全国物流产业经济增长和节能减排的引领者。已经形成的长三角、珠三角、京津冀等经济圈的快速发展，创造了巨大的物流需求，也促进了区域现代物流产业的发展。

　　中部和西部地区的 TGR 分别为 0.730 和 0.739，东—中部和东—西部之间的平均技术缺口为 0.248 和 0.239。以共同前沿为参考，两大区域只实现了全国潜在最优生产技术的 73% 和 73.9%，中部和西部地区的最优生产技术距离全国潜在的最优生产技术还有 27% 和 26.1% 的改进空间。原因是由于中部和西部地区地处内陆，对外开放程度低，物流基础设施和物流技术水平都落后于东部，此外因为市场化程度低导致市场分割严重，使得东部地区先进的节能减排技术和有效的物流管理模式无法向中部和西部地区进行有效转移和扩散，一定程度上阻碍了中西部地区物流能力的提高。2008 年以前，西部 TGR 的总体水平一直位于中部上方，说明在此期间西部物流产业的最优生产技术水平与中部相比更接近全国潜在的最优生产技术水平，随着 2006 年"中部崛起"战略的实施，中部物流产业的发展形势开始好转并最终在 2008 年超过西部，2008 年以后西部与全国最优生产技术的差距连续 4 年逐年拉大。研究期内，中部 TGR 总体呈上升趋势，差距缩小，但自 2010 年起，中部与东部地区的差距也出现再次扩大，显示出虽有"西部大开发"、"中部崛起"战略的支持，但是中部和西部地区也应主动加强与先进地区的交流与学习，而非被动依赖东部地区的技术转入。

　　需要注意的是，共同前沿下，中部物流技术效率水平最低，与传统结论"东—中—西"的发展格局有一定差别，说明中部物流产业出现了"塌陷"迹象。中部是连接东部和西部地区的纽带，物流基础设施较西部更为健全，本应具有更多发展物流的先天优势，但在样本期内却出现"塌陷"迹象。西部地区通过 1999 年"西部大开发"战略的实施，获得了较多的发展机遇，且西部各省在发展初期技术水平偏低，因此才出现短期内技术前沿面的迅速外移，超过中部地区。

三　共同前沿技术无效率分解

　　为了进一步分析各地区物流产业发展的制约因素，并据此提出不同省份及地区物流技术效率提升的重点策略和路径。通过式（4.9）至式（4.11）计算得到共同前沿技术无效率并对其进行分解，结果如表 4-6 所示。

表 4 - 6　　　　1997—2011 年物流产业共同前沿技术无效率
均值和效率提升的重点策略

地区	1997—2011 年无效率均值及所占比重					提升效率的策略导向	
	MTI	TGI		GMI		改善生产技术	提高管理能力
北京	0.486	0.000	0	0.486	100%		△
天津	0.209	0.052	24.94%	0.157	75.06%	△	△
河北	0.361	0.000	0	0.361	100%		△
辽宁	0.440	0.000	0	0.440	100%		△
上海	0.242	0.000	0	0.242	100%		△
江苏	0.455	0.000	0	0.455	100%		△
浙江	0.448	0.000	0	0.448	100%		△
福建	0.454	0.000	0	0.454	100%		△
山东	0.373	0.000	0	0.373	100%		△
广东	0.467	0.000	0	0.467	100%		△
海南	0.428	0.129	30.06%	0.299	69.94%	△	△
东部均值	0.3965	0.0164	4.14%	0.3801	95.86%		△
山西	0.448	0.198	44.17%	0.250	55.83%	△	△
吉林	0.460	0.312	67.78%	0.148	32.22%	△	△
黑龙江	0.461	0.110	23.86%	0.351	76.14%	△	△
安徽	0.403	0.332	82.48%	0.071	17.52%	△	
江西	0.443	0.363	81.92%	0.080	18.08%	△	
河南	0.410	0.224	54.57%	0.186	45.43%	△	△
湖北	0.473	0.069	14.50%	0.404	85.50%		△
湖南	0.450	0.134	29.88%	0.316	70.12%	△	△
中部均值	0.4435	0.2177	49.1%	0.2258	50.90%	△	△
四川	0.474	0.154	32.44%	0.320	67.56%	△	△
贵州	0.461	0.207	44.85%	0.254	55.15%	△	△
云南	0.479	0.124	25.82%	0.355	74.18%	△	△
陕西	0.455	0.270	59.17%	0.186	40.83%	△	△
甘肃	0.447	0.292	65.27%	0.155	34.73%	△	△
宁夏	0.225	0.114	50.75%	0.111	49.25%	△	△
青海	0.240	0.106	44.35%	0.134	55.65%	△	△
新疆	0.470	0.168	35.78%	0.302	64.22%	△	△

地区	1997—2011 年无效率均值及所占比重					提升效率的策略导向	
	MTI	TGI		GMI		改善生产技术	提高管理能力
内蒙古	0.445	0.375	84.27%	0.070	15.73%	△	
重庆	0.468	0.190	40.60%	0.278	59.40%	△	△
广西	0.461	0.242	52.46%	0.219	47.54%	△	△
西部均值	0.4205	0.2037	48.45%	0.2167	51.55%	△	△

资料来源：作者计算整理。

　　根据表 4-6，从单个省份看，东部地区的北京、河北、辽宁、上海、江苏、浙江、福建、山东、广东 9 个省份的 TGI 均为 0，GMI 对共同前沿技术无效率的贡献度都达到 100%，说明这些省份拥有优越的物流发展环境，代表了全国最优的物流生产技术，物流技术效率领先于其他省份的根本原因是外源性动力占主导地位，内源性动力相对较弱，这类省份今后发展物流产业的重点策略是进一步提升管理能力。中部和西部地区的安徽、江西、内蒙古等省份 TGI 对共同前沿物流技术无效率的贡献度在 80% 以上，这几个省份外源性动力不足，今后物流技术效率的提升将更多依赖于物流生产技术环境的改善。值得注意的是，山西、河南、贵州、陕西、宁夏、青海、重庆、广西等多数省份共同前沿技术无效率中 TGI 和 GMI 均占有相当大的比重，因而必须内外兼备，在注重物流生产技术改善的同时，也需提高相应的物流管理水平，只有这样才能有效提升共同前沿技术效率，即全国潜在的最优生产技术水平。从区域的视角看，东部地区 TGI 为 0.0164，而 GMI 则达到 0.3801，也说明东部地区物流技术无效率主要来自管理方面；从动态视角看，中部地区自 1997 年以来 TGI 一直保持下降趋势直到 2009 年，中部物流生产技术的逐年改善，也是源于 2006 年"中部崛起"战略的实施驱动了中部地区物流产业的发展，然而 2010 年起连续两年中部 TGI 又出现回升趋势，说明中部物流产业技术环境又出现恶化趋势。而西部地区 TGI 1997—2007 年也在波动中呈下降趋势，并在 2008 年回升，原因是 2008 年的经济危机使得西部地区物流技术环境受到破坏。综观中部和西部地区共同前沿无效率分解项发现，中、西部的物流技术无效率和管理无效率所占比重相当，外源技术环境和内源管理能力都相对不足，要解决中部和西部地区物流技术效率低下的问题，应当双管齐下，在注重物流生产技术改善的同时，也需提高相应的物流管理水平。

四　共同前沿全要素生产率指数及其分解

为了分析中国区域物流产业生产率的变动情况，根据式（4.23）将共同前沿 MML 生产率指数进行分解得到表 4-7，同时给出全国及三大地区物流产业 MML 指数变化趋势，如图 4-3 所示。总体上，MML 指数的走势呈现趋同，但在 2008 年出现明显分歧，2008 年由于经济危机，使得东部地区纯技术变化下降，地区物流出现显著的技术倒退，最终导致全要素生产率下降。虽然东部物流产业在数年内一直保持高位增长但仅在 2008 年一年内就出现大幅跳水的剧烈变化，说明东部物流产业抵抗风险的能力较低，东部物流自身存在制约发展的内部问题，金融危机对物流产业的影响只是诱因，并非根本原因。在样本期间，全国及三大地区的 MML 指数都大于或等于 1，说明物流产业全要素生产率在不断提高。从 MML 指数的动态变化看，东部地区的变化趋势与全国一致，2001—2008 年经历了下降，2009 年出现回升，而中部和西部地区在经历 1998—2004 年的低谷后，自 2005 年便开始出现好转，以下对 MML 指数各分解项进行解析。

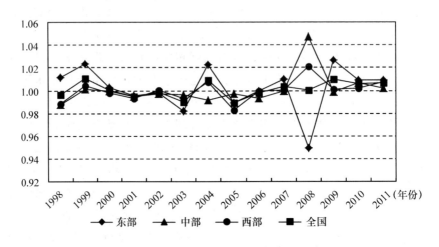

图 4-3　中国物流产业 MML 指数变化趋势

根据表 4-7，从纯技术效率看，全国、三大地区的纯技术效率变化均小于 1，恶化程度分别为全国 -0.7%、东部 -0.6%、中部 -0.9%、西

表4-7　中国物流产业1997—2011年MML全要素生产率指数及其分解

区域	省份	PEC^G	PTC^G	SEC^G	STC^G	PTCU	PTRC	SEC^M/SEC^G	STC^M/STC^G	MML
东部	北京	0.997	1.003	0.997	1.002	0.998	1.002	1.002	0.998	0.999
	天津	1.000	0.979	1.011	1.029	1.006	1.032	0.994	0.969	1.019
	河北	0.989	1.014	0.992	1.004	1.000	1.000	1.000	1.000	1.000
	辽宁	0.998	1.013	0.991	1.000	1.001	0.999	0.999	1.001	1.001
	上海	1.000	1.037	1.000	0.966	1.000	1.000	1.000	1.000	1.001
	江苏	0.990	1.009	0.998	1.004	1.001	1.000	0.999	1.000	1.001
	浙江	1.007	0.999	0.995	1.005	1.001	0.999	0.999	1.001	1.006
	福建	0.995	1.007	0.999	1.001	1.000	1.000	1.000	1.000	1.002
	山东	0.994	1.021	0.990	0.995	1.001	0.999	0.999	1.001	0.998
	广东	0.963	1.032	1.010	0.991	1.000	1.000	1.000	1.000	0.994
	海南	1.000	0.963	0.987	1.053	0.981	1.059	1.020	0.944	1.001
	1997—2000年	0.972	1.031	0.994	1.017	0.989	1.024	1.011	0.976	1.013
	2001—2004年	0.978	1.004	0.988	1.029	0.995	1.021	1.005	0.980	0.999
	2005—2008年	1.039	0.964	1.020	0.966	0.990	1.008	0.983	1.019	0.987
	2009—2011年	0.978	1.045	0.982	1.011	1.026	0.976	1.010	0.989	1.015
	东部平均	0.994	1.007	0.997	1.004	0.999	1.008	1.001	0.992	1.002

续表

区域	省份	PEC^G	PTC^G	SEC^G	STC^G	PTCU	PTRC	SEC^M/SEC^G	STC^M/STC^G	MML
中部	山西	0.979	0.990	0.989	1.019	1.003	1.026	1.012	0.982	0.998
	吉林	1.000	0.981	0.965	1.020	0.974	1.043	1.041	0.979	0.998
	黑龙江	0.985	0.997	0.989	1.019	0.999	1.015	1.010	0.983	0.996
	安徽	1.000	1.007	1.007	1.010	1.007	0.999	0.995	0.988	1.013
	江西	1.000	0.991	0.978	1.030	0.986	1.024	1.022	0.972	1.000
	河南	1.000	1.010	0.985	1.009	0.996	0.998	1.010	0.997	1.003
	湖北	0.992	1.003	0.998	1.007	1.002	1.003	1.002	0.993	1.000
	湖南	0.974	1.004	0.994	1.013	1.008	1.012	1.006	0.986	0.997
	1999—2000年	0.998	0.970	0.996	0.991	0.934	1.101	1.004	1.011	0.996
	2001—2004年	1.002	0.977	0.987	1.023	0.976	1.041	1.015	0.976	0.995
	2005—2008年	0.985	1.017	0.963	1.057	1.070	0.941	1.039	0.946	1.009
	2009—2011年	0.979	1.028	1.016	0.979	0.996	1.000	0.981	1.026	1.002
	中部平均	0.991	0.998	0.988	1.016	0.997	1.015	1.012	0.985	1.001

续表

区域	省份	PEC^G	PTC^G	SEC^G	STC^G	PTCU	PTRC	SEC^M/SEC^G	STC^M/STC^G	MML
西部	四川	0.984	1.012	1.004	0.989	1.004	0.998	0.994	1.013	0.998
	贵州	0.975	1.009	1.001	1.000	1.010	1.001	0.999	1.003	0.997
	云南	0.984	1.001	1.000	1.000	1.004	1.008	0.999	1.002	0.998
	陕西	1.001	1.004	0.989	1.000	0.988	1.006	1.011	1.000	0.999
	甘肃	1.007	1.012	1.001	0.999	1.000	0.987	0.993	1.007	1.005
	宁夏	1.000	1.015	1.000	1.005	1.000	0.998	1.000	0.988	1.005
	青海	1.000	0.987	0.998	1.015	1.000	0.978	0.992	1.033	1.001
	新疆	0.977	1.022	1.000	1.000	1.019	0.983	0.997	1.002	1.000
	内蒙古	1.000	1.000	1.000	1.000	0.963	1.034	1.000	1.003	0.999
	重庆	1.006	1.002	0.994	0.999	0.986	1.005	1.006	1.003	1.000
	广西	0.998	1.001	0.987	1.000	0.983	1.016	1.014	0.999	0.997
	1999—2000 年	0.994	0.985	0.981	1.026	0.961	1.054	1.007	0.992	0.997
	2001—2004 年	1.002	0.995	1.015	0.985	0.984	1.018	0.987	1.014	0.998
	2005—2008 年	0.976	1.027	0.992	1.005	1.045	0.955	1.013	0.989	1.001
	2009—2011 年	1.007	1.012	0.999	0.991	0.984	0.990	0.995	1.026	1.004
	西部平均	0.994	1.006	0.998	1.001	0.996	1.001	1.000	1.005	1.000

续表

区域	省份	PEC^G	PTC^G	SEC^G	STC^G	PTCU	PTRC	SEC^M/SEC^G	STC^M/STC^G	MML
全国	1999—2000 年	0.987	0.998	0.990	1.012	0.964	1.056	1.008	0.991	1.003
	2001—2004 年	0.993	0.993	0.997	1.012	0.986	1.025	1.002	0.990	0.998
	2005—2008 年	1.002	1.000	0.994	1.004	1.031	0.971	1.009	0.988	0.998
	2009—2011 年	0.988	1.029	0.997	0.995	1.003	0.987	0.997	1.012	1.008
	全国平均	0.993	1.004	0.995	1.006	0.997	1.007	1.004	0.995	1.001

资料来源：作者测算整理。

部 -0.6%。由于纯技术效率衡量的是现有技术条件下给定的投入资源可提供相应产出（或服务）的能力，与生产者的经营管理水平直接相关，说明同样的投入不仅没能带来更多产出，反而使产出下降。目前，中国物流产业的经营理念和管理模式不能很好地适应市场经济以及新的物流管理体制的要求，制约了物流管理水平的提高，因此提高现有资源的利用效率和物流管理水平比单纯增加物流投入资源更加重要。从纯技术变化上看，中部地区下降 0.2%，东部和西部分别上升 0.7% 和 0.6%，东部和西部对全要素生产率的增长起到了正向促进作用。从变化趋势看，东部 2005—2008 年纯技术变化下降，2009—2011 年技术边界明显扩张，年均上升 4.5%，中部和西部 2004 年以前纯技术变化小于 1，从 2005 年起技术边界发生扩张，并持续至 2011 年。观察对应时期 MML 指数的变化发现，纯技术变化的发展趋势与 MML 指数基本一致，东部自 2009 年、中部和西部自 2005 年起 MML 指数均大于 1，正是由于该时期纯技术变化提升对全要素生产率的贡献所致。从规模效率变化上看，物流产业的规模效率相对稳定，个别时段有所上升，但在样本期总体规模效率变化小于 1，呈下降趋势，中部下降最为明显。中部地区的物流一直依赖于规模扩张的发展方式，因而存在投入要素集聚过度的现象，过度投入导致生产扩张超过了该地区物流规模的承受能力，产出下降，表现出规模扩张乏力，从 SEC^M/SEC^G 中看到，共同前沿下规模效率变化大于或等于组群前沿下规模效率的变化，西部地区组群规模调整速度与共同前沿调整速度基本持平，东部和中部地区组群规模效率的调整速度相对较慢。从技术规模变化上看，STC 是衡量生产单位技术的规模报酬在两个固定点间的变化，即衡量对 CRS 边界的偏离程度。全国及三大地区 STC^G 均大于 1，说明各自均出现技术向 CRS 边界偏离的趋势，中部地区偏离程度最明显。观察 STC^M/STC^G 发现，相对于潜在技术边界的进步速度，东部和中部地区组群前沿的 STC^G 进步速度较快，而西部地区进步速度较慢。

　　将 MML 生产率指数进一步分解，得到纯技术追赶指数（PTCU）和潜在技术相对变动指数（PTRC），PTCU 为由 t 期到 $t+1$ 期，在实际生产技术下衡量 TGR 的跨期变动，当 PTCU 大于 1 时，表示跨期下 TGR 变大，隐含了地区实际生产技术向全国潜在最优生产技术靠近，反之，表示实际生产技术与最优生产技术的差距扩大。从整个样本期看，三大地区的 PT-CU 均小于 1，出现隐含实际生产技术与潜在最优生产技术之间差距扩大的趋势。从 PTCU 的动态变化看，2004 年以前，三大地区的 PTCU 均小于1，全国整体物流生产技术趋于落后；2005—2008 年，国家逐步认识到物流产业的重要作用，各地物流产业迅速扩张，中部和西部地区出现显著的技术追赶现象，追赶速度分别为 7% 和 4.5%，东部地区由于其自身更接近最优生产技术水平，追赶趋势并不明显；2009—2011 年，东部地区维持 2.6% 的正向追赶速度，但始终未能抵消前期与最优生产技术间的差距，同期中部和西部实际生产技术与潜在生产技术的差距出现不同幅度的增大，最终导致样本期中部和西部地区物流产业生产技术整体落后。PTRC 表示由 t 期到 $t+1$ 期共同前沿相对于组群前沿的跨期变动，当潜在技术的上升速度高于当前技术水平时，PTRC 大于 1，样本期三大地区的PTRC 均大于 1，说明三大地区的物流技术潜力上升，中部地区潜在技术边界的移动速度最快。从 PTRC 的动态变化看，东部 1998—2008 年的PTRC 始终大于 1，2009—2011 年出现反转，下降 2.4%，说明东部地区近些年出现物流技术潜力下降的态势。中部和西部地区 1998—2004 年PTRC 大于 1，2005 年至今，中部和西部潜在技术水平的上升速度始终低于或等于当前的技术水平。

第六节　中国区域物流产业全要素生产率的动态演进

为分析中国区域物流产业全要素生产率水平的变化特征，参考郭庆旺等（2005）的研究，利用非参数核密度估计方法（Kernel Density Estimation）进行分析。假定 p 维随机向量 X 的密度函数为 $f(x) = f(x_1, \cdots, x_n)$，$X_1, X_2, \cdots, X_n$ 是 $f(x)$ 一个独立同分布的样本，$f(x)$ 为序列 X 在 x 处的密度函数，$f(x)$ 的核密度分布函数表示为：

$$\hat{f}_n(x) = \frac{1}{nh^p} \sum_{i=1}^{n} K\left(\frac{x - X_i}{h}\right) \tag{4.25}$$

其中，n 为观测值的个数；$K\left(\dfrac{x - X_i}{h}\right)$ 为核函数[①]；h 为带宽，带宽越大，核估计的方差越小，密度函数曲线越平滑，但估计的偏差却越大。可

---

① $K(\cdot)$ 为核函数，是一种加权函数或平滑函数，常用的有高斯（正态）核、Epanechnikov核、三角核（Triangular）、四次核（Quartic）等类型，本书选择 Epanechnikov 核函数。

以证明:

$$\lim_{n \to \infty} h(n) = 0, \ \lim_{n \to \infty} nh(n) = n \to \infty \qquad (4.26)$$

在具体估算时,需要对带宽和核函数做出选择,这里根据均方误差最小的思想选择带宽,采用 Epanechnikov 核进行估计①:

$$K(u) = \frac{p(p+2)}{2S_p}(1 - u_1^2 - u_2^2 - \cdots - u_p^2)_+ \qquad (4.27)$$

其中,$S_p = 2\pi^{p/2}/\Gamma(p/2)$,当 $p = 1$ 时,$K(u) = 0.75(1 - u^2)I(|u| \leqslant 1)$,其中 $I(\cdot)$ 为显性函数,当满足 $|u| \leqslant 1$ 时,$I(\cdot)$ 取值为 1,否则取值为 0,其样本形式为:

$$K_h(x - X_i) = \frac{p(p+2)}{2hS_p}\left[1 - \left(\frac{x_1 - X_{i1}}{h}\right)^2 - \cdots - \left(\frac{x_p - X_{ip}}{h}\right)^2\right]_+$$
$$(4.28)$$

国内学者郭庆旺等(2005)、贺胜兵等(2011)、郑丽琳和朱启贵(2013)分别采用核密度估计方法考察全要素生产率的累积相对变化指数的动态演化。本书借鉴这一思路,为了进一步分析中国物流产业 1997—2011 年生产率水平的动态变化特征,将共同前沿下的物流产业全要素生产率指数和东、中、西部组群前沿下的物流产业全要素生产率指数表示为 MML、GML_E、GML_C、GML_W,并分别计算各自的累积全要素生产率指数②,表示如下:

$$CMML_T = \frac{1}{1 + \vec{D}_0^{t_0, M}(x_k^{t_0}, y_k^{t_0}, b_k^{t_0}; g_k^{t_0})} \prod_{t = t_0}^{T} MML_k^t \qquad (4.29)$$

$$CGML\_E_T = \frac{1}{1 + \vec{D}_0^{t_0, G}(x_k^{t_0}, y_k^{t_0}, b_k^{t_0}; g_k^{t_0})} \prod_{t = t_0}^{T} GML\_E_k^t \qquad (4.30)$$

$$CGML\_C_T = \frac{1}{1 + \vec{D}_0^{t_0, G}(x_k^{t_0}, y_k^{t_0}, b_k^{t_0}; g_k^{t_0})} \prod_{t = t_0}^{T} GML\_C_k^t \qquad (4.31)$$

$$CGML\_W_T = \frac{1}{1 + \vec{D}_0^{t_0, G}(x_k^{t_0}, y_k^{t_0}, b_k^{t_0}; g_k^{t_0})} \prod_{t = t_0'}^{T} GML\_W_k^t \qquad (4.32)$$

---

① $(\cdot)_+$、$[\cdot]_+$ 为零化算子。

② 累积全要素生产率指某一样本期间(长度为 T),由于全要素生产率变动引起 T 期的技术效率较基期(1997 年)技术效率的累积改善程度。

其中，$\vec{D}_0^{t_0,M}(x_k^{t_0},y_k^{t_0},b_k^{t_0};g_k^{t_0})$、$\vec{D}_0^{t_0,G}(x_k^{t_0},y_k^{t_0},b_k^{t_0};g_k^{t_0})$ 是经过序列 DEA 方法计算的各省在基期 1997 年的共同前沿方向距离函数和组群前沿方向距离函数，$1/(1+\vec{D}_0^{t_0,M}(x_k^{t_0},y_k^{t_0},b_k^{t_0};g_k^{t_0}))$ 测算各观测点物流产业的共同前沿技术效率，反映该观测点与共同生产前沿的相对距离，$1/(1+\vec{D}_0^{t_0,G}(x_k^{t_0},y_k^{t_0},b_k^{t_0};g_k^{t_0}))$ 测算各观测点物流产业的组群前沿技术效率，反映该观测点与组群生产前沿的相对距离。根据以上公式计算累积全要素生产率指数，选取 1998 年、2001 年、2004 年、2006 年、2008 年、2011 年共计 6 个年份考察物流产业全要素生产率的动态变化特征，如图 4-4 至图 4-7 所示。

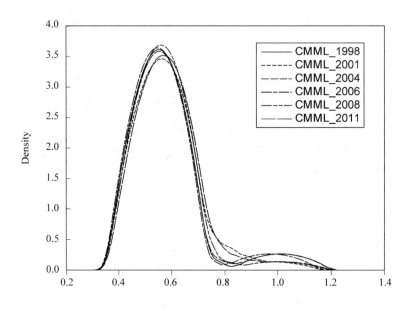

图 4-4   累积共同前沿生产率指数核密度

图 4-4 为共同前沿物流产业全要素生产率的动态分布，核密度曲线有明显的"尖峰"特征，主峰位于曲线的左侧，该处集中了物流生产率较低的地区。波峰随时间向右略有偏移，高度有所下降，即物流生产率较低地区的比例下降，但是总体生产率变化不大，低生产率地区仍然占大多数。右侧拖尾，说明虽然总体上中国物流生产率水平不高，但始终有部分地区的生产率领先于全国平均水平，且该部分比例也在逐年增加。

图 4-5 为东部地区实际生产前沿下物流产业全要素生产率的演变趋

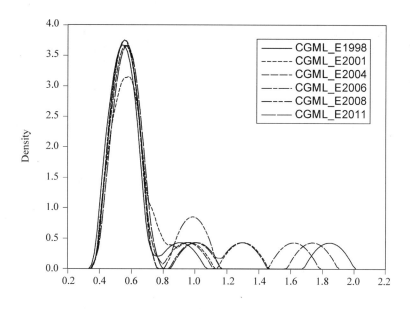

图 4-5　累积东部组群前沿生产率指数核密度

势，与共同前沿下的分布趋势最为接近，随时间波峰向右向下略偏移，东部地区物流产业生产率水平虽有改善，但不明显。东部地区主体呈"尖峰"分布，但右尾呈"双峰"甚至"三峰"分布的趋势逐渐明显，说明东部累积物流生产率指数的分布更趋分散，各省物流产业生产率增长的差距进一步拉大。

图 4-6 为中部地区实际生产前沿下物流产业全要素生产率分布演进图，1998—2006 年呈"单峰"分布，并随时间向相对低矮的分布形态转化，波峰对应的生产率水平向左侧偏移，说明在这一期间，中部物流产业存在明显的生产率退步的特征。2008—2011 年，波峰进一步下降，对应生产率水平基本保持不变，右尾部分逐年增加，且 2008 年、2011 年均出现"三峰"分布，说明中部地区 2008—2011 年省际物流产业生产率增长出现明显差异，少部分地区生产率水平提高，已领先于中部其他省份。

图 4-7 为西部地区实际生产前沿下物流产业全要素生产率的变动趋势，特点是：核密度曲线的波峰呈现出"单峰"—"双峰"—"单峰"—"双峰"的交替变化。1998 年为明显的"单峰"，2001 年开始出现"双峰"，并一直持续到 2004 年，2001—2004 年期间，左峰对应省份比例增加，生产率改善，右峰对应省份比例下降，生产率也得到改善，到

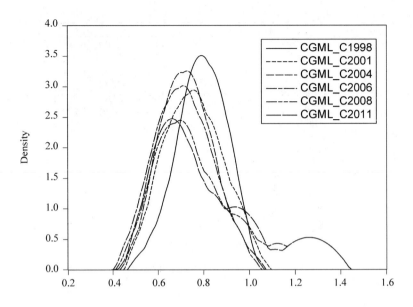

图 4 - 6 累积中部组群前沿生产率指数核密度

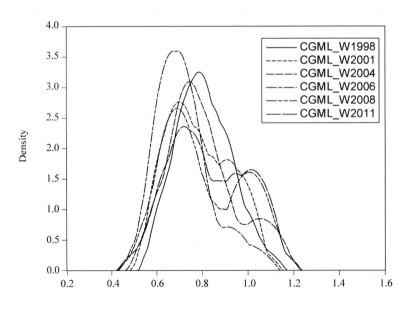

图 4 - 7 累积西部组群前沿生产率指数核密度

2006 年恢复"单峰"状态，但生产率水平有所恶化，说明 2004—2006 年期间虽然省际物流生产率差距缩小，但是各省物流产业生产率水平始终较低。2008 年再次出现明显的"双峰"并持续到 2011 年，这期间始终左峰高于右峰，即生产率较低省份的比例始终高于生产率较高的省份，随着时间的推移，左峰向下、向右偏，右峰对应生产率水平保持不变，峰高上升，说明西部生产率较高省份的比例有所增加，物流产业整体生产率水平提高，但地区内部省际间的物流生产率差异也愈发明显，2008 年开始形成的"双峰"特征不容忽视。

第七节　技术水平较低的省份一定会有较高的技术追赶吗

为进一步研究是否技术水平较低的省份会出现较高的技术追赶现象，参考莱文和雷内尔特（Levine & Renelt, 1992）、陈谷劦和杨浩彦（2008）的研究，检验不同省份技术差距比率 TGR、共同前沿技术效率 TE^M 的高低对于技术追赶 PTCU 的变化幅度是否会有影响，同时为了考察东、中、西部地区的影响系数是否不同，引入地区虚拟变量 D_1 和 D_2，以中部为参照，$D_1 = 1$ 表示东部，$D_2 = 1$ 表示西部。采用 Hausman 检验比较了固定效应和随机效应模型的优劣，同时对时间趋势产生的可能影响进行检验，结果显示时间效应并不显著，因此将面板回归模型设定为：

$$PTCU_{k,t} = \beta_0 + \beta_1(TGR_{k,t-1}) + \beta_2(D_1 \times TGR_{k,t-1}) + \beta_3(D_2 \times TGR_{k,t-1})$$
$$+ c_k + \varepsilon_{k,t} \tag{4.33}$$

$$PTCU_{k,t} = \beta_0 + \beta_1(TE^M_{k,t-1}) + \beta_2(D_1 \times TE^M_{k,t-1}) + \beta_3(D_2 \times TE^M_{k,t-1}) + c_k$$
$$+ \varepsilon_{k,t} \tag{4.34}$$

根据式（4.7）、式（4.8）和式（4.18）计算得到 TGR、TE^M 和 PTCU，分两种情况考虑：情形一，考虑上一期技术差距比率 TGR 的变化对本期技术追赶 PTCU 的影响，并通过纳入地区虚拟变量 D_1 和 D_2 与 TGR 的交叉项，检验不同组群 TGR 对 PTCU 的影响是否存在差异，模型表示为式（4.33）；情形二，将技术差距比率 TGR 替换为共同前沿技术效率 TE^M，检验上一期 TE^M 的变化对本期技术追赶 PTCU 的影响以及不同组群 TE^M 对 PTCU 的影响是否存在差异，模型表示为式（4.34），估计结果如表 4-8 所示。

表 4 - 8　　技术差距比率、共同前沿技术效率与技术追赶的关系

变量	情形一		情形二	
	FE	RE	FE	RE
β_0	0.7397 *** (9.244)	0.8660 *** (18.716)	1.4008 *** (14.907)	1.0614 *** (31.790)
β_1	0.5945 *** (3.386)	0.1941 *** (3.077)	- 2.0947 *** (- 3.648)	- 0.0977 (- 1.551)
β_2	- 0.3933 * (- 1.661)	- 0.0549 ** (- 2.429)	1.7434 *** (2.982)	- 0.0019 (- 0.073)
β_3	- 0.3232 (- 1.363)	- 0.0150 (- 0.788)	2.0490 *** (3.457)	- 0.0039 (- 0.154)
R^2	0.1	0.02	0.1	0.01
Hausman		7.742 * (0.052)		20.578 *** (0.000)
OBS	420	420	420	420

说明：＊＊＊ 、＊＊ 、＊ 分别表示 1% 、5% 、10% 显著性水平，系数对应括号内为相应的 t 值，Hausman 检验括号内为 p 值。

表 4 - 8 中，Hausman 检验结果说明固定效应的面板回归模型优于随机效应的面板回归模型，因此以固定效应回归结果作为参考。两种情形分别考虑了前期 TGR、TE^M 的高低对当期技术追赶 PTCU 的影响，固定效应和随机效应的结果显示变化趋势相同，即前期的 TE^M 越低，TGR 越高，则当期的 PTCU 的变化幅度或速度可能越快。当各省致力于使生产技术向潜在技术前沿靠近时，技术水平较低的地区，其追赶的速度可能越快，原因是技术水平落后的地区，在技术追赶的过程中可以通过向其他技术领先地区学习和效仿来提高技术水平，因此减少了自行摸索所耗费的时间。然而技术水平领先的地区，可借鉴的模式和来源较少，新技术的产生更倾向于经历摸索或试探等不确定过程，因此呈现出缓慢的技术追赶过程。模型中纳入了虚拟变量 D_1 和 D_2 与 TGR、TE^M 的交叉项，检验 TGR、TE^M 对 PTCU 是否在东、中、西部不同组群中的影响存在差异。除 TGR 对 PTCU 的影响在西部组群中的检验结果不显著，其余组群都存在显著差异，东部组群 TGR 对 PTCU 的影响为 0.2012，中部影响为 0.5945。TE^M 对 PTCU

的影响分别为东部 –0.3514、中部 –2.0947、西部 –0.0457。综合以上分析，中部组群的影响最为显著，即中部地区对全国潜在最优生产技术前沿的追赶速度最快，这与上文分析的中国中部地区物流技术差距比率最大、共同前沿技术效率最低相一致，因此得出技术水平较低的地区确实存在较高的技术追赶速度。

第八节　异质性生产技术下中国物流产业全要素生产率的宏观影响因素分析

一　指标的选取及数据来源

本节选取 7 个指标解析同时考虑异质性生产技术和碳排放约束的物流产业全要素生产率的影响，数据均来自《中国能源统计年鉴》《中国统计年鉴》《中国科技统计年鉴》（1998—2012）。

（1）政府支持度（GOV）：为衡量各地区政府对当地物流产业的支持力度，用本地区物流产业财政支出占政府全部财政支出的比重来衡量。政府支持对生产率的影响是双向的：当财政支出投放到交通、仓储等基础设施以及物流人才培养、教育培训等方面时，通常会提高物流产业的生产率；但当财政支出主要用于行政管理上时，则可能会因为资源配置无效率反而损害经济效率。

（2）对外开放程度（FDI）：选取实际利用外商直接投资占各省 GDP 的比重考察。外商直接投资反映了地区综合投资环境，包括基础设施禀赋、人力资本状况、法制环境以及地区对外开放程度。外商投资给国内企业带来大量适用技术的同时，技术的外溢效应也会促进企业充分利用现阶段的比较优势来提高生产率，而人力资本的流动、管理上的借鉴和学习、市场的竞争等因素都对企业生产率的提高起到很大作用。

（3）交通基础设施（THD）：通常用每平方公里土地上交通线路的长度来衡量。为了使各省在不同年度的交通基础设施存量上具有可比性，参考姚娟和庄玉良（2013）的研究计算各省 1997—2011 年的交通线路密度[①]：第一步，将铁路、公路和水路的货物周转量、旅客周转量分别折算

[①]　本书的交通基础设施包括三类，即铁路、公路和内河航道，其中铁路包括国家、地方及合资铁路。

成各自的综合周转量；第二步，计算铁路、公路和水路每万公里的运输能力：每万公里运输能力 = 综合周转量 ÷ 营运里程；第三步，利用铁路、水路每万公里运输能力的比值，将铁路里程、水路里程折算为总公路里程，即总公路里程 = 铁路里程 × （铁路运输能力 ÷ 公路运输能力）+ 水路里程 × （水路运输能力 ÷ 公路运输能力）+ 公路里程；第四步，将各省总公路里程与行政区域面积的比值作为总公路密度，单位为公里/平方公里。

（4）产业结构（IS）：用各省第二产业和第三产业的增加值占 GDP 的比重表示，第二产业和第三产业的生产率要高于第一产业，因此产业结构的优化发展意味着地区生产率水平的不断提高。

（5）研发投入的相对强度（RD）：参考李胜文等（2013）的研究，认为研发投入对某一省份物流生产率的影响取决于其所在组群中生产前沿省份研发投入强度与该省研发投入强度的相对值。若前沿省份的研发投入强度相对较高，该组群内其他省份和该组群的生产率则表现为下降；反之，若前沿省份的研发投入强度相对较低，则该组群内其他省份和该组群的生产率表现为上升。按照如下公式衡量各省研发相对强度：

$$Rd_i = \ln\left(\frac{i \, 省研发强度}{j \, 组群前沿省份研发强度}\right) \tag{4.35}$$

如果 i 省研发强度高于 j 组群前沿省份研发强度，则 $Rd_i > 0$，此时 i 省物流生产率得到提高；反之，$Rd_i < 0$，此时 i 省物流生产率下降。由于本书将全国 30 个省划分为具有不同生产前沿的东、中、西三个组群，因此根据 1997—2011 年这三大区域技术差距比率 TGR 值的大小，分别确定上海、湖北和宁夏作为这三个区域处于生产前沿的省份，研发投入强度用该省份的 R&D 经费内部支出占 GDP 的比重表示。

（6）物流市场需求（DG）：用各省物流产业的 GDP 的增长率表示。地区物流产业的 GDP 以 1997 年不变价格来衡量。

（7）能源结构（ES）：用各省物流产业能源消费中电力消费量占能源消费总量的比重来刻画。

二　宏观影响因素实证结果及分析

为了检验 7 个变量之间是否存在共线性，利用 OLS 回归得到方差膨胀因子（VIF 值），发现所有变量的 VIF 值均小于 10，不存在共线性。为了消除面板模型误差项中存在的截面相关和时期相关的影响，利用广义最小二乘法（GLS）进行回归估计，共同前沿模型权重为个体截面相关，组群前沿模型权重为时期似不相关（Period SUR），Hausman 检验表明固定效应优于随机效应（高铁梅，2009），结果列于表4－9中。

表4－9　　1997—2011 年中国物流产业全要素生产率影响因素分析

变量	VIF	MML	GML_ E	GML_ C	GML_ W
C		0.9333 *** (26.008)	0.7229 *** (16.296)	0.1904 (1.480)	0.5048 *** (8.293)
GOV	1.26	0.0677 (1.414)	0.3096 *** (17.378)	− 0.5747 *** (−3.089)	0.1884 ** (2.165)
FDI	1.18	0.0939 * (1.846)	0.4648 *** (21.916)	− 0.5054 (−1.145)	− 0.146 (−0.676)
THD	1.27	0.00025 (0.753)	0.00034 *** (3.675)	− 0.0111 *** (−4.10)	0.0028 (0.732)
IS	1.1	0.0758 * (1.792)	0.2029 *** (4.216)	1.1922 *** (7.515)	0.5781 *** (7.403)
RD	1.22	0.0902 (0.202)	− 0.067 *** (−43.947)	0.0644 *** (2.807)	0.0262 *** (3.384)
DG	1.37	0.009 ** (2.046)	0.1269 *** (25.611)	− 0.0315 (−1.137)	0.0304 *** (3.486)
ES	1.34	0.1091 *** (15.303)	0.1078 *** (56.689)	− 0.1769 (−0.859)	1.0558 *** (11.019)
R^2		0.7948	0.9936	0.7689	0.7313
F		49.462 *** (0.000)	144.149 *** (0.000)	42.929 *** (0.000)	27.15 *** (0.000)
Hausman		132.248 *** (0.000)	25.11 *** (0.0007)	104.82 *** (0.000)	40.78 *** (0.000)
OBS		420	154	112	154

说明：*** 、** 、* 分别表示1%、5%、10%显著性水平，系数对应括号内为相应的 t 值，Hausman 检验括号内为 p 值。

各影响因素解释如下：

（1）政府支持力度。政府财政支出对全国物流产业生产率的影响不显著，这与上一章中三阶段分析得到的结论是一致的，区域物流产业生产率影响显著，其中，东、西部地区的影响系数为正，中部地区的影响系数为负。由于政府物流支出既有行政经费支出，也有用于公共服务的支出，现阶段很难将两者的不同作用加以区分，可能的解释是：东、西部地区政府物流支出中用于公共服务的比例可能较高，人力资本水平（教育、培训、劳动力素质等）和基础设施的水平越高，对物流产业未来的长期增长越有利，因此有利于物流生产率的提高；相反，中部地区可能更多地将政府支出用于扩大物流产业规模，造成了资源配置扭曲和规模效率的损失，因此阻碍了物流生产率的提高。

（2）对外开放程度。对外开放程度对全国和东部物流生产率的影响系数显著为正，回归结果显示出 FDI 对中国物流产业生产率存在正的外部性，该性质主要来自东部地区，姚娟和庄玉良（2012）也认为 FDI 对物流产业的经济增长有显著正向作用。一般而言，FDI 都被认为是有效率的投资，既可以通过资本投入直接促进当地的经济增长，又可以通过技术溢出间接提高生产率，但本书的面板回归结果也指出，这种经济增长对中部和西部地区的区域物流产业全要素生产率的增长并无显著关系。实证结果得出 FDI 对中国东、中、西部地区物流产业生产率的改进效果和路径各不相同，所以应当区别对待，这与姚娟和庄玉良（2013）的结论一致。

（3）交通基础设施。交通基础设施对全国和西部地区物流产业生产率影响不显著，对东部地区存在正向促进作用，说明东部地区交通基础设施的发展一方面促进了东部地区新知识、新技术的迅速传播；另一方面，也促进了东部物流资源的有效配置，有利于物流经济集聚和市场扩张，通过提高配置效率和规模效率，提高物流产业生产率。估计结果显示交通基础设施建设对中部地区物流产业生产率的影响显著，但呈负向作用，可能的解释是：中部地区物流观念及规划落后，导致交通基础设施的建设反倒增加了流通的复杂性，同时不排除封闭的政府管理及滞后的地区政策等人为因素对物流产业生产率的负向作用。

（4）产业结构。相对第二、第三产业，第一产业是弱质产业，技术水平和生产率水平较低，如果在一个省份的产业结构中，第二、第三产业的比例越高，该省实际生产点越接近生产前沿面上的生产点，生产率水平越高。产业结构对全国和三大地区物流生产率的影响都显著为正，表明随着第二、三产业在国民经济中所占比重的增长，物流产业生产率逐步提高。

（5）研发投入的相对强度。相对全国物流产业生产率来说，研发投入的相对强度对区域的影响更为显著，中、西部地区 RD 影响系数显著大于 0，说明中部和西部地区研发投入强度高于前沿省份时，该省实际生产率水平逼近前沿水平，若其他条件不变，物流产业生产率出现正向增长，即研发投入对某省生产率的贡献程度取决于本省与前沿省份投入强度之差。然而，东部地区却得到相反的结果，观察研发投入强度的数据发现，除北京外，东部其余各省研发投入强度的增速始终低于其前沿省份上海，因此 RD 始终小于 0，此时，即使东部省份的研发投入强度低于前沿省份上海，也得到了该省物流产业生产率正向增长的结论。

（6）物流市场需求。对全国、东部、西部地区存在正向显著影响，说明市场需求增长对生产率具有正效应。物流产业 GDP 的快速增长说明当地经济发展水平较高，对物流产品和服务的需求越多，越有利于物流企业数量的增多和规模的扩大，从而实现企业内部和行业中的规模效应，提高生产率。

（7）能源消费结构。对全国、东部和西部地区物流产业生产率存在正向影响，其中西部影响力最大，超过了其余 6 项指标，对中部的影响十分微弱。表 4-9 中，如果电力占能源消费比重增加 1%，则全国、东部以及西部地区的物流生产率将分别提高 0.1091%、0.1078% 和 1.0558%。目前，在物流能源消费结构中，以油品消耗为主，如果以更清洁、高效的能源（如天然气、电力）作为油品的替代，不仅可以提高物流能源效率，缓解能源紧张，还可以大幅削减有害气体的排放，改善环境质量。

第九节　本章小结

为了克服中国区域物流产业面临不同技术边界的问题，以及在传统的物流生产率分析框架中增加碳排放等非期望产出的影响，本章结合非参数序列 DEA、方向距离函数、共同前沿 Metafrontier-Malmquist-Luenberger（MML）生产率指数，在考虑区域生产技术异质性的前提下，加入碳排放约束，首先测度了 1997—2011 年中国 30 个省级地区物流产业技术效率、全要素生产率及其分解，并通过技术差距比率分析区域间的生产率差异，随后运用核密度估计考察了不同前沿下物流产业全要素生产率的动态演进特征，最后针对物流产业技术效率做了有益的扩展，判断技术效率较低的省份是否伴随较高的技术追赶，并探讨了共同前沿、组群前沿下物流产业全要素生产率的宏观影响因素。主要结论如下：

第一，物流产业的共同前沿技术效率偏低，不同区域的组群前沿技术效率存在差距，东部物流技术水平最高，基本实现了全国最优生产技术，西部次之，中部最低，中部地区出现物流软环境"塌陷"现象，若以组群前沿为参照，中部和西部地区会出现低估物流技术提升潜力的现象；从技术差距比率的动态变化看，在追赶全国潜在最优生产技术方面存在明显差异，除东部地区外，中部和西部地区物流技术效率与全国最优生产技术的差距仍然处于持续扩大趋势。

第二，通过分解区域共同前沿无效率发现，中部和西部地区的物流产业技术无效率和管理无效率所占比重相当，外源技术环境和内源管理能力都相对不足，要解决中部和西部地区物流技术效率低下的问题，应当在注重物流生产技术改善的同时，提高相应的物流管理水平，相反，东部地区则应侧重提高物流管理水平。

第三，全国及区域物流产业全要素生产率均表现良好，总体走势呈现趋同，但区域全要素生产率在 2008 年出现分歧，原因是经济危机使得东部物流纯技术变化明显下降，最终导致全要素生产率下降，说明东部地区物流产业对经济变化更为敏感。由各分解部分可知纯技术效率变化和规模效率变化并非全要素生产率上升的主要原因，纯技术进步才是推动物流产业生产率提高的主要动力，技术规模变化显示中国物流产业有偏离规模收益不变生产边界的趋势。

第四，全国累积物流生产率的核密度分布呈"尖峰"特征，主峰偏左且右侧拖尾，说明中国物流产业生产率虽然偏低，但是高于全国平均水平的省份比例却在逐年增加。东部主体呈"尖峰"，右尾呈"双峰"甚至"三峰"的态势日趋明显，东部各省物流产业生产率增长的差距扩大。中部地区，2006 年以前，"尖峰"分布随时间推移向相对低矮的分布形态转化，出现生产率倒退，自 2008 年起，波峰进一步下降，右尾数据逐年增加，省际物流产业生产率增长出现明显差异。西部地区呈现"单峰"—"双峰"—"单峰"—"双峰"的交替变化，整体物流产业生产率提高的同时，省际间的差异愈发明显。

第五，当各省致力于使生产技术向潜在技术边界靠近时，技术水平较低的地区，其追赶的速度可能越高。原因是技术水平落后的地区，在技术追赶的过程中可以通过向其他技术领先地区学习和效仿来提高技术水平，因此减少了自行摸索所耗费的时间。然而，技术水平领先的地区，可借鉴的模式和来源较少，新技术的产生更倾向于经历摸索或试探等不确定过程，因此呈现出缓慢的技术追赶过程。

第六，政府支持对全国物流产业生产率影响不显著，区域影响系数显著，原因是政府支出侧重点不同，东、西部可能侧重公共服务支出，因此系数为正，中部多用于行政经费支出，影响作用为负；外商直接投资对全国和东部地区影响系数显著为正，对中、西部地区却无明显作用；交通基础设施仅对东、中部物流生产率存在影响，且作用相反；产业结构的影响系数均为正，说明随着产业结构的调整优化，物流生产率逐步上升；研发投入对生产率的贡献取决于本省与前沿省份研发投入强度之差；物流市场需求、能源消费结构对全国、东部和西部地区物流产业生产率存在正向影响。

针对上述结论给出以下建议：一是考虑到中国幅员辽阔，地区之间由于经济发展的异质性，物流产业生产率水平差异较大，因此在制定物流产业减排目标时，应充分考虑各地区的经济基础、资源禀赋、政策导向、人力资本获取等差异，实施差异化的碳减排策略。对物流生产率和技术效率较低的中部和西部地区，应制定较为严格的减碳措施，在现有基础上给予一定的政策指导和资金、技术支持，挖掘节能减碳的潜力，使其在较短时间内迅速提高减碳能力。对于物流发展较好的东部地区，可以适当放宽减碳的目标，但需要加强东部地区物流产业内部管理，提高对经济危机的抵御能力。各省应努力加强区域间的技术交流和合作，以消除地区间生产要素流动及信息技术交流的障碍，使先进的节能减排技术及时向落后地区转移和扩散，最终实现全国、三大地区以及各省之间物流产业技术效率和全要素生产率的趋同。

二是应当建立物流产业碳减排的长效机制，利用市场和经济手段实现碳减排。鉴于目前东部地区逼近全国物流潜在最优生产技术以及各区域生产率改善空间逐步缩小的现实情况，下一阶段物流产业碳减排的关键是依靠科技进步，加大研发投入和节能减排技术的创新，推进物流生产率前沿面外移。创造条件提升外资利用水平，通过交通基础设施建设提高物流资源的有效配置和规模效率，加大第二、三产业的比重以优化产业结构，适当增加天然气、电力等清洁能源在物流能源消费中的比重，从而提高物流产业的整体生产率水平。

第五章　地理溢出视角下中国物流产业全要素生产率分析

第一节　地理溢出视角下全要素生产率的研究回顾

美国地理学家托布勒（Tobler）于 1970 年提出地理学第一定律（First Law of Geography），指出任何事物在空间上都有关联，距离越近，关联程度越强，反之则越弱。安瑟林（Anselin，1988）指出，几乎所有的空间数据都有空间依赖性或空间自相关的特征。克鲁格曼（Krugman，1991）、洛佩斯－巴索等（López-Bazo et al.，2004）在其研究文献中相继提出，没有理由认为一个企业的溢出因为地理或者行政边界的原因而只停留在该企业初始投资的地区。全要素生产率存在空间相关性已被诸多学者所证实。

目前，从国外有关全要素生产率溢出效应的研究文献看，已经获得了一些有意义的结论。例如：博塔齐和佩里（Bottazzi & Peri，2003）利用欧洲地区 1977—1995 年的研发和专利数据估计了研发外部性对于创新产出的作用，发现欧洲地区间的溢出效应较小且仅存在于 300 公里范围以内，研发投入增加 1 倍会增加本地区创新产出的 80%—90%，而 300 公里范围内的其他地区却仅增加 2%—3%；莫雷诺等（Moreno et al.，2005）建立了不同距离阈值的空间权重矩阵探讨欧洲 17 个国家 138 个地区创新活动的空间分布特征以及在知识创新过程中技术溢出的作用，结果表明，技术溢出随距离衰减，当地区之间距离超过 250 公里时，经济和技术联系都明显变弱；费希尔等（Fischer et al.，2009）研究了 1997—2002 年 203 个地区知识资本对全要素生产率的影响，采用空间面板模型考察空间自相关并评估了跨地区的知识溢出对欧洲全要素生产率的影响。结果证实，知识资本对地区之间生产率的贡献存在差异，跨地区知识溢出对生产率的作用随地理距离的邻近而增加；布龙齐尼和皮塞利（Bronzini & Piselli，2009）通过分析1980—2001年意大利地区全要素生产率、R&D、人力资本和公共基础设施之间的长期关系发现，全要素生产率水平与3种因素之间存在长期均衡关系，其中人力资本的影响作用最强，此外生产率水平还受到相邻地区研发活动和基础设施的正向影响；弗莱舍等（Fleisher et al.，2010）研究了中国省域经济增长和全要素生产率增长的分布情况，结论指出，地区增长受到物资资本、人力资本、基础设施、新技术传播和市场结构的影响。人力资本对人均产出和生产率增长有直接和间接的正向影响，直接影响来源于创新活动，间接影响来自于人力资本的溢出效应。综合上述文献发现，不仅地理距离对空间技术外溢产生影响，物资资本、人力资本、外商投资、基础设施、市场结构等因素也对技术外溢存在影响。

国内对全要素生产率空间溢出效应的研究并不多见，主要以延续国外文献的研究思路为主，早期的研究如吴玉鸣和李建霞（2006）运用空间自相关Moran指数、空间SLM模型、空间SEM模型对中国省级工业全要素生产率进行了测算分析。近期如张先峰等（2010）利用省级面板数据研究公共基础设施、人力资本、研发资本对区域全要素生产率的影响。结果表明，三者对本地区全要素生产率有积极影响，进一步研究各影响因素的地理溢出效应发现，人力资本的溢出效应不显著，公共基础设施存在负向溢出效应，而研发资本的溢出效应为正。张军涛和刘建国（2011）指出，城市效率存在空间溢出效应，某一城市效率的提高，也会带动该城市周边城市效率提高。张旭华（2012）利用空间面板杜宾模型，以省级层面的高新技术产业数据为例实证分析了全要素生产率的外部效应。研究表明，技术外部性对全要素生产率增长有显著正向影响，而货币外部性的贡献要小于技术外部性，且在多种外部性中，专业化外部性和竞争外部性存在显著的空间溢出影响。张浩然和衣保中（2012）同样采用空间杜宾模型分析了基础设施与全要素生产率的关系。结果表明，人力资本、医疗条件、交通和通信基础设施都对本地区全要素生产率有显著的促进作用，全要素生产率存在空间相关性，不同类型的公共基础设施的溢出效应并不相同，其中医疗和通信基础设施对相邻地区全要素生产率有促进作用，而人力资本和交通基础设施的空间溢出效应并不显著，这与人们普遍的预期并不相同。施洁和史学贵（2013）利用空间滞后模型分析了区域基础设施对工业效率的影响，实证结果显示，在控制了城市的产业结构和对外开放程度等因素后，基础设施及其空间溢出效应对工业效率存在显著的正向促进作用，但是该文中对空间滞后模型形式的设定以及地理溢出效应的计算有待商榷。

综上所述，国内和国外关于全要素生产率空间溢出效应的研究①，主要集中在对总体全要素生产率的分析上，针对某一行业全要素生产率空间外溢效应的研究也多集中于分析制造业和高新技术产业，鲜有学者在对物流产业全要素生产率的分析中考虑到经济地理因素的影响。可能的原因一方面是物流产业属于新兴产业，普遍认为物流人力资本水平和研发资本投入尚未处于可产生溢出的阶段；另一方面是随着新经济地理学理论的发展，基础设施的外溢效应到 20 世纪 90 年代后期才逐渐受到关注。基于物流产业对能源、信息和交通基础设施的依赖以及相邻地区地理环境、自然资源等因素相似的现实，相邻地区的全要素生产率这一反映物流发展水平的指标也会趋于一致，因此有必要在对物流产业全要素生产率的分析中引入空间地理因素的影响。

本章在已有研究的基础上从以下两个角度对现有文献进行补充：（1）针对中国 30 个省级地区 1997—2011 年物流产业的投入产出数据，采用基于序列 DEA 的方向距离函数、Malmquist-Luenberger 生产率指数方法测算得到物流产业的全要素生产率。运用新经济地理学理论对物流产业全要素生产率的空间分布特征进行分析，并检验了物流产业的全要素生产率是否存在空间溢出效应。（2）采用空间杜宾模型（SDM）考察相邻地区公共基础设施、人力资本水平对本地区物流产业全要素生产率的影响，并基于直接偏效应和间接偏效应的角度，对产生溢出效应的各影响因素的效果和路径进行分析。

---

① 空间溢出效应（外溢效应）与空间外部性类似，二者的区别在于：（1）外部性可以分为正外部性与负外部性，而溢出效应通常指积极的影响；（2）溢出效应有时仅指技术的溢出，而不包含经济的溢出。本书的空间溢出效应与广义空间外部性一致，是指一个经济主体对另一个经济主体福利所产生的影响，这种影响主要指正面的影响，但在少数情形下并不排斥负面的影响。

第二节　全要素生产率影响因素：基于地理溢出视角的理论分析

一　基础设施及其地理溢出效应

1989 年，在世界银行的推动下，阿肖尔（Aschauer）对交通基础设施与生产率的关系进行了开创性的实证分析，发现机场、高速公路、城市公共交通等基础设施对经济增长影响较大。随后，梅里曼（Merriman，1991）对基础设施与生产率的关系进行了检验，证实基础设施对地区生产率有显著促进作用，估计得到的基础设施产出弹性值在 0.39 以上。上述文献普遍采用时间序列数据分析，得出的基础设施的产出弹性值过大，博纳利亚等（Bonaglia et al.，2000）对此提出质疑，认为时间序列数据各变量可能存在"伪相关"。基于该质疑的出现，部分学者开始采用面板数据替代时间序列数据进行研究，如霍尔茨－埃金（Holtz-Eakin，1992）在利用美国州际面板数据估计基础设施对经济增长的影响时，认为在考虑内生性和州固定效应后，公共基础设施对生产率影响不显著，这与人们关于基础设施对经济增长有积极作用的常识性预期相悖。由此可见，早期利用时间序列数据和面板数据得出的结论差异性较大，原因一方面是两者使用的生产函数所包含的数据和变量的结构不同，另一方面是基础设施对经济增长的空间溢出效应被忽略了。霍尔茨－埃金和施瓦茨（Holtz-Eakin & Schwartz，1995）最早利用空间权重，将相邻区域基础设施变量引入传统生产函数，却并未发现美国高速公路对经济增长存在显著的地理溢出。此后，陆续有多位学者对交通和通信等基础设施的空间溢出效应进行了后续研究，却始终未能得出一致的结论。埃弗雷特和埃朗（Everaert & Heylen，2001）、佩雷拉和罗加－萨加莱斯（Pereira & Roca-Sagalés，2003）、科恩和保罗（Cohen & Paul，2004）、布龙齐尼和皮塞利（Bronzini & Piselli，2009）的研究认为基础设施通过降低相邻地区的运输成本和交易费用可对相邻区域生产率和经济增长产生促进作用，即存在正向空间溢出。博纳特（Boarnet，1998）的研究却表明基础设施的完善可以提升本地区吸引力，有利于该地区引入更多的经济资源及生产要素，获得更有区位竞争优势的发展，客观上反而削弱了相邻区域的竞争优势，抑制了其生产率提高，因而存在负向空间溢出。

国内学者关于基础设施对生产率影响效应的研究延续了国外主流的研究思路，刘秉镰等（2010）利用空间面板模型研究交通基础设施与地区全要素生产率增长之间的关系，发现交通基础设施对全要素生产率有显著的正向影响。张先锋等（2010）在研究公共基础设施、人力资本、研发资本对区域全要素生产率的影响后发现，公共基础设施的空间溢出效应为负。刘生龙和胡鞍钢（2010）的研究结果表明，交通和信息基础设施对省际全要素生产率存在显著的正向影响，而能源基础设施的影响并不显著。张浩然和衣保中（2012）在研究基础设施与全要素生产率的关系时发现，通信基础设施和医疗条件对本地区和相邻地区的全要素生产率均有显著的促进作用，而交通基础设施仅对本地区全要素生产率有正向影响。

综上所述，本地区的公共基础设施投资对相邻地区全要素生产率的影响可能为正向也可能为负向①。以交通基础设施为例，交通基础设施连点成线，集线成面，构成一个通达的网络，各地区的经济活动作为其中的一个点而存在。增加交通基础设施的投资，可以降低各地区之间的运输成本与交易费用，促进相邻地区的互动式发展；但一个地区交通基础设施的投资加大，会迅速提高该地区在交通运输网络中的通达性及快捷性，显著提高该地区的区位优势，与此同时若相邻地区的交通基础设施的投资滞后，就会加快生产要素向该地区集聚，使得对相邻地区的经济增长及生产率的提高产生抑制作用，即产生负向溢出效应。

二　人力资本及其地理溢出效应

罗默（Romer，1990）、格罗斯曼和埃尔普曼（Grossman & Helpman，1991）强调了人力资本积累对技术进步和经济增长内生性的解释能力，指出技术知识通过研发活动创造和积累，增强了生产、扩散和创新的能力，从而促进生产率的提高。随后大量文献开始集中利用面板数据，实证研究研发对生产率的正向影响作用，如戴维·科等（David T. Coe et al.，1997）、许斌和王建铆（Xu B. & Wang J. M.，1999）、布鲁诺·范·德尔普和利希滕贝格（Bruno Van Pottelsberghe & Lichtenberg，2001）、弗兰岑

---

① 公共基础设施的概念有狭义和广义之分。狭义的概念是指公共经济基础设施，广义的概念还包括教育、卫生等间接的物质技术与手段。这里仅讨论狭义的公共基础设施对物流产业全要素生产率的影响。

（Frantzen，2002）等。近年来，部分学者在研究人力资本对经济增长的作用时纳入了空间因素的影响，如：洛佩斯－巴索等（López- Bazo et al.，2004）、罗森塔尔和斯特兰奇（Rosenthal & Strange，2004）认为相邻地区人力资本水平的提高对本地区经济增长有正向的促进作用。即假设技术和知识存在地理上的局部范围，此时相邻区域通过面对面的交流和社会互动可以加强思想和信息的传播，尤其是当知识不易用语言表达、传播和学习时，相邻区域的作用就变得十分重要。奥德斯和费尔德曼（Audretsch & Feldman，2004）突出介绍了地理上的相邻对知识传播的重要作用。

人力资本作为知识和技术的载体，可以通过影响相邻地区的全要素生产率来影响相邻地区的经济增长，人力资本与经济增长存在空间相关性。人力资本通过以下两个途径影响全要素生产率：（1）提高人力资本投入可以增大劳动者的劳动生产率进而提高全要素生产率；（2）新知识和新技能通过人力资本的传播、模仿和应用，促使整个经济出现规模收益递增，进而成为全要素生产率增长的动力。雷丁（Redding，1996）的研究表明，企业对研发的投入和人力资本的投资是互补和相互依存的，它们共同决定了产出的增长。内生增长理论认为，研发投入对促进技术进步和提高全要素生产率有重要作用。研发不仅可以通过生产或应用新知识去创造新技术，提高本地区的生产率水平，还可以通过地区间的贸易往来、技术转移、人员流动和文化交流增加相邻地区的知识存量，因此具有很强的地理溢出性质。

人力资本、研发投入的外溢效应都源于知识的地理溢出效应。知识管理理论将知识分为显性知识与隐性知识两类。显性知识的传播主要依靠大众媒介，而隐性知识因其不易用语言表达和传播，更多依靠面对面的交流实现扩散效应。地理上相邻的地区更有利于隐性知识的交流和传播，传播成本也随着距离的增大而增加，因此隐性知识的溢出效应在空间范围上是受限的，随着相邻区域距离的增加而逐渐减小。

第三节　空间面板模型及相关检验

一　基于全局 Moran's I 指数的空间相关性检验

判断某一变量在地区间是否存在空间相关性，目前一般采用莫兰（Moran，1950）提出的空间自相关 Moran's I 指数测度，定义为：

$$Moran's\ I = \frac{\sum\limits_{i=1}^{n} \sum\limits_{j=1}^{n} w_{ij}(Y_i - \bar{Y}) \times (Y_j - \bar{Y})}{S^2 \sum\limits_{i=1}^{n} \sum\limits_{j=1}^{n} w_{ij}} \qquad (5.1)$$

其中，$S^2 = \frac{1}{n} \sum\limits_{i=1}^{n} (Y_i - \bar{Y})$，$S^2$ 是 Y 的方差；$\bar{Y} = \frac{1}{n} \sum\limits_{i=1}^{n} Y_i$，$\bar{Y}$ 为 Y 的均值，Y_i 和 Y_j 分别表示地区 i 和地区 j 需要考察空间相关性的变量；n 为观测值个数；w_{ij} 为标准化空间权重矩阵 W 中第 i 行第 j 列的元素，W 不仅可以取二进制邻接权重矩阵，也可以根据问题需要构建不同的空间权重矩阵，本章相继建立了交通权重矩阵、交通距离权重矩阵和交通距离经济权重矩阵分别进行检验，Moran's I 的取值范围是 $[-1,1]$，若该指数等于 0，表示各地区某经济变量与区位空间分布相互独立；若该指数小于 0，表示各地区某经济变量为空间负相关，即存在空间排斥现象；若该指数大于 0，表示目标区域存在空间正相关性，即存在空间集聚现象，指数越大，表示空间集聚分布特征越明显，Moran's I 绝对值越大，表明所检验的经济变量的空间相关性越强。将 Moran's I 指数标准化后得到 z 统计量的值，根据 z 值大小判断空间相关性是否显著，标准化的 Moran's I 统计量 z 表示如下：

$$z = \frac{Moran's\ I - E(I)}{\sqrt{Var(I)}} \qquad (5.2)$$

其中，根据空间数据分布计算得到正态分布的 Moran's I 指数的期望及方差为：$E(I) = -\dfrac{1}{n-1}$，$Var(I) = \dfrac{n^2 w_1 - n w_2 + 3 w_0^2}{w_0^2 (n^2 - 1)} - E^2(I)$，$w_0 = \sum\limits_{i=1}^{n} \sum\limits_{j=1}^{n} w_{ij}$，$w_1 = \dfrac{1}{2} \sum\limits_{i=1}^{n} \sum\limits_{j=1}^{n} (w_{ij} + w_{ji})^2$，$w_2 = \sum\limits_{i=1}^{n} (w_{i\cdot} + w_{\cdot i})^2$，$w_{i\cdot} = \sum\limits_{j=1}^{n} w_{ij}$、$w_{\cdot i} = \sum\limits_{j=1}^{n} w_{ji}$ 分别表示空间权重矩阵 W 的第 i 行、第 i 列元素之和。

二　空间面板计量模型

本章涉及的空间面板计量模型主要有 3 个：空间滞后模型、空间误差模型和空间杜宾模型[①]。模型形式表示如下：

---

① 本章空间计量相关检验、面板 Moran's I 指数以及空间面板计量 SAR 模型、SEM 模型、SDM 模型的回归操作均在 Matlab2012b 中编程实现，操作中主程序来自 Elhorst、Donald Lacombe 提供的空间计量工具包，程序来源：http：//www.regroningen.nl/elhorst/software.shtml。

1. 空间滞后模型

空间滞后模型（Spatial Lag Model，SLM 或 Spatial Auto Model，SAR）意味着相邻地区的所有解释变量都会通过空间传导机制对整个系统内的其他地区产生影响，主要研究各变量在某个地区是否存在扩散现象，即溢出效应，可以通过加入因变量的空间滞后因子进行分析，该模型也被称为空间自回归模型（SAR），其表达式为：

$$y_{it} = \delta \sum_{j=1}^{N} w_{ij} y_{jt} + \beta x_{it} + \mu_i + v_t + \varepsilon_{it}, \varepsilon_{it} \sim i.i.d(0, \sigma^2) \qquad (5.3)$$

其中，i 表示截面维度，$i = 1,2,3,\cdots,N$；t 表示时间维度，$t = 1,2,3,\cdots,T$；δ 是空间自回归系数，反映被解释变量空间交互效应的大小，取值为 $[-1,1]$；y_{it} 表示被解释变量在第 i 个地区第 t 个时期的观测值；x_{it} 是外生解释变量的集合，表示解释变量在第 i 个地区第 t 个时期的观测值；β 是解释变量的系数；$\sum_{j=1}^{N} w_{ij} y_{jt}$ 表示被解释变量的空间交互效应，即与 i 相邻地区生产单元的内生变量 y_{jt} 对 y_{it} 的交互影响；μ_i 是空间效应；v_t 是时间效应；ε_{it} 是随机扰动项；w_{ij} 是 $n \times n$ 阶非负空间权重矩阵 W 中第 i 行第 j 列的元素。

2. 空间误差模型

空间误差模型（Spatial Error Model，SEM）假定模型设定过程中遗漏的解释变量间存在空间相关性，即地区间的空间作用是通过误差项实现的，区域间的空间外溢效应是随机冲击的作用结果，如果忽略误差的空间自相关性也会造成模型设定的偏误，其表达式为：

$$y_{it} = \beta x_{it} + \mu_i + v_t + \varphi_{it}, \varphi_{it} = \lambda \sum_{j=1}^{N} w_{ij} \varphi_{jt} + \varepsilon_{it}, \varepsilon_{it} \sim i.i.d(0, \sigma^2)$$

$$(5.4)$$

其中，φ_{jt} 是空间自相关误差项；λ 为误差项的空间自相关系数，它衡量相邻地区的因变量的随机冲击对本地区观测值的影响方向和程度，取值范围为 $[-1, 1]$。

3. 空间杜宾模型

当区域间的空间作用模式不能仅用内生的交互效应或具有自相关的扰动项解释时，需要引入更为一般化的模型，即空间杜宾模型（Spatial Durbin Model，SDM）。SDM 模型同时包含了 SAR 模型和 SEM 模型的假设，其表达式为：

$$y_{it} = \delta \sum_{j=1}^{N} w_{ij} y_{jt} + \beta x_{it} + \theta \sum_{j=1}^{N} w_{ij} x_{ijt} + \mu_i + \nu_t + \varepsilon_{it}, \ \varepsilon_{it} \sim i.\,i.\,d(0, \sigma^2)$$

$$(5.5)$$

其中，θ 表示空间滞后解释变量的系数，当 $\theta = 0$ 时，SDM 模型可以简化为 SAR 模型；当 $\theta + \delta\beta = 0$ 时，SDM 模型可以简化为 SEM 模型；δ 的显著性决定了是否存在空间交互影响，若 δ 为正，表明存在正向的相互作用，否则为负向的相互作用。

三　空间面板计量模型估计与检验

由于空间计量模型设定对分析结果的影响较大，因此检验采用哪一种空间面板计量模型是至关重要的。模型形式的检验过程可以沿 "OLS 模型—SAR 模型或 SEM 模型—SDM 模型" 这一路径展开。

（1）空间自相关检验。首先对不考虑空间自相关的传统混合面板数据模型采用普通最小二乘法 OLS 进行估计；然后利用拉格朗日乘数形式 LMerror、LMlag 及其稳健形式 R-LMerror、R-LMlag 进行检验，原假设是 $\rho = 0$ 或者 $\lambda = 0$，并参考安瑟林等（Anselin et al., 2008）提出的判别准则判断 SAR 模型和 SEM 模型哪个更合适[①]。由于在对不考虑空间自相关的传统混合面板模型进行 OLS 估计时，可能需要建立空间、时间的固定效应模型，不同效应的设定会影响回归残差，因此需要根据似然比检验（Likelihood Ratio，LR）判断模型包含空间固定效应还是时间固定效应，或是空间和时间固定效应同时存在，该检验的零假设是固定效应联合不显著，模型拟合效果参考拟合优度 R^2 和自然对数似然函数值（Log-likelihood，LogL）。

（2）检验 SDM 模型是否可以简化为 SAR 模型和 SEM 模型。采用 Wald 检验或似然比（LR）检验判断，原假设是 $H_0^1: \theta = 0$ 和 $H_0^2: \theta + \delta\beta = 0$，其中 H_0^1 是为了检验 SDM 模型是否可以被简化为 SAR 模型，而 H_0^2 是用来检验 SDM 模型是否可以被简化为 SEM 模型，在两类原假设下，Wald 统计量均服从 $\chi^2(k)$ 分布。如果同时拒绝 H_0^1 和 H_0^2 两个原假设，说明 SDM 模型不能被简化，模型中应同时包含因变量和解释变量的空间滞后项，以

---

① 安瑟林等（Anselin et al., 2008）提出如下判别准则：如果仅有 LMlag 显著，则建立 SAR 模型；如果仅有 LMerror 显著，则建立 SEM 模型；如果两者都显著，需进一步比较 R-LMlag 和 R-LMerror 的显著性，选择稳健性指标中更显著的模型；如果 LMlag 和 LMerror 都不显著，说明不需要建立空间模型；如果检验结果两者同时成立，需要进一步估计 SDM 模型。

考察解释变量的空间交互作用。如果不能同时拒绝 H_0^1 和 H_0^2 两个原假设，需要将检验结果与上一步的 LM 及其稳健形式的检验结果相结合，从而确定空间面板模型的交互作用形式。如果不能拒绝原假设 H_0^1，且 LM 检验结果支持 SAR 模型，则认为 SAR 模型可以更好地拟合数据特征；如果不能拒绝原假设 H_0^2，且 LM 检验结果支持 SEM 模型，则认为 SEM 为最佳模型。如果上述两项均不满足，则应该选择更稳健的 SDM 模型，因为 SDM 是包含了 SAR 模型和 SEM 模型的广义空间面板模型。在确定空间面板模型的具体形式后，还需要再利用空间面板 Hausman 检验判断采用固定效应模型（Fixed Effect，FE）还是随机效应模型（Random Effect，RE），即判断模型中的空间效应 μ_i 和时间效应 v_t 是固定的还是随机的。在 FE 模型中，μ_i 是不随时间影响的空间因素，v_t 是不随空间影响的时间因素，二者与解释变量相关；而在 RE 模型中，μ_i 是服从期望为 0，方差固定的独立同分布的随机变量。检验原假设是 $H_0 : h = 0$，检验统计量 $h = (\hat{\gamma}_{Fe} - \hat{\gamma}_{Re})' [Var(\hat{\gamma}_{Fe} - \hat{\gamma}_{Re})]^{-1} (\hat{\gamma}_{Fe} - \hat{\gamma}_{Re})$，$\hat{\gamma}_{Fe}$、$\hat{\gamma}_{Re}$ 表示空间固定效应模型和空间随机效应模型中的参数估计量，h 同样服从 χ^2 分布。由于 Hausman 检验使用的是单侧检验，保罗·埃尔霍斯特（J. Paul Elhorst，2010）认为在 p 值小于 2.5% 时可以拒绝随机效应的原假设，选择固定效应。

（3）检验空间溢出效应是否存在。当存在空间相关性时，任何个体或区域中的自变量的变化都会传导到相邻的个体或区域，从而对因变量产生各种直接或间接的影响，传统的自变量系数及其显著性检验不能作为衡量变量影响和显著性的依据。勒沙杰和佩斯（LeSage & Pace，2009）指出，在空间模型的背景下使用偏微分方法推导出解释变量变化所引起的边际影响可以避免在空间回归模型中直接利用点估计（参数 δ 和 θ_k 的显著性）来检验是否存在空间溢出效应上的偏误。埃尔霍斯特（2010）将其推广到空间面板模型，并在空间杜宾面板模型中提出解释变量的边际效应，将含有因变量的式子移到左侧，并在等式两边分别左乘 $(I - \delta W)^{-1}$，则 SDM 模型改写为如下形式：

$$Y_t = (I - \delta W)^{-1} \times (\beta X_t + W X_t \theta) + (I - \delta W)^{-1} \varepsilon_t^* \qquad (5.6)$$

$$\left[\frac{\partial Y}{\partial X_{1k}}, \cdots, \frac{\partial Y}{\partial X_{Nk}} \right] = \begin{bmatrix} \dfrac{\partial Y_1}{\partial X_{1k}} & \cdots & \dfrac{\partial Y_1}{\partial X_{Nk}} \\ \cdots & \cdots & \cdots \\ \dfrac{\partial Y_N}{\partial X_{1k}} & \cdots & \dfrac{\partial Y_N}{\partial X_{Nk}} \end{bmatrix}$$

$$= (I - \delta W)^{-1} \begin{bmatrix} \beta_k & w_{12}\theta_k & \cdots & w_{1N}\theta_k \\ w_{21}\theta_k & \beta_k & \cdots & w_{2N}\theta_k \\ \vdots & \vdots & \ddots & \vdots \\ w_{N1}\theta_k & w_{N2}\theta_k & \cdots & \beta_k \end{bmatrix} \quad (5.7)$$

其中，ε_t^* 包含 ε_t 和固定效应，上式等号右侧为 Y 对第 k 个解释变量的偏微分矩阵，可见上式中 $\partial Y/\partial X_k$ 是一个 $N \times N$ 矩阵，不同于经典线性回归中的参数 β_k。埃尔霍斯特（2010）指出 $\partial Y/\partial X_k$ 具有三个方面的特征：一是第 i 个空间单元的第 k 个解释变量发生变化，会同时影响该空间单元的因变量本身以及其他相邻或相关联空间单元的因变量。其中将对自身的影响称为直接效应（Direct Impact），定义为偏微分矩阵对角线元素的和的平均值，表示截面单元第 k 个变量对该截面单元的边际效应，即自变量的变化对本地区因变量的平均直接影响，同时将对其他空间单元的影响称为间接效应（Indirect Impact），也被称为溢出效应，定义为偏微分矩阵非对角线元素所有行和列元素的和的平均值，表示某一空间单元第 k 个变量对其他空间单元因变量的边际效应，即自变量变化对邻近地区因变量的平均间接影响（程叶青等，2013）。二是由于 $\delta \neq 0$ 时矩阵 $(I - \delta W)^{-1}$ 中的对角线元素和非对角线元素对每个空间单元来说不同，因此样本中不同空间单元的直接效应和间接效应并不相同。三是某个空间单元的因变量受到所有地区自变量变动影响的总效应为直接效应和间接效应的和。当 $\theta_k \neq 0$ 时，直接效应被称为"局域效应"；当 $\delta \neq 0$ 时，间接效应被称为"全域效应"；当 $\delta = 0$ 且 $\theta_k = 0$ 时，不存在间接效应。表 5-1 给出了本章面板计量模型的直接效应和间接效应的计算公式。

表 5-1 **不同模型的直接和间接效应**

模型	直接效应	间接效应
OLS	β_k	0
SAR	$\dfrac{\text{sum}\{diag(A)\}}{N}\beta_k$	$\dfrac{\text{sum}\{\text{sum}(A)^T - diag(A)\}}{N}\beta_k$
SEM	β_k	0
SDM	$+ \dfrac{\text{sum}\{diag(B)\}}{N}\theta_k$	$+ \dfrac{\text{sum}\{\text{sum}(B)^T - diag(B)\}}{N}\theta_k$

说明：$A = (I - \delta W)^{-1} eye(N)$，$B = (I - \delta W)^{-1} W$。$diag(A)$ 表示生成以矩阵 A 对角线元素为元素的列向量，$\text{sum}()$ 表示对应向量元素求和，对矩阵操作时表示生成列和行向量，$eye(N)$ 表示 $N \times N$ 的单位矩阵。

资料来源：作者参考侯新烁等（2013）整理得到。

第四节　空间权重矩阵设定方法

空间权重矩阵，是反映各个机构或地区之间相互关系的网络结构矩阵，空间权重矩阵的设定包括地理权重、经济权重和网络权重等。W 为一个 $NT \times NT$ 的空间权重矩阵，N 是横截面样本个数，T 为样本的年度，本章取 $N = 30$，$T = 15$。W 中的非对角线元素全部为 0，对角线上的每个元素 $W_n(30 \times 30)$ 是某一年的空间权重矩阵，假定省区的空间距离关系具有时间不变性，即 $W_{1997} = W_{1998} = \cdots = W_{2011}$。

$$W = \begin{bmatrix} W_{1997} & 0 & \cdots & 0 \\ 0 & W_{1998} & \cdots & 0 \\ \cdots & \cdots & \cdots & \cdots \\ 0 & 0 & \cdots & W_{2011} \end{bmatrix}, \quad W_n = \begin{bmatrix} w_{1,1} & w_{1,2} & \cdots & w_{1,30} \\ w_{2,1} & w_{2,2} & \cdots & w_{2,30} \\ \cdots & \cdots & \cdots & \cdots \\ w_{30,1} & w_{30,2} & \cdots & w_{30,30} \end{bmatrix}$$

$$(5.8)$$

在利用空间面板计量模型进行估计时，需要选择合适的空间权重矩阵，已有研究中使用较为广泛的空间权重矩阵有：二进制邻接矩阵、K-nearest 邻接矩阵、地理距离矩阵 [安瑟林（Anselin），2003]、负指数型矩阵以及负幂律矩阵等（陈彦光，2009）。侯新烁等（2013）指出不同形式的权重矩阵代表了对空间经济联系机制的不同假设，因而空间权重矩阵的选择会对估计结果产生较大影响。二进制邻接矩阵、K-nearest 邻接矩阵认为只有相邻地区才会存在空间溢出效应，这一假定使得它所刻画的地区间的经济联系具有空间上的突变性，因此只适合分析有明显边界划分的空间问题。本章基于这一理论基础，设定以下 4 种空间权重矩阵。

一　邻接空间权重矩阵

二进制邻接权重矩阵是最早最基本的空间权重矩阵，本章沿用这一空间权重矩阵结果作为参照。二进制空间权重矩阵，即 rook 权重矩阵，用 W^r 表示，主对角线上的元素为 0，其他矩阵元素采用相邻标准确定：

$$w_{ij}^r = \begin{cases} 1 & \text{区域 } i \text{ 与区域 } j \text{ 相邻 } (i \neq j) \\ 0 & \text{区域 } i \text{ 与区域 } j \text{ 不相邻 } (i = j) \end{cases} \qquad (5.9)$$

式中，$i = 1, 2, \cdots, n; j = 1, 2, \cdots, m$；为了简化模型及易于解释结果，对 w_{ij}^r 进行行标准化，$w_{ij}^r = w_{ij}^r / \sum_j w_{ij}^r$，使行元素之和为 1。尽管海南与其他省份在地理上并不相邻，但为了避免出现"孤岛效应"，同时考虑到海南省与广东省的紧密联系，在设定空间权重矩阵时，假定海南省与广东省相邻。

二 交通空间权重矩阵

传统二进制邻接权重矩阵有两个假定，一是假定不相邻的地区之间不存在空间相关性，二是假定某一地区与所有相邻地区的影响权重相同，这两个假定过于严格，在实际中，不相邻的地区间可能通过某种联系而存在空间相关性，所有相邻地区的权重应当有所区别。以河北省为例，河北同时与北京和内蒙古相邻，在物流产业发展和生产率的溢出影响上，北京与内蒙古对河北的作用并不相同，因此权重也应不同。鉴于以上分析，并结合物流产业发展的特殊情况，即各地区物流产业的发展更多依赖于交通网络的覆盖程度，因此在设定空间权重矩阵时借鉴张学良（2012）的做法，尝试根据中国道路的覆盖程度，建立基于交通运输网络的交通权重矩阵 W^t，W^t 中元素按如下公式确定：

$$w_{ij}^t = \frac{N_{ij}}{\sum_j N_{ij}} \qquad (5.10)$$

为了便于统计和计算，以 1999 年中国内地各省、市、自治区相连接的国道情况作为衡量交通网络覆盖程度的标准，即式（5.10）中 N_{ij} 为连接相邻地区 i 和 j 之间的国道数目，j 为与地区 i 相邻的地区的数目，如果地区 i 和 j 之间没有国道相连接，则设定权重 w_{ij}^t 为 0，最后对 w_{ij}^t 进行行标准化，$w_{ij}^t = w_{ij}^t / \sum_j w_{ij}^t$。经过检验发现，在使用交通权重矩阵时，能较好地反映物流产业全要素生产率的空间相关关系。

三 交通距离空间权重矩阵

阿布勒等（Abreu et al.，2004）在对空间权重矩阵的选择问题上，认为邻接矩阵更适合战争和突发事件等对相邻地区的影响，对于技术扩散，应当存在一个更为广阔的影响空间，因此使用基于地理距离的权重矩阵更为合适。国内学者陆铭等（2011）基于新经济地理学理论，认为在中国区域经济的发展中，地理距离对经济的空间分布存在显著的影响，该影响作用应呈现出随距离增加由中心区向外围逐渐衰减的特征。考虑到上述文献以及国内学者普遍采用地理距离空间权重矩阵的现实，本章也尝试选择地理距离权重矩阵进行估计，但是经过检验发现，物流产业全要素生产率的空间相关性在单纯加入地理距离权重矩阵后被削弱，SAR 模型、SEM 模型、SDM 模型中的空间溢出效应的相关系数 δ 和空间误差相关系数 θ 都不显著。由此推断，物流产业生产率的空间溢出效应不随距离的远近发生变化，交通运输网络通达程度这一要素的作用不能被忽略。本章在此基础上建立交通距离空间权重矩阵 W^d，同时考虑了运输网络的覆盖程度和空间溢出效应随地理距离增大而逐渐衰减的特性，借鉴符淼（2009）、博德等（Bode et al.，2012）、余泳泽和刘大勇（2013）对地理距离权重矩阵的设定方法，认为地理距离权重矩阵应考虑更远的空间单元之间的关系。综上，将 W^d 中元素设定如下：

$$w_{ij}^d = w_{ij}^t \times \exp(-d_{ij}/d_{\min}) \qquad (5.11)$$

其中，d_{ij} 表示地区 i 与地区 j 之间的地理距离，这里是指根据各直辖市及省会城市的经度、纬度坐标，经过距离转换公式计算的城市之间的球面距离，距离转换公式如下：

$$d_{ij} = 2\arcsin\left\{\sin^2\left[\frac{a}{2}\right] + \cos(Lat_i) \times \cos(Lat_j) \times \sin^2\left[\frac{b}{2}\right]\right\}^{\frac{1}{2}}$$

$$\times 6378.137$$

$$a = Lat_i - Lat_j, b = Lng_i - Lng_j \qquad (5.12)$$

其中，Lat_i 表示 i 地区的纬度；Lng_i 表示 i 地区的经度；a 表示地区 i 与地区 j 之间的纬度之差；b 表示地区 i 与地区 j 之间的经度之差；6378.137 为地球半径，单位为公里，计算过程在 Matlab2012b 中编程实现；$d_{\min}$ 为样本中两个空间单元之间的最短距离，除以 $d_{\min}$ 的目的是为了消除距离度量单位对结果的影响，同时也避免因为权重的计算结果太小而导致的误差，最后对 w_{ij}^d 进行行标准化，$w_{ij}^{d'} = w_{ij}^d / \sum_j w_{ij}^d$。

四　交通距离经济空间权重矩阵

物流是一种网络系统，其空间外溢具有网络发散和随距离递减等属性，上述空间权重矩阵的设定方式虽然考虑了交通网络和距离的影响，但仍显粗糙，物流作为一项系统的社会活动，必然受到其他非地理邻近因素的综合影响，如地区经济发达程度等因素，因此需要从经济角度出发构建其他类型的空间权重矩阵。在前文空间权重矩阵讨论的基础上融入地区间的社会经济特征，建立基于交通地理距离特征的经济权重矩阵，潜在含义是：一个地区经济越发达，交通网络覆盖程度越广，对相邻地区的物流外溢效应越高，该外溢效应随着距离的增大而逐渐减小。此外，还应考虑到经济发展水平较高的地区受落后地区的影响微弱，但经济发展水平较高的地区对落后地区能够产生更强的空间影响与辐射作用，如经济与物流同样发达的广东地区对广西地区的影响程度显然大于广西对广东的影响程度，因此参考李婧等（2010）、余泳泽和刘大勇（2013）的研究建立新的基于交通地理距离的经济空间权重矩阵 W^e，W^e中元素设定为：

$$w_{ij}^e = w_{ij}^d \times diag\left(\overline{\frac{Y_1}{Y}}, \overline{\frac{Y_2}{Y}}, \cdots, \overline{\frac{Y_{30}}{Y}}\right) \qquad (5.13)$$

其中，w_{ij}^d 为交通距离矩阵中的元素；$diag\left(\overline{\frac{Y_1}{Y}}, \overline{\frac{Y_2}{Y}}, \cdots, \overline{\frac{Y_{30}}{Y}}\right)$ 是量化地区间经济差距的权重矩阵；$\overline{Y_i} = \frac{1}{t_1 - t_0 + 1}\sum_{t=t_0}^{t_1} Y_{it}$ 表示观察期内第 i 个空间单元的实际 GDP（1997 年不变价）的平均值；$\overline{Y} = \frac{1}{n(t_1 - t_0 + 1)}\sum_{i=1}^{n}\sum_{t=t_0}^{t_1} Y_{it}$ 表示观察期内所有空间单元实际 GDP（1997 年不变价）的平均值，最后对 w_{ij}^e 进行行标准化，$w_{ij}^{e'} = w_{ij}^e / \sum_j w_{ij}^e$。

第五节　地理溢出视角下物流产业全要素生产率的空间面板计量模型

一　全要素生产率空间溢出的理论模型

考虑规模报酬不变的 Cobb-Douglas 生产函数模型：

$$Y_{it} = A_{it}K_{it}^{\alpha}L_{it}^{1-\alpha}, \ 0 < \alpha < 1 \qquad (5.14)$$

其中，$i = 1, 2, \cdots, N$；$t = 1, 2, \cdots, T$；Y_{it}、A_{it}、K_{it} 和 L_{it} 分别表示地区 i 在 t 时刻的产出、总体技术水平（即全要素生产率水平）、资本投入和劳

动力投入，α 是资本的弹性。在古典经济增长模型中，假设 A_{it} 以外生比率 g 增长，表示为：

$$A_{it} = A_{i0}e^{gt} \tag{5.15}$$

虞吉海和李龙飞（Yu J. H. & Lee L. F., 2012）在上式模型（5.15）中引入由于技术的溢出效应引起的跨地区的空间相关，即某一地区的技术进步对其他地区存在溢出效应，将上式改写为：

$$A_{it} = A_{i0}e^{gt}\prod_{j=1,j\neq i}^{N}A_{jt}^{\delta w_{ij}} \tag{5.16}$$

洛佩斯－巴索等（2004）认为技术的空间外部性来源于物质资本和人力资本的积累。布龙齐尼和皮塞利（2009）假定全要素生产率水平取决于人力资本、公共基础设施和 R&D 活动，且相邻地区的 R&D 和公共资本积累同样会影响地区的生产率水平。结合前人的分析，在虞吉海和李龙飞（2012）的技术溢出模型中引入基础设施、人力资本两个因素，将模型改写为：

$$A_{it} = A_{i0}e^{gt}I_{it}^{\beta_1}HC_{it}^{\beta_2}\prod_{j=1,j\neq i}^{N}(A_{jt}^{\delta}I_{jt}^{\theta_1}HC_{jt}^{\theta_2})^{w_{ij}} \tag{5.17}$$

其中，A_{it} 为地区 i 在 t 年碳排放约束下物流产业的全要素生产率水平[①]；A_{i0} 为地区 i 初始的物流产业的全要素生产率；g 为外生的生产率变迁；I_{it} 为地区 i 在 t 年的基础设施水平；HC_{it} 为地区 i 在 t 年的人力资本水平；β_1、β_2 为参数；地区 i 在 t 年的生产率水平不仅受到生产率的初始值 A_{i0} 和其外生增长率 g 的影响，还受到周边地区 j 的生产率水平 A_{jt} 的溢出效应的影响，用 δ 衡量技术溢出效应的大小，此外还受到周边地区 j 的基础设施 I_{jt}、人力资本水平 HC_{jt} 的影响，影响程度分别用 θ_1、θ_2 衡量；w_{ij} 为地区 i 到地区 j 技术溢出的空间结构，即空间权重矩阵，对角线元素 $w_{ii} = 0$，满足 $0 \leqslant w_{ij} \leqslant 1, i \neq j$，对其进行行标准化，消除规模效应，将权重理解为相邻地区的平均影响。对式（5.17）两边取对数，用 TFP 表示全要素生产率水平，并在上式中引入其他控制变量，用 X 表示，根据空间相关性的表现形式将上述模型转换为计量模型，表示如下：

---

① 本章后续部分物流产业全要素生产率均指碳排放约束下的全要素生产率。

$$\ln TFP_{it} = \left(\delta \sum_{j=1}^{N} w_{ij} \ln TFP_{jt} \right) + \beta_1 \ln I_{it} + \beta_2 \ln HC_{it} + \beta_3 \ln X_{it} + \left(\theta_1 \sum_{j=1}^{N} w_{ij} \ln I_{jt} \right.$$

$$\left. + \theta_2 \sum_{j=1}^{N} w_{ij} \ln HC_{jt} + \theta_3 \sum_{j=1}^{N} w_{ij} \ln X_{jt} \right) + \mu_i + \nu_t + \varphi_{it},$$

$$\varphi_{it} = \left(\lambda \sum_{j=1}^{N} w_{ij} \varphi_{jt} \right) + \varepsilon_{it}, \varepsilon_{it} \sim i.\,i.\,d(0, \sigma^2)$$

(5.18)

模型中括号内部分表示需要根据模型检验结果而设定的部分。

二　空间面板计量模型的变量选取及数据来源

1. 因变量

选取 1997—2011 年中国 30 个省（包括直辖市、自治区，以下统称为省，其中不含西藏和港、澳、台地区）物流产业的资本存量、年均在岗职工人数、物流产业终端能源消费量为投入变量，以综合周转量作为期望产出，物流产业的碳排放量为非期望产出，采用基于序列 DEA 的方向距离函数和 Malmquist-Luenberger 生产率指数方法计算得到物流产业的全要素生产率，并以此作为本章模型中的因变量[①]，具体计算参考第三章。

2. 自变量

根据前文的分析并结合研究期内分省数据的可得性，本章的解释变量主要包括基础设施和人力资本，分别设定如下：

（1）基础设施。交通和信息基础设施的改善一方面能够加速知识和信息的传播，通过降低物资和人员的交通运输成本，降低交易成本，形成规模经济；另一方面还可以通过商品、专业技术人员的流动以及互联网的普及促进知识和技术的有效转移，减少市场中信息不对称的现象，从而促进生产率的提高。除了上述两类基础设施会对物流产业的生产率产生影响以外，基于物流产业对能源的特殊依赖，能源基础设施水平的提高尤其是能源效率的提高也有利于降低成本，形成规模效益，因此本章分别从能源、交通和信息三个方面衡量基础设施的水平。

---

① 利用序列 DEA 来构造每一时期的最佳生产前沿面，并把每个地区的产出同最佳生产前沿进行比较，从而对效率变化和技术进步进行测度。采用序列 DEA 而没有采用当期 DEA，是为了引入"过去掌握的技术不会遗忘"的思想，以反映技术知识的传承性对生产前沿的推进。

①能源基础设施（ LEE ）：用物流产业的能源效率衡量，参考吕小明和张宗益（2012）、师傅和沈坤荣（2013）的定义，物流产业的能源强度＝物流产业能源消费总量÷全社会客货运综合周转量，在理论上能源强度与能源效率成反方向变动，能源强度越大，能源效率越低，在模型的实际计算中取能源强度的倒数来衡量未涵盖环境质量信息的物流产业的能源效率，单位为亿换算吨公里/吨标准煤。

②交通基础设施：用交通线路的密度（ THD ）和每万人拥有的民用车辆数（ CV ）两个指标来衡量交通基础设施，单位为公里/平方公里、辆/人。根据第四章中交通线路密度的计算方法，得到分省综合交通线路的密度。交通基础设施通过促进区域经济一体化从而引导发达地区对落后地区的经济增长溢出。此外，交通基础设施的改善还可以降低交通成本，产生规模经济和集聚经济，有助于经济增长效率的提高和区域经济的协调发展（胡鞍钢、刘生龙，2009）。

③信息基础设施（ IF ）：信息化水平是指支持物流服务过程中各环节信息的实时传递能力，也是影响物流服务生产率高低的主要因素。信息基础设施的改善能够减少市场中的信息不对称问题，使企业能够更有效地利用当前最适宜的技术进行生产。国外早期研究通常使用电话数量作为信息基础设施的替代变量，随着信息高速公路的建设，国外研究开始倾向于使用光缆长度作为信息基础设施的代理变量。国内由于光缆长度统计数据年限较短，已有研究一般采用电话数量或邮电业务总量作为信息基础设施的代理变量。同时，库特龙皮斯（Koutroumpis，2009）指出利用渗透率即某一信息基础设施的人均存量指标，可以避免使用总量水平衡量信息基础设施发展水平的偏差，借鉴这一思想，本章选择人均电话拥有量衡量信息基础设施水平，单位为户/人。

（2）人力资本。人力资本投资对全要素生产率的影响主要通过两个途径实现。首先，劳动者较高的受教育程度能够增强对知识和信息的获取及处理能力，提高实物资本和其他投入要素的使用效率；其次，人力资本水平决定了一个国家或地区的技术创新能力从而直接影响全要素生产率的增长，同时人力资本水平也会影响一个国家或地区的技术追赶和技术扩散的速度。考虑上述影响，本章选择地区劳动力受教育水平（ EL ）和自主创新能力（ IV ）两方面变量衡量人力资本水平。自主创新能力用地区专利申请授权数来衡量，单位为件。受教育程度用平均受教育年限作为替代变量，以 6 岁（含 6 岁）以上人口所获得的最高学历加权得到。设置小学文化程度人口的受教育年限为 6 年，初中为 9 年，高中为 12 年，大专及以上为 16 年，根据各学历人口占总人口的比重，将各教育年数进行加总平均，作为人口的平均受教育程度，单位为年。

拉坦等（Ruttan et al.，1978）指出不同的资源禀赋的构成会影响生产者的投入决策。埃尔蒂尔和科克（Ertur & Koch，2007）、埃尔霍斯特等（Elhorst et al.，2010）认为某一地区的全要素生产率水平取决于 3 个因素，除了部分技术进步是外生给定且对所有省份相同，以及技术对相邻地区产生技术溢出以外，还包括人均资本的影响，认为每个地区总的技术水平随人均资本的增加而增加。本章采用物流资本存量与从业劳动力人数之比来衡量某一省份的资源禀赋状况（ KL ），作为控制变量，单位为万元/人。由于产业结构反映了一个地区的经济结构和发展模式，因此选择产业结构（ IS ）作为另一控制变量，考虑到第一产业与第二产业、第三产业在技术水平和生产率水平上存在差异，采用第二产业和第三产业的增加值之和占地区总产值的比重衡量产业结构对物流产业全要素生产率的影响。

样本选取 1997—2011 年中国 30 个省的相关经济数据。数据来源于《中国能源统计年鉴》《中国统计年鉴》《中国科技统计年鉴》（1998—2012）。

选取各变量后，在模型设定估计前分别采用 LLC（Levin-Lin-Chu）检验和 Fisher-ADF 检验对各变量对数值进行单位根检验，其中 LLC 检验的原假设为：面板数据中的各截面序列均有一个相同单位根，Fisher-ADF 检验的原假设为：假设面板数据的各截面有不同的单位根。检验结果如表 5 - 2 所示。

表 5 - 2　　　　　　　　　面板数据的平稳性检验结果

变量	同质面板检验：LLC			变量	异质面板检验：Fish-ADF		
	模型形式（ c,t,k ）	统计量	p 值		模型形式（ c,t,k ）	统计量	p 值
$\ln TFP$	（ $c,0,0$ ）	- 44.153 ***	0.0000	$\ln TFP$	（ $c,0,0$ ）	369.058 ***	0.0000
$\ln LEE$	（ $c,0,0$ ）	- 17.445 ***	0.0000	$\ln LEE$	（ $c,0,0$ ）	137.936 ***	0.0000
$\ln IF$	（ $c,0,0$ ）	- 33.586 ***	0.0000	$\ln IF$	（ $c,0,0$ ）	435.604 ***	0.0000
$\ln THD$	（ $c,0,0$ ）	- 9.137 ***	0.0000	$\ln THD$	（ $c,0,0$ ）	110.618 ***	0.0001
$\ln CV$	（ $c,0,0$ ）	- 12.501 ***	0.0000	$\ln CV$	（ $c,0,0$ ）	189.360 ***	0.0000

续表

变量	同质面板检验：LLC			变量	异质面板检验：Fish-ADF		
	模型形式 (c,t,k)	统计量	p 值		模型形式 (c,t,k)	统计量	p 值
$\ln IV$	$(c,0,0)$	-7.207^{***}	0.0000	$\ln IV$	$(c,0,0)$	108.714^{***}	0.0001
$\ln EL$	$(c,0,0)$	-10.928^{***}	0.0000	$\ln EL$	$(c,0,0)$	147.685^{***}	0.0000
$\ln KL$	$(c,0,0)$	-10.479^{***}	0.0000	$\ln KL$	$(c,0,0)$	178.311^{***}	0.0000
$\ln IS$	$(c,0,0)$	-15.215^{***}	0.0000	$\ln IS$	$(c,0,0)$	236.006^{***}	0.0000

说明：*** 表示在1%的显著性水平下拒绝原假设。模型形式 (c,t,k) 中，c 表示截距项，t 表示时间趋势，k 表示差分项的滞后阶数，$t=0$ 表示无时间趋势。

由表5-2可知，各变量在取对数后均为平稳序列，变量间可能存在协整关系。在此基础上，对模型中各变量的组合进行了协整关系检验，结果如表5-3所示，由检验结果可知，各变量之间存在协整关系，符合建立面板计量模型的条件。

表5-3　　　　　　　　　　　各变量之间协整关系检验结果

检验方法	原假设	统计量名称	统计量值	p 值
Kao 检验	无协整关系	ADF	-10.2281^{***}	0.0000

说明：*** 表示在1%的显著性水平下拒绝原假设。

三　物流产业全要素生产率的空间相关性分析及模型设定

（一）空间格局演变特征

首先利用1997—2011年碳排放约束下物流产业全要素生产率的相关数据，分析中国省级地区物流产业发展的空间集聚程度，西藏和港、澳、台由于数据缺乏，这里不予分析。由于各省物流产业生产率的数值集中，若对各年份全要素生产率值分别作图分析，TFP 值的微小变化可能引起空间分布的剧烈改变，难以发现其规律，因此这里仅对样本期各年的物流产业全要素生产率的几何均值进行空间分布的分析，基于 GeoDa9.5 软件得到物流产业全要素生产率几何均值的空间四分位图，如图5-1所示。

图5-1反映了中国各省市物流产业全要素生产率的集聚程度，颜色越深，表示物流产业的生产率水平越高。按照颜色由深到浅可以划分为四

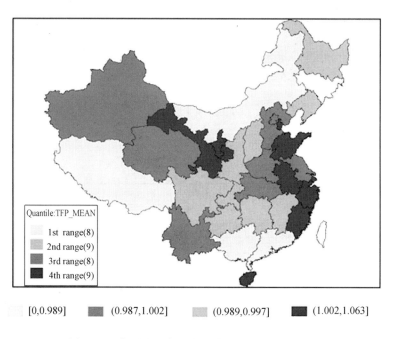

[0,0.989]　(0.987,1.002]　(0.989,0.997]　(1.002,1.063]

图 5 - 1　中国物流产业全要素生产率空间分布图

种类型：处于第一类的省市有上海、天津、山东、福建、浙江、安徽、海南、甘肃、宁夏 9 个省份；处于第二类的有北京、河北、河南、江苏、湖北、云南、青海、新疆 8 个省份；处于第三类的有辽宁、黑龙江、山西、陕西、江西、四川、重庆、湖南、贵州 9 个省份；处于第四类的有广东、广西、内蒙古、吉林 4 个省份。由图 5 - 1 可知，中国省域物流产业全要素生产率整体呈现出集聚的特征，空间上相邻省份的全要素生产率表现出一定的相关性，因此推测物流产业全要素生产率存在空间外溢的特性。进一步利用 GeoDa9.5 软件生成与物流产业全要素生产率的空间集聚图相对应的 Moran's I 散点图，如图 5 - 2 所示。

图 5 - 2 的横坐标表示经过标准化处理的物流产业全要素生产率指数值，纵坐标表示与其相邻省份经过标准化处理的物流产业全要素生产率指数值，Moran's I 散点图反映了中国各省与其相邻地区物流产业全要素生产率之间的关系，图中四个象限将中国 30 个省按照空间结构分为"高—高"、"低—高"、"低—低"和"高—低"四种空间集聚类型，通常用HH、LH、LL 以及 HL 代表，分别对应第一象限到第四象限。其中，

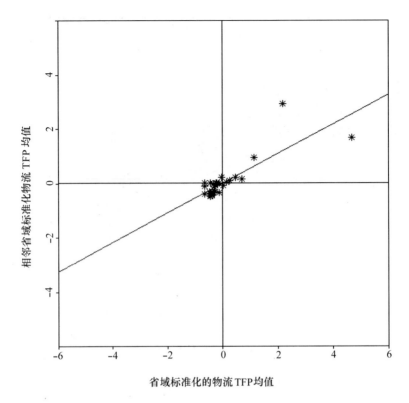

图 5 - 2　中国省域物流产业全要素生产率 Moran's I 散点图

"高—高"地区是指物流产业全要素生产率高的省份被物流产业全要素生产率高的区域所包围。同理，"低—高"地区是指物流产业全要素生产率低的省份被全要素生产率高的省份所包围，"低—低"地区是指物流产业全要素生产率低的地区被全要素生产率低的地区所包围，"高—低"地区是指物流产业全要素生产率高的地区被全要素生产率低的地区所包围。分析图 5 - 2 可知，大部分的观测点均落在第一和第三象限，说明中国各省份物流产业与相邻省份的物流产业发展呈正相关居多。具体到各省份，北京、天津、河北、辽宁、上海、江苏、浙江这 7 个省位于第一象限，属于"高—高"空间自相关集群；山东、内蒙古、山西、吉林这 4 个省位于第二象限，属于"低—高"空间自相关集群；广东、黑龙江、安徽、江西、海南、湖北、湖南、四川、贵州、云南、陕西、甘肃、宁夏、青海、新疆、重庆、广西这 17 个省位于第三象限，属于"低—低"空间自相关集群；只有福建 1 个省份位于第四象限，属于"高—低"空间自相关集群。

结合图 5 - 1 和图 5 - 2 可以看出，中国大部分省份处于"低—低"空间自相关集群，物流产业生产率水平不高且被同样生产率较低的区域所包围。具体分析如下：

（1）北京、天津、河北、辽宁、上海、江苏、浙江 7 个省的物流产业及其相邻地区的物流产业的生产率水平较高，表明这些地区不仅自身物流产业的发展较好，对周边相邻地区的正向辐射作用也较强。

（2）广东、黑龙江、安徽、江西、海南、湖北、湖南、四川、贵州、云南、陕西、甘肃、宁夏、青海、新疆、重庆、广西这 17 个省自身物流产业的生产率水平较为落后，并且与其邻近的地区物流产业发展也相对滞后，相邻省份对其产生的负向影响作用较强，一定程度上抑制了本地区物流产业的发展。这 17 个省大部分属于中部和西部地区，也说明中国中、西部地区物流产业的发展相对欠缺，缺乏物流发展水平较高的省市的正向带动作用，因而呈现出"低—低"的恶性循环状态。

（3）山东、内蒙古、山西、吉林 4 个省处于"低—高"地区，虽然这 4 个省自身物流产业生产率较低，但其周边地区物流产业发展水平较高，对其有较强的正向辐射作用。福建省自身物流产业发展水平较高，但是被物流产业生产率较低的省份所围绕，受到负向的辐射作用。

综观以上分析，根据物流产业全要素生产率的 Moran's I 散点图和空间分布图可以看出，物流产业的全要素生产率具有明显的空间相关性。上述 Moran's I 散点图和空间分布图虽然直观，却是针对全要素生产率的几何均值进行的分析，当数据扩充至面板形式时，可能出现偏差，因此需要进一步通过构建面板 Moran's I 指数和相应的其他相关性检验进行验证。

（二）空间面板相关性检验

在进行空间计量模型设定前，需要再次检验本章选择的因变量和自变量之间是否存在空间相关性，面板全局 Moran's I 指数通常是第一个要使用的指标，除此以外，还可以通过安瑟林等（2008）提出的基于拉格朗日乘数形式 LMerror、LMlag 及其稳健形式 R-LMerror、R-LMlag 进行检验，原假设是 $\rho = 0$ 或者 $\lambda = 0$。LMerror、LMlag 及其稳健形式 R-LMerror、R-LMlag 不仅可以检验空间相关性，还可以为空间面板模型的选择提供线索。根据前文对空间面板模型检验过程的梳理，构建不含空间交互影响的传统混合面板数据模型，并采用普通最小二乘法 OLS 进行估计和检验，模型表示为：

$$\ln TFP_{it} = \beta_1 \ln LEE_{it} + \beta_2 \ln IF_{it} + \beta_3 \ln THD_{it} + \beta_4 \ln CV_{it} + \beta_5 \ln IV_{it}$$
$$+ \beta_6 \ln EL_{it} + \beta_7 \ln KL_{it} + \beta_8 \ln IS_{it} + \mu_i + \nu_t + \varepsilon_{it}, \varepsilon_{it} \sim i.i.d(0, \sigma^2)$$

$$(5.19)$$

其中，μ_i 和 ν_t 分别表示空间和时间固定效应，ε_{it} 为误差项，基于本章定义的 4 种空间权重矩阵，即邻接权重矩阵、交通权重矩阵、交通距离权重矩阵和交通距离经济权重矩阵来建立面板全局 Moran's I 指数、LM 检验及稳健的 LM 检验来验证空间相关性是否存在，并给出传统混合面板数据模型的估计结果，如表 5 – 4 所示。

表 5 – 4　　　　　　　　传统混合面板数据模型的估计结果

变量	无固定效应	空间固定效应	时间固定效应	双向固定效应
截距项 C	0.7326 *** (3.0868)			
$\ln LEE$	0.0802 *** (8.4606)	0.179 *** (13.6713)	0.0829 *** (8.4040)	0.1747 *** (13.0819)
$\ln IF$	0.0306 * (1.8863)	0.016 (0.9005)	0.0509 ** (2.3112)	0.1207 *** (3.4563)
$\ln THD$	0.0007 (0.1294)	0.0401 *** (3.3245)	– 0.0003 (– 0.0472)	0.0629 *** (4.1937)
$\ln CV$	0.0033 (0.2391)	0.0193 (0.579)	0.0252 * (1.6633)	0.0606 (1.3397)
$\ln IV$	– 0.0004 (– 0.0431)	0.058 *** (3.1031)	0.0116 (1.1101)	0.0778 *** (4.035)
$\ln EL$	0.1474 ** (1.9984)	0.2807 ** (2.0449)	0.1605 * (1.8731)	0.3386 ** (1.9882)
$\ln KL$	0.0002 (0.0189)	0.0389 *** (2.767)	0.0226 (1.4336)	0.0757 *** (3.7601)
$\ln IS$	0.1411 *** (4.2724)	0.1686 *** (2.7435)	0.1532 *** (4.5555)	0.2871 *** (4.4808)
R^2	0.1929	0.3847	0.2045	0.4235
LogL	378.016	440.195	389.154	462.204
LR		146.099 *** (0.0000)	44.0177 *** (0.0001)	

续表

变量	无固定效应	空间固定效应	时间固定效应	双向固定效应
邻接权重矩阵				
LMlag	6.0006 ** (0.014)	3.3211 * (0.068)	15.4246 *** (0.000)	12.6332 *** (0.000)
R-LMlag	2.0409 (0.153)	9.3287 *** (0.002)	7.2201 *** (0.007)	3.8683 ** (0.049)
LMerror	4.5603 ** (0.033)	0.2285 (0.633)	10.9420 *** (0.001)	8.8610 *** (0.003)
R-LMerror	0.6006 (0.438)	6.2362 ** (0.013)	2.7375 * (0.098)	0.0961 (0.757)
Moran's I	− 0.0757 * (− 1.9192)	− 0.0169 (− 0.2382)	− 0.1173 *** (− 3.2530)	− 0.1055 *** (− 2.9334)
交通权重矩阵				
LMlag	4.7767 ** (0.029)	1.3027 (0.254)	21.5688 *** (0.000)	17.2485 *** (0.000)
R-LMlag	0.7743 (0.379)	1.9088 (0.167)	5.2677 ** (0.022)	4.9901 ** (0.025)
LMerror	4.0715 ** (0.044)	0.3844 (0.535)	17.6680 *** (0.000)	12.5418 *** (0.000)
R-LMerror	0.0690 (0.793)	0.9905 (0.320)	1.3669 (0.242)	0.2834 (0.594)
Moran's I	− 0.0463 * (− 1.7677)	− 0.0142 (− 0.2905)	− 0.0964 *** (− 4.1716)	− 0.0812 *** (− 3.5149)
交通距离权重矩阵				
LMlag	2.2557 (0.133)	1.2397 (0.266)	6.5912 *** (0.010)	5.8217 ** (0.016)
R-LMlag	0.2976 (0.585)	7.2790 *** (0.007)	1.7943 (0.180)	2.0782 (0.149)
LMerror	1.9698 (0.160)	0.0065 (0.935)	5.0936 ** (0.024)	3.8570 ** (0.050)
R-LMerror	0.0118 (0.914)	6.0458 ** (0.014)	0.2967 (0.586)	0.1135 (0.736)

续表

变量	无固定效应	空间固定效应	时间固定效应	双向固定效应
Moran's I	-0.0683 (-1.2250)	0.0039 (0.2584)	-0.1099 ** (-2.2004)	-0.0956 * (-1.9268)
交通距离经济权重矩阵				
LMlag	1.3772 (0.241)	0.3647 (0.546)	4.8554 ** (0.028)	3.7629 * (0.052)
R-LMlag	0.2820 (0.595)	5.0394 ** (0.025)	1.9754 (0.160)	0.9603 (0.327)
LMerror	1.1353 (0.287)	0.1213 (0.728)	3.4316 * (0.064)	2.8187 * (0.093)
R-LMerror	0.0400 (0.841)	4.7960 ** (0.029)	0.5516 (0.458)	0.0161 (0.889)
Moran's I	-0.0507 (-0.8798)	0.0166 (0.5344)	-0.0882 * (-1.7928)	-0.0799 (-1.6338)

说明：LMlag、R-LMlag、LMerror、R-LMerror、LR 括号内为边际概率 p 值，其余括号内为 t 值或 z 值；LogL 表示 log likelihood；各 LM 检验均对应面板数据检验程序；*** 、** 、* 分别表示 1% 、5% 、10% 显著性水平。

　　由表 5 - 4 可知，零假设为空间固定效应联合显著的 LR 检验结果为 $LR = 146.0993$ ，相应的 $p = 0.0000$ ，表明无论采用邻接权重矩阵、交通权重矩阵、交通距离权重矩阵还是交通距离经济权重矩阵，空间和时间双向固定效应模型都优于空间固定效应；同样地，零假设为时间固定效应联合显著的 LR 检验结果为 $LR = 44.0177$ ，$p = 0.0001$ ，表明空间和时间双向固定效应同样优于时间固定效应。在空间和时间双向固定效应模型中，无论采用何种空间权重形式都可能存在空间相关性，原因是对应的 LM 检验或稳健的 LM 检验中都存在显著项。对于面板全局 Moran's I 检验值，在空间和时间双向固定效应模型中，仅在采用交通距离经济权重矩阵时没能通过检验，当空间权重矩阵为邻接矩阵和交通矩阵时，面板 Moran's I 指数均在 1% 显著性水平下通过相关性检验，当权重矩阵为交通距离矩阵时，面板 Moran's I 指数通过了 10% 的显著性水平检验。但是无论 Moran's I 指数是否通过检验，面板 Moran's I 指数均为负数，说明物流产业的全要素生产率在空间上总体呈现出负向溢出，结合前文全要素生产率均值的

Moran's I 指数分析，得出面板全局 Moran's I 指数呈负数的原因是中国各省份中属于 LL 和 HL 空间集聚类型的省份要远多于属于 HH 和 LH 空间集聚类型的省份，因此空间上正向的辐射作用被负向的辐射作用所抵消，总体呈现出负向的溢出效应，该结论在后文的模型估计结果中可以得到进一步的验证。

四　物流产业全要素生产率溢出效应的空间杜宾模型

在判定物流产业全要素生产率存在空间相关性后，进一步对空间面板 SAR 模型和空间面板 SEM 模型进行估计，由于已经确定空间和时间双向固定效应模型相对最优，因此只报告 SAR 和 SEM 双向固定效应模型的估计结果，如表 5 – 5 所示。

由表 5 – 5 可知，当采用邻接权重和交通权重时，SEM 模型的 LMlag、LMerror 都通过 1% 水平的显著性检验，LMerror 的统计量比 LMlag 更显著，R-LMerror 通过显著性检验而 R-LMlag 没能通过，此时 SAR 模型的检验统计量仅有 R-LMlag 通过，说明 SEM 模型较好地控制了残差的空间自相关。当采用交通距离权重和交通距离经济权重时，仅有 SEM 模型的 LMerror 通过了 5% 水平的显著性检验，SAR 模型的检验统计量均未通过，说明 SEM 模型的估计结果较好，但是仍然存在残差自相关，凭借该检验结果不能判断 SEM 模型一定优于 SAR 模型，根据埃尔霍斯特（2010）的建议，此时需要进一步对更为广义的空间面板 SDM 模型进行估计和检验，至此式（5.18）括号内的部分均得到验证，该式即为本书所采用的空间杜宾面板模型，在 Matlab2012b 中对其进行估计，得到结果如表 5 – 6 所示。

根据表 5 – 6，Hausman 检验使用单侧检验，埃尔霍斯特（2010）认为只有 p 小于 2.5% 时才能拒绝随机效应选择固定效应，模型中仅在采用交通距离经济权重矩阵时没能通过 Hausman 检验，其余空间权重矩阵均通过，因此本书仍然认为固定效应模型优于随机效应模型。空间滞后 Wald 检验（Wald_spatial_lag）、LR 检验（LR_spatial_lag）和空间误差 Wald 检验（Wald_spatial_error）、LR 检验（LR_spatial_error）结果显示出，无论选择哪种空间权重矩阵，上述 4 种检验在 SDM 固定效应模型中均通过 1% 显著性水平检验，因此 SDM 模型不能被简化为 SAR 模型和 SEM 模型。同时，对比表 5 – 5 和表 5 – 6，可以看出 SDM 模型与 SAR 模型、

表 5 - 5　SAR 和 SEM 空间、时间双向固定效应模型估计结果

变量	邻接矩阵		交通距离矩阵		交通距离矩阵		交通距离经济矩阵	
	SAR	SEM	SAR	SEM	SAR	SEM	SAR	SEM
$\ln LEE$	0.1678*** (12.3488)	0.1694*** (12.4675)	0.1554*** (11.804)	0.1666*** (12.1374)	0.1716*** (12.4431)	0.1728*** (12.4717)	0.1718*** (12.4126)	0.1734*** (12.4919)
$\ln IF$	0.1248*** (3.5275)	0.1272*** (3.7907)	0.1258*** (3.6888)	0.1228*** (3.7287)	0.1268*** (3.523)	0.1284*** (3.6709)	0.1273*** (3.527)	0.1280*** (3.6509)
$\ln THD$	0.0601*** (3.9535)	0.0563*** (3.7612)	0.0621*** (4.2369)	0.049*** (3.3256)	0.0623*** (4.0295)	0.0591*** (3.8172)	0.0623*** (4.0187)	0.0591*** (3.8142)
$\ln CV$	0.0503 (1.0964)	0.0372 (0.8416)	0.0389 (0.8792)	0.0439 (0.9865)	0.0557 (1.1946)	0.044 (0.9656)	0.0573 (1.2255)	0.0465 (1.0209)
$\ln IV$	0.0766*** (3.9064)	0.0766*** (4.071)	0.0798*** (4.2058)	0.0858*** (4.6004)	0.0769*** (3.8575)	0.0802*** (4.1683)	0.0773*** (3.8661)	0.0808*** (4.1872)
$\ln EL$	0.3395** (1.9647)	0.3952** (2.2389)	0.4149*** (2.4922)	0.4937*** (2.8859)	0.3685** (2.0954)	0.4417** (2.5132)	0.3686** (2.0897)	0.4380** (2.4869)
$\ln KL$	0.0748*** (3.6609)	0.081*** (4.1429)	0.0663*** (3.3721)	0.0663*** (3.4184)	0.0735*** (3.5406)	0.0785*** (3.8769)	0.0733*** (3.5186)	0.0796*** (3.9123)
$\ln IS$	0.2656*** (4.0897)	0.2602*** (3.8548)	0.2588*** (4.135)	0.277*** (4.1994)	0.2761*** (4.1828)	0.2717*** (4.0428)	0.2810*** (4.2432)	0.2797*** (4.1721)

续表

变量	邻接矩阵		交通矩阵		交通距离矩阵		交通距离经济矩阵	
	SAR	SEM	SAR	SEM	SAR	SEM	SAR	SEM
$W \times \delta$ / $W \times \lambda$	-0.2729*** (-4.3958)	-0.2331*** (-3.3363)	-0.76*** (-6.9196)	-0.5078*** (-4.2709)	-0.1312*** (-3.0132)	-0.1151** (-2.348)	-0.1233*** (-2.7212)	-0.1076** (-2.1429)
R^2	0.4913	0.4569	0.5268	0.4531	0.4743	0.4578	0.4709	0.4581
LogL	471.201	468.601	476.237	472.896	466.537	465.223	465.5012	464.618
LMlag	2.0016 (0.157)	7.5523*** (0.006)	2.4290 (0.119)	6.8072*** (0.009)	1.1037 (0.293)	3.3568 (0.067)	0.9426 (0.332)	2.1672 (0.141)
R-LMlag	3.3995* (0.065)	0.4789 (0.489)	1.4425 (0.230)	0.1899 (0.663)	0.8106 (0.368)	0.1558 (0.693)	0.2854 (0.593)	0.0256 (0.873)
LMerror	0.0001 (0.994)	11.8771*** (0.001)	1.0477 (0.306)	18.2713*** (0.000)	0.3183 (0.573)	5.6771** (0.017)	0.7442 (0.388)	4.3014** (0.038)
R-LMerror	1.3979 (0.237)	4.8037** (0.028)	0.0612 (0.805)	11.6540*** (0.001)	0.0252 (0.874)	2.4761 (0.116)	0.0869 (0.768)	2.1598 (0.142)

说明：LMlag、R-LMlag、LMerror、R-LMerror、LR 括号内为边际概率 p 值，其余括号内为 t 值或 z 值；LogL 表示 log likelihood；各 LM 检验均对应面板数据检验程序；***、**、*分别表示 1%、5%、10% 显著性水平。

表5-6　　SDM空间面板模型的估计结果

变量	邻接矩阵 FE	邻接矩阵 RE	交通矩阵 FE	交通矩阵 RE	交通距离矩阵 FE	交通距离矩阵 RE	交通距离经济矩阵 FE	交通距离经济矩阵 RE
$\ln LEE$	0.1695*** (12.6047)	0.1542*** (12.7385)	0.1459*** (11.1403)	0.1439*** (11.8126)	0.1797*** (13.939)	0.1659*** (13.3531)	0.1815*** (13.998)	0.1679*** (13.4685)
$\ln IF$	0.068 (1.5567)	0.0745** (2.1657)	0.1375*** (3.6755)	0.1001*** (3.2545)	0.116*** (2.9942)	0.102*** (3.103)	0.1256*** (3.2647)	0.1026*** (3.1429)
$\ln THD$	0.0689*** (4.5289)	0.0462*** (4.0263)	0.0795*** (5.4225)	0.0392*** (3.5804)	0.0609*** (4.2398)	0.0344*** (3.0423)	0.0633*** (4.4068)	0.0342*** (3.0410)
$\ln CV$	0.116** (2.2530)	0.1073*** (3.7472)	0.0858* (1.8857)	0.1086*** (3.8851)	0.1059** (2.3297)	0.11*** (3.8007)	0.1078** (2.3406)	0.1155*** (3.9384)
$\ln IV$	0.0796*** (3.8801)	0.0665*** (3.9585)	0.0748*** (3.9233)	0.0513*** (3.1723)	0.0631*** (3.1882)	0.055*** (3.1844)	0.0686*** (3.3943)	0.0571*** (3.2419)
$\ln EL$	0.3177* (1.8289)	0.2513* (1.9102)	0.3713** (2.3080)	0.4174*** (3.1826)	0.3846** (2.3045)	0.2579* (1.8665)	0.391** (2.3662)	0.2836** (2.0561)
$\ln KL$	0.0462** (2.0558)	0.0425** (2.1013)	0.0581*** (2.9827)	0.0616*** (3.346)	0.0576*** (2.7612)	0.0467** (2.3206)	0.055*** (2.6428)	0.0481** (2.3619)
$\ln IS$	0.1832*** (2.6199)	0.2176*** (4.0142)	0.239*** (3.6966)	0.2773*** (4.7732)	0.2554*** (4.063)	0.2479*** (4.5238)	0.2453*** (3.9223)	0.2489*** (4.5441)
$W \times \ln LEE$	0.0022 (0.0670)	-0.002 (-0.0721)	0.0412 (0.6585)	-0.0063 (-0.1155)	-0.0166 (-0.7041)	-0.0283 (-1.3264)	-0.0142 (-0.5706)	-0.0184 (-0.829)

续表

变量	邻接矩阵		交通矩阵		交通距离矩阵		交通距离经济矩阵	
	FE	RE	FE	RE	FE	RE	FE	RE
$W \times \ln IF$	0.0954 (1.3447)	0.0246 (0.4229)	0.2502** (2.1190)	0.2851*** (2.6943)	0.0834* (1.8808)	0.023 (0.5698)	0.0803* (1.7505)	0.0298 (0.7229)
$W \times \ln THD$	-0.0554* (-1.7047)	-0.0228 (-0.9695)	-0.1959*** (-3.3892)	-0.1347*** (-2.9876)	-0.0092 (-0.4336)	-0.0009 (-0.0493)	-0.0194 (-0.8431)	-0.0195 (-0.9684)
$W \times \ln CV$	-0.1997** (-2.1450)	-0.1648*** (-2.9457)	-0.3474** (-2.0013)	-0.1019 (-0.9211)	-0.0651 (-1.1013)	-0.0291 (-0.752)	-0.0603 (-0.9441)	-0.0285 (-0.7083)
$W \times \ln IV$	-0.0674* (-1.6973)	-0.0316 (-1.0704)	-0.096 (-1.3534)	0.0107 (0.1922)	0.0246 (0.9227)	0.0232 (1.029)	0.0136 (0.4714)	0.0183 (0.7708)
$W \times \ln EL$	0.3315 (0.9193)	0.1394 (0.5189)	1.3826** (2.1809)	0.6973 (1.3992)	0.4754** (2.1669)	0.367** (1.9624)	0.5207** (2.1553)	0.3714* (1.7794)
$W \times \ln KL$	0.0971** (2.1728)	0.064 (1.6277)	0.1081 (1.3189)	-0.0261 (-0.3439)	0.0392 (1.3107)	0.0176 (0.6050)	0.0579* (1.7697)	0.0238 (0.7559)
$W \times \ln IS$	-0.0473 (-0.3057)	-0.1533 (-1.2608)	0.5702* (1.751)	0.2047 (0.6927)	-0.0215 (-0.2186)	-0.1557* (-1.7509)	0.0335 (0.3099)	-0.1288 (-1.3017)
$W \times \delta$	-0.2238*** (-3.2327)	-0.2796*** (-4.0392)	-0.7894*** (-6.6404)	-0.6781*** (-5.7222)	-0.1383*** (-2.8672)	-0.1333*** (-2.7649)	-0.1313*** (-2.6547)	-0.1343*** (-2.7201)
teta		0.318*** (5.7095)		0.2666*** (5.6414)		0.2953*** (5.6782)		0.2868*** (5.667)

续表

变量	邻接矩阵		交通矩阵		交通距离矩阵		交通距离经济矩阵	
	FE	RE	FE	RE	FE	RE	FE	RE
R^2	0.5183	0.4502	0.5719	0.4849	0.5083	0.4328	0.5073	0.4323
LogL	484.026	428.678	495.528	433.489	480.292	421.977	480.169	421.071
Wald_spatial_lag test	24.1207*** (0.0022)	35.9946*** (0.0000)	37.8123*** (0.000)	33.384*** (0.0000)	28.2683*** (0.0004)	32.248*** (0.0000)	30.3341*** (0.0002)	32.2067*** (0.0000)
LR_spatial_lag test	25.642*** (0.0012)	34.5490*** (0.0000)	38.5818*** (0.0000)	31.6376*** (0.0001)	27.51*** (0.0006)	31.1614*** (0.0001)	29.3353*** (0.0003)	31.1446*** (0.0001)
Wald_spatial_error test	29.5411*** (0.0003)	42.4642*** (0.0000)	52.4696*** (0.0000)	42.4644*** (0.0000)	31.2365*** (0.0001)	35.4118*** (0.0000)	32.3603*** (0.0000)	35.0758*** (0.0000)
LR_spatial_error test	30.8459*** (0.0001)	35.5238*** (0.0000)	45.2670*** (0.0000)	30.8715*** (0.0001)	30.1394*** (0.0002)	22.0577*** (0.0048)	31.1024*** (0.0001)	17.1916** (0.0282)
Hausman检验	35.9079*** (0.0047)			53.6668*** (0.0000)		36.4241*** (0.004)		29.1574 (0.0331)

说明：FE 和 RE 区分固定效应模型和随机效应模型，teta 表示随机效应对应的值；空间滞后、空间误差分别对应的 Wald 检验、LR 检验、Hausman 检验对应括号内均为 p 值，其余对应括号内为 t 值；LogL 表示 log likelihood；***、**、* 分别表示 1%、5%、10% 显著性水平。

SEM 模型在模型拟合效果方面也有显著提升（LogL 4 种空间权重矩阵的拟合效果均有提升，Wald 和 LR 统计量更为显著）。因此，本章认为嵌套空间和时间双向固定效应的 SDM 模型是展开物流产业全要素生产率空间分析最适宜的模型，利用其估计结果对各经济因素进行解释是可以接受的。

由表 5 – 6 可知，在物流产业全要素生产率的增长过程中基础设施、人力资本对其产生重要影响，且彼此之间存在着空间交互性，此外本地区物流产业的生产率还会受到其他地区资源禀赋、产业结构变动的影响。从空间滞后回归系数 $W \times \delta$ 来看，该系数表现的是空间相关性的强度，即其他地区各影响因素对本地区增长的加权影响，在 SDM 双向固定效应模型中，无论采用何种空间权重矩阵，该系数都显著为负，说明物流生产率存在明显的空间竞争效应，相邻地区或交通网络可覆盖的相近地区物流产业生产率增长对本地区物流产业的技术发展产生负向溢出。由 4 种空间权重矩阵的模型拟合效果发现，根据交通网络覆盖程度建立的交通权重矩阵的拟合效果最好，在交通权重矩阵基础上加入地理距离的影响和经济增长的影响都会在一定程度上削弱物流产业生产率的空间相关性，说明物流生产率的空间溢出效应主要是通过交通运输网络的通达程度向外辐射。具体到各解释变量，发现所有解释变量的系数几乎都表现为显著，这与预期基本一致，本章选取了 4 个变量来反映基础设施对物流产业全要素生产率的影响，即能源基础设施 $\ln LEE$、信息基础设施 $\ln IF$、交通基础设施 $\ln THD$ 和 $\ln CV$。从实证结果看，除了邻接权重 SDM 双向固定效应模型中 $\ln IF$ 不显著以外，各变量在 4 类空间权重矩阵模型中系数均为正，且都至少通过 10% 的显著性水平检验。以表 5 – 6 中交通权重矩阵模型为例，实证结果显示，反映基础设施的 4 个变量的估计系数均显著，分别为 0.1459、0.1375、0.0795 和 0.0858，能源基础设施的估计系数大于信息基础设施，而交通基础设施对物流产业全要素生产率的影响作用最小，说明单纯依靠改善交通网络不能从根本上提高物流产业的全要素生产率。交通基础设施和信息基础设施的估计结果与刘生龙和胡鞍钢（2010）的估计结论一致，通过增加交通基础设施的投资可以降低生产要素流动的成本以及优化生产要素的配置，从而促进物流产业全要素生产率的增长。信息基础设施可以减少市场中的信息不对称以及加速新技术和新方法的有效传播，从而提高生产率。表 5 – 6 中还可以得出，除了基础设施变量的影响显著以外，代表资源禀赋、人力资本和产业结构的各相关变量的系数都通过了 5% 的显著性检验。

五　空间溢出效应检验

以表 5-6 中交通权重矩阵模型为例，因变量的空间滞后项 $W \times \delta$ 和自变量 $\ln IF$、$\ln THD$、$\ln CV$、$\ln EL$、$\ln IS$ 的空间交互项的显著性情况表明可能存在空间溢出效应，$W \times \delta$、$W \times \ln THD$ 通过 1% 水平的显著性检验，$W \times \ln IF$、$W \times \ln CV$、$W \times \ln EL$ 通过 5% 水平的显著性检验，表明交通和信息基础设施、人力资本水平都可能对其他地区的物流产业全要素生产率产生影响。由于 SDM 模型中同时加入了空间滞后因变量和自变量，不能直接反映其边际效应，估计值也不能准确衡量自变量对因变量的直接影响。为了检验各解释变量的空间溢出效应是否真实存在，本章利用偏微分方程计算了 4 种权重矩阵在 SDM 双向固定效应模型中的直接效应和间接效应，结果如表 5-7 所示。

表 5-7　　　　　SDM 模型的直接效应、间接效应以及总效应

权重	变量	直接效应	t 值	间接效应	t 值	总效应	t 值
邻接权重矩阵	$\ln LEE$	0.1718 ***	12.3719	-0.0311	-1.1296	0.1407 ***	4.954
	$\ln IF$	0.0654	1.4421	0.0696	1.0898	0.135 **	2.1826
	$\ln THD$	0.0718 ***	4.4554	-0.0613 **	-2.0167	0.0105	0.3685
	$\ln CV$	0.1246 **	2.3278	-0.1962 **	-2.4091	-0.0716	-0.8928
	$\ln IV$	0.0824 ***	3.7757	-0.0743 **	-2.1167	0.0081	0.2479
	$\ln EL$	0.3145 *	1.847	0.2453	0.7897	0.5598	1.5905
	$\ln KL$	0.041 *	1.8064	0.0773 *	1.9534	0.1183 ***	3.3024
	$\ln IS$	0.1839 ***	2.656	-0.0763	-0.5807	0.1075	0.7117
交通权重矩阵	$\ln LEE$	0.1496 ***	11.2455	-0.0436	-1.2364	0.106 ***	3.0164
	$\ln IF$	0.1284 ***	3.0879	0.0889	1.165	0.2173 ***	3.4661
	$\ln THD$	0.095 ***	6.1129	-0.1593 ***	-4.5545	-0.0643 *	-1.9561
	$\ln CV$	0.1093 **	2.311	-0.2528 **	-2.3424	-0.1435	-1.4095
	$\ln IV$	0.0837 ***	4.0671	-0.0935 **	-2.0438	-0.0098	-0.2408
	$\ln EL$	0.3165 *	1.8959	0.6707 *	1.6681	0.9872 ***	2.5942
	$\ln KL$	0.0544 **	2.4971	0.0379	0.7159	0.0923 **	2.0007
	$\ln IS$	0.2174 ***	3.2532	0.2424	1.2307	0.4598 **	2.3975

续表

权重	变量	直接效应	t 值	间接效应	t 值	总效应	t 值
交通距离权重矩阵	ln*LEE*	0.1821***	13.7625	-0.0399*	-1.9059	0.1422***	6.0030
	ln*IF*	0.1099***	2.7890	0.0636	1.3993	0.1735***	3.7500
	ln*THD*	0.0618***	4.1510	-0.0163	-0.8462	0.0455**	2.0127
	ln*CV*	0.1095**	2.2703	-0.0760	-1.3361	0.0335	0.5333
	ln*IV*	0.0619***	2.8683	0.0154	0.6233	0.0773***	3.2029
	ln*EL*	0.3639**	2.1911	0.3935**	1.9862	0.7573***	3.1581
	ln*KL*	0.0567**	2.5443	0.0275	0.9157	0.0842***	2.9040
	ln*IS*	0.2554***	4.0806	-0.0566	-0.6365	0.1988*	1.8527
交通距离经济权重矩阵	ln*LEE*	0.1831***	13.9777	-0.0354	-1.6368	0.1477***	6.0979
	ln*IF*	0.1207***	3.0646	0.0622	1.4257	0.1829***	3.9104
	ln*THD*	0.0649***	4.398	-0.0261	-1.2169	0.0389	1.5778
	ln*CV*	0.1119**	2.4558	-0.0719	-1.1901	0.04	0.6311
	ln*IV*	0.0687***	3.2963	0.0022	0.0757	0.0709***	2.6979
	ln*EL*	0.3601**	2.1641	0.4395*	1.9469	0.7996***	3.1346
	ln*KL*	0.0528**	2.4903	0.0475	1.5047	0.1003***	3.321
	ln*IS*	0.2416***	3.8615	0.0022	0.0215	0.2437**	2.1068

说明：***、**、* 分别表示 1%、5%、10% 显著性水平。

根据偏微分矩阵的计算结果可知，统计上并非所有解释变量空间效应的测算结果都显著，但依然能够反映出基础设施、人力资本等因素存在比较明显的空间溢出效应。下面以表 5-7 中交通权重矩阵结果为例进行分析。

首先，勒沙杰和佩斯（LeSage & Pace，2009）将直接效应定义为 $\partial y_i / \partial x_{ir}$，即直接效应来自于本地区观测值的影响，衡量基础设施各变量 ln*LEE*、ln*IF*、ln*THD*、ln*CV* 的直接效应分别为 0.1496、0.1284、0.095、0.1093，能源和信息基础设施的直接效应大于交通基础设施，影响作用更强；反映人力资本的两个因素 ln*IV* 和 ln*EL* 的直接效应分别为 0.0837 和 0.3165，受教育程度的影响作用大于自主创新水平；控制变量资源禀赋 ln*KL* 的直接效应最弱，仅为 0.0544，这也说明物流产业仍然属于劳动密集型产业，人均资本提高对生产率虽然有影响，但作用并不大。

　　其次，勒沙杰和佩斯（2009）将间接效应定义为 $\partial y_i / \partial x_{jr}$，即间接效应是其他地区观测值对本地区观测值的影响，从表5-7中不同空间权重矩阵的估计结果可以清晰看到空间权重矩阵的选择对间接效应即溢出效应的影响十分显著，且结果并不稳定。结合前文对空间权重矩阵的定义，这里以表5-7中交通权重矩阵为例分析，在各变量空间效应的测度结果中，仅反映交通基础设施和人力资本的相关变量 $\ln THD$、$\ln CV$、$\ln IV$、$\ln EL$ 的间接效应显著，分别为 -0.1593、-0.2528、-0.0935、0.6707，其中交通基础设施和自主创新能力有负向的空间溢出效应，即某一省份 $\ln THD$、$\ln CV$ 和 $\ln IV$ 的变化对相邻地区物流生产率或相邻省份 $\ln THD$、$\ln CV$、$\ln IV$ 变化对本地区物流生产率均产生消极影响，原因是完善的基础设施提升了本地区物流产业的相对竞争优势，形成了集聚效应，吸引了周边地区的经济资源和生产要素，若此时相邻地区的资金和技术的投入滞后，就会加快生产要素向该地区集聚，进而抑制了相邻地区物流产业的产出和生产率的提高，这与博纳特（Boarnet，1998）的结论一致。相反，反映地区受教育水平的变量 $\ln EL$ 对物流产业生产率有正向溢出效应，某地区劳动力受教育程度越高，越有利于促进相邻省份物流产业生产率的进步。结合其他空间权重矩阵的估计结果发现，无论选择何种空间权重矩阵，人力资本中地区受教育水平对全要素生产率的溢出效应始终显著为正。这可能与目前物流产业的发展阶段有关，说明目前中国物流产业已经逐步跨越了物质资本与劳动力投入驱动的初步发展阶段，进入了人力资本与核心技术驱动的增长阶段。最后，总效应是直接效应和间接效应的加总，是全部地区观测值对某一地区自变量的影响。

　　将表5-7中直接效应的估计结果与表5-6中 SDM 模型估计的弹性系数相比较，发现两者的数值略有差异，其原因是存在反馈效应，可以表示为反馈效应＝弹性系数-直接效应，即某一省份可以通过影响相邻省份的物流产业生产率再反过来影响本地区的物流产业生产率。反馈作用主要来源于两部分，一部分是空间滞后因变量，另一部分是空间滞后解释变量，计算各空间权重矩阵的反馈效应，得到表5-8。可见，这种反馈效应是源于各自变量的空间滞后变量和空间因变量的交互作用而形成的综合效应。

表 5-8　　　　　　　　　SDM 双向固定效应模型的反馈效应

变量	$\ln LEE$	$\ln IF$	$\ln THD$	$\ln CV$	$\ln IV$	$\ln EL$	$\ln KL$	$\ln IS$
邻接矩阵	-0.0023	0.0026	-0.0029	-0.0086	-0.0028	-0.2683	0.0052	-0.0007
交通矩阵	-0.0037	0.0091	-0.0155	-0.0235	-0.0089	0.0548	0.0037	0.0216
交通距离矩阵	-0.0024	0.0061	-0.0009	-0.0036	0.0012	0.0207	0.0009	0.0000
交通距离经济矩阵	-0.0016	0.0049	-0.0016	-0.0041	-0.0001	0.0309	0.0022	0.0037

资料来源：作者计算整理。

第六节　本章小结

本章尝试从地理溢出效应视角切入，对基于序列 DEA 的方向距离函数和 Malmquist-Luenberger 生产率指数方法测算得到的中国 30 个省级地区 1997—2011 年物流产业全要素生产率进行研究。设置了 4 种空间权重矩阵，运用新经济地理学理论对物流产业全要素生产率的空间分布特征进行分析，并检验了物流产业全要素生产率的外溢效应，随后采用空间杜宾模型考察了相邻省份的能源、交通和信息基础设施、受教育程度、自主创新能力对本地区物流产业全要素生产率的影响，最后基于直接偏效应和间接偏效应的角度，对产生溢出效应的各影响因素的效果和路径进行考察。主要结论如下：

第一，根据中国物流产业全要素生产率的空间四项聚类图可知，处于第一类的有上海、天津、山东、福建、浙江、安徽、海南、甘肃、宁夏 9 个省份；处于第二类的有北京、河北、河南、江苏、湖北、云南、青海、新疆 8 个省份；处于第三类的有辽宁、黑龙江、山西、陕西、江西、四川、重庆、湖南、贵州 9 个省份；处于第四类的有广东、广西、内蒙古、吉林 4 个省份。中国省域物流产业全要素生产率整体呈现出集聚的特征，空间上相邻省份的全要素生产率表现出一定的相关性。

第二，中国各省与相邻地区物流产业全要素生产率之间关系的 Moran's I 散点图将中国 30 个省按照空间结构分为"高—高"、"低—高"、"低—低"和"高—低"四种空间集聚类型，其中大部分的观测点落在第一和第三象限，说明中国各省物流产业与相邻省份的物流产业发展呈正相关居多，中、西部绝大多数省份均处于"低—低"空间自相关集群，物流产业生产率水平不高且被同样生产率较低的区域所包围，缺乏物流发展水平较高的省市的正向带动作用，因而呈现出"低—低"的恶性循环状态。

第三，经检验无论采用何种空间权重矩阵，空间和时间双向固定效应模型都优于单一空间固定效应或单一时间固定效应模型。LM 检验或稳健的 LM 检验以及面板全局 Moran's I 检验均表明在空间和时间双向固定效应模型中，四种空间权重矩阵都可能存在空间相关性。面板 Moran's I 检验结果显示物流产业的全要素生产率在空间上总体呈现出负向溢出，原因是中国各省份中属于 LL 和 HL 空间集聚类型的省份要远多于属于 HH 和 LH 空间集聚类型的省份，空间上正向辐射作用被负向辐射作用所抵消，因此总体呈现负向溢出。

第四，双向固定效应的空间面板 SAR 模型、SEM 模型的估计结果不能判断 SEM 模型优于 SAR 模型，于是进一步估计广义的空间杜宾面板 SDM 模型，结果发现 SDM 模型不能被简化且模型拟合效果更优，因此嵌套空间和时间双向固定效应的 SDM 模型是展开物流产业生产率空间分析最适宜的模型。在该模型中，无论采用何种空间权重矩阵，物流产业全要素生产率的空间相关系数显著为负，原因是物流产业生产率存在明显的空间竞争效应，地理相邻地区或交通网络可覆盖的相近地区物流产业生产率增长对本地区物流产业的发展产生负向溢出，并且主要通过交通运输网络的通达程度向外辐射。

第五，根据偏微分矩阵的计算结果可知，各影响因素均对本地区物流产业全要素生产率产生促进作用，能源和信息基础设施的直接效应大于交通基础设施，影响作用更强；人力资本因素中受教育程度的影响作用大于自主创新水平；资源禀赋和产业结构的直接效应中，资源禀赋的影响更弱。空间权重矩阵的选择对间接效应即溢出效应的影响十分显著，但结果并不稳定，以交通权重矩阵为例，仅有交通基础设施和人力资本的间接效应显著，其中交通基础设施、自主创新能力有负向空间溢出效应，原因是完善的基础设施提升了本地区的相对竞争优势，吸引了相邻地区的经济资源和生产要素，若此时相邻地区的资金和技术的投入滞后，就会加快生产要素向该地区集聚，进而抑制了相邻地区物流产业的产出和生产率的提高；相反，无论选择何种空间权重矩阵，地区受教育水平对全要素生产率的溢出效应始终显著为正。说明中国物流产业已经逐步跨越了物质资本与劳动力投入驱动的初步发展阶段，进入了人力资本与核心技术驱动的增长阶段。

第六章　研究结论与中国物流产业发展以及推进低碳化进程的实施对策

本章是全书的归纳与总结，首先对本书此前各章节的研究结论进行相关总结，并结合前文的理论和实证分析结果，提出提高物流产业全要素生产率以及在物流产业领域内实施节能减排的政策建议，最后指出了本书的局限性及未来进一步研究的方向。

第一节　本书的主要研究结论

一　物流产业碳排放研究

根据《2006 年 IPCC 国家温室气体清单指南》估算了全国六大产业 1991—2011 年的碳排放量以及中国 30 个省级地区物流产业 1997—2011 年的碳排放量，然后分别利用脱钩理论、基尼系数及其组群分解方法、极化指数、LMDI 分解技术对六大产业、区域、省际物流产业碳排放量的分布、地区差异及驱动因素进行系统研究。主要结论如下：

利用脱钩理论分析物流产业增长与能源、碳排放之间的互动关系可知：样本期间，中国六大产业的碳排放与经济增长处于弱脱钩的年份居多，还不能同时实现经济增长与碳排放降低的双重目标；物流产业存在低碳发展的可能性，1991—2011 年物流脱钩弹性总体上表现出 "W" 型变化，脱钩状态呈现出 "不太理想状态" 的弱脱钩—"畸形状态" 的扩张性负脱钩的周期性变化；目前中国物流产业的碳减排技术对碳排放与产业脱钩的贡献作用并不明显，节能减排技术的发展相对滞后，距离实现强脱钩还有一定差距；省域物流产业碳排放脱钩分析发现，大部分省级地区同样经历了弱脱钩—扩张性脱钩—弱脱钩的过程，省域层面上经济增长与碳排放脱钩主要由经济增长与能源消费的脱钩所致；观察区域碳排放脱钩状态变化发现，自 2006 年起，东部和西部地区物流产业的碳排放脱钩效果明显好于中部地区，中部仍然是物流碳排放治理的重点区域。未来一段时期内，物流产业经济发展与能源消费引起的碳排放弱脱钩趋势仍将持续，距离实现最理想的强脱钩状态还有较大距离且不确定性仍然较强。

利用基尼系数及其组群分解方法和极化指数分析物流产业碳排放的非均衡性及极化程度可知：在"十五"及其以前各时段，物流产业的碳排放总量均值处于高速增长阶段，东部增速最快，进入"十一五"以后，中部和西部地区碳排放总量均值的增速超过东部以及全国平均水平；"十一五"规划实施以来，中国物流产业碳排放空间分布的地区差距扩大，从地区差距的分解结果看，三大地区碳排放分布的地区内差距均呈现扩大趋势，地区间差距在样本期内呈现波动态势，东部和西部碳排放的地区间差距最大，中部和西部次之，东部和中部的差距最小；地区间净差距是中国物流产业碳排放地区差距的主要来源，其次为超变密度，地区内差距的贡献最小；物流产业碳排放分布的极化指数在样本期呈下降趋势，极化指数与总体基尼系数虽然拥有相同的走势，但极化下降的程度要远大于地区差距扩大的程度，并且在"十一五"规划实施后，二者的年均变化率出现完全相反的走势。说明基尼系数虽然能较为客观地刻画物流产业碳排放分布的空间非均衡特征，却不能很好地衡量碳排放分布的极化问题。

利用 LMDI 分解技术建立中国物流产业人均碳排放的驱动因素分解模型可知：在能源结构方面，由于柴油对碳排放的拉动作用抵消了煤炭减少给碳排放增长带来的抑制作用，使得能源结构因素对物流产业碳排放量的增长呈现出促进作用；能源效率因素在整个研究期间表现出拉动作用，成为促进碳排放增加的因素，由于影响幅度较小，因此拉动作用有限；从运输方式上看，铁路运输综合周转量下降所带来的碳排放量的减少作用要远小于公路运输综合周转量比重上升所带来的碳排放量的增加作用，因此运输方式转变对碳排放量的变化总体表现出明显的拉动作用；物流发展的影响效应逐步减弱，每单位国内生产总值所需物流综合周转量逐步减少表明物流产业的科技水平在不断提高，随着科技发展，单位 GDP 需要的综合周转量减少，物流运输过程消耗的能源也随之减少，因此对物流产业的碳排放量产生抑制作用；经济增长是物流产业碳排放量持续增长的主要动力，而人口因素对碳排放量的拉动作用十分微弱。

二　碳排放约束视角下省域物流产业全要素生产率测度

运用基于序列 DEA 的方向距离函数和 Malmquist-Luenberger（ML）生产率指数测算 1997—2011 年中国 30 个省级地区物流产业全要素生产率及其分解，并与传统 Malmquist 生产率指数进行比较，随后构建三阶段 DEA 模型研究外生环境条件对物流产业 ML 生产率指数的影响，最后对剥离外生环境变量影响后的 ML 生产率指数进行技术创新者分析、收敛性检验和空间聚类模式特征研究。主要结论如下：

第一，目前中国物流产业仍然是高投入、高成本、低收益的生产模式，并伴随着高能耗、重污染的环境问题，技术进步表现为产出水平提高和污染物的增加。忽略环境因素会低估技术效率的改进，高估前沿技术进步率，从而使全要素生产率测度出现偏差。本书在碳排放约束下测度到物流产业的真实全要素生产率逐年上升，东部地区物流 ML 生产率指数上升主要源于东部较高的技术进步率，中、西部地区 ML 生产率指数下降是由于规模效率提升和技术进步不能抵消纯技术效率的衰退，换言之，中部和西部地区的物流产业普遍存在技术进步动力不足的问题。

第二，中国地区间物流发展不平衡，全国及三大地区的 ML 生产率指数呈现先收敛后发散的特征，其中东部地区 ML 生产率指数降幅最大，为物流产业的均衡发展做出的贡献最大，中部地区各省一直以一个相对稳定的速度发展，西部地区 ML 生产率指数的波动最为复杂。2003—2007 年，三大地区物流产业生产率水平变化趋势与全国一致，地区差距逐步缩小，到 2007 年底基本实现物流产业的均衡发展，2008 年，金融危机使经济陷入低迷，物流产业生产率指数的差距又再次扩大，2009 年经济开始恢复，物流产业生产率差距也逐步回落，到 2011 年 ML 生产率走势再次趋同。

第三，中国物流产业的全要素生产率指数及其分解变量在剔除外生环境变量和随机误差的影响后，都发生了变化，无论置于最好的外部环境还是置于最差的外部环境，综合技术效率、纯技术效率都出现一定程度的上升，表明制约中国大多数省份物流产业全要素生产率提升的主要瓶颈是代表决策与管理水平的纯技术效率偏低，中国物流产业仍然存在较为严重的低效率和资源浪费的现象。显著性检验结果表明，外部营运环境是制约中国物流落后地区发展的主要因素，优越的外部营运条件可以提高物流产业的生产率水平，未来物流产业发展的重心之一应当是大力优化外部环境。

第四，"技术创新者"分析显示，研究期间仅有海南、天津和上海推动了碳排放约束下物流产业生产可能性边界向外扩张，"创新者"省份全部集中在东部沿海地区。天津自 1998 年连续 9 次推动环境生产前沿扩张，这与天津将现代物流产业作为调整产业结构、转变经济增长方式的支柱产业这一发展战略有必然联系。海南 1998 年成为物流"创新者"主要得益于 1996 年提出的"一省两地"策略，将海南省建成度假休闲的旅游胜地明确列入产业结构调整战略，因此短期内物流产业得到了飞速发展。2008年爆发金融危机后，所有省份均不处于环境生产前沿，说明中国物流产业的环境技术创新并不理想，近年来物流产出的快速增加是以牺牲环境和资源消耗为代价取得的。

第五，收敛分析发现，全国以及三大地区总体上存在显著的收敛趋势，物流产业发展水平落后的地区有向物流发达地区追赶的趋势，且各省物流产业的发展水平正在逐步向各自的均衡水平收敛，东部地区的收敛速度最快，西部地区次之，中部最弱。按照投入和生产率水平将中国各地区的物流产业划分为高生产率高投入、高生产率低投入、低生产率高投入和低生产率低投入四种模式，由空间分类模式结果可知，中国大部分省份都集中于低生产率高投入和低生产率低投入模式。

三　异质性生产技术视角下区域物流产业全要素生产率研究

结合非参数序列 DEA 方向距离函数、共同前沿 Metafrontier-Malmquist-Luenberger（MML）生产率指数，在考虑区域生产技术异质性的前提下，加入碳排放约束，测度 1997—2011 年中国 30 个省级地区物流产业技术效率、全要素生产率及其分解，并通过技术差距比率分析区域间的生产率差异，随后运用核密度估计考察不同技术前沿下物流产业全要素生产率的动态演进特征，最后针对物流产业技术效率进行有益的扩展，并探讨共同前沿、组群前沿下物流产业全要素生产率的宏观影响因素。主要结论如下：

第一，物流产业的共同前沿技术效率偏低，组群前沿技术效率存在差距，东部物流技术水平最高，基本实现了全国最优生产技术，西部次之，中部最低，中部地区出现物流软环境"塌陷"现象，若以组群前沿为参照，中部和西部地区会出现低估物流技术提升潜力的现象。从技术差距比率的动态变化看，在追赶全国潜在最优生产技术方面存在明显差异，除东部地区外，中部和西部地区物流技术效率与全国最优生产技术的差距仍然处于持续扩大趋势。

第二，通过分解区域共同前沿无效率发现，中部和西部地区的物流产业技术无效率和管理无效率所占比重相当，外源技术环境和内源管理能力都相对不足，要解决中部和西部地区物流技术效率低下的问题，应当在注重物流生产技术改善的同时，提高相应的物流管理水平，相反，东部地区则应侧重提高物流管理水平。

第三，全国及区域物流产业全要素生产率均表现良好，总体走势呈现趋同，但区域全要素生产率在 2008 年出现分歧，原因是经济危机使得东部物流纯技术变化明显下降，最终导致全要素生产率下降，说明东部地区物流产业对经济变化更为敏感。由各分解部分可知，纯技术效率变化和规模效率变化并非全要素生产率上升的主要原因，纯技术进步才是推动物流产业生产率提高的主要动力，技术规模变化显示中国物流产业有偏离规模收益不变生产边界的趋势。

第四，全国累积物流生产率的核密度分布呈"尖峰"特征，主峰偏左且右侧拖尾，说明中国物流产业生产率虽然偏低，但是高于全国平均水平的省份比例却在逐年增加。东部主体呈"尖峰"，右尾呈"双峰"甚至"三峰"的态势日趋明显，东部各省物流生产率增长的差距扩大。中部2006 年以前，"尖峰"分布随时间推移向相对低矮的分布形态转化，出现生产率倒退，自 2008 年起，波峰进一步下降，右尾数据逐年增加，省际物流生产率增长出现明显差异。西部地区呈现"单峰"—"双峰"—"单峰"—"双峰"的交替变化，物流生产率提高的同时，省际间的差异愈发明显。

第五，当各省致力于使生产技术向潜在技术边界靠近时，技术水平较低的地区，其追赶的速度越高。原因是技术水平落后的地区，在技术追赶的过程中可以通过向其他技术领先地区学习和效仿来提高技术水平，因此减少了自行摸索所耗费的时间，然而，技术水平领先的地区，可借鉴的模式和来源较少，新技术的产生更倾向于经历摸索或试探等不确定过程，因此呈现出缓慢的技术追赶过程。

第六，政府支持对全国物流产业生产率影响不显著，区域影响系数显著，原因是政府支出侧重点不同，东、西部可能侧重公共服务支出，因此系数为正，中部多用于行政经费支出，影响作用为负；外商直接投资对全国和东部地区影响系数显著为正,对中、西部地区却无明显作用;交通基础设施仅对东、中部物流生产率存在影响,且作用相反;产业结构的影响系数均为正,说明随着产业结构的调整优化,物流生产率逐步上升;研发投入对生产率的贡献取决于本省与前沿省份研发投入强度之差;物流市场需求、能源消费结构对全国、东部和西部地区物流产业生产率存在正向影响。

四 地理溢出视角下物流产业全要素生产率分析

运用新经济地理学理论对基于序列 DEA 方向距离函数和 Malmquist-Luenberger 生产率指数测算得到的中国 30 个省级地区 1997—2011 年物流产业全要素生产率的空间分布特征进行分析,并通过设置四种空间权重矩阵检验物流产业全要素生产率的外溢效应,随后采用空间杜宾模型考察相邻省份的能源、交通和信息基础设施、受教育程度、自主创新能力对本地区物流产业全要素生产率的影响,最后基于直接偏效应和间接偏效应的角度,对产生溢出效应的各影响因素的效果和路径进行考察。主要结论如下:

第一,中国省域物流产业全要素生产率整体呈现出集聚的特征,空间上相邻省份的全要素生产率表现出一定的相关性,反映各省与相邻地区物流生产率之间关系的 Moran's I 散点图将中国 30 个省划分为"高—高"、"低—高"、"低—低"和"高—低"四种空间集聚类型,其中大部分的观测点落在第一和第三象限,说明中国各省物流产业与相邻省份的物流产业发展呈正相关居多。中、西部绝大多数省份均处于"低—低"空间自相关集群,物流产业生产率水平不高且被同样生产率较低的区域所包围,缺乏物流发展水平较高的省市的正向带动作用,因而呈现出"低—低"的恶性循环状态。

第二,空间和时间双向固定效应模型优于单一空间固定效应或单一时间固定效应模型,LM 检验或稳健的 LM 检验以及面板全局 Moran's I 检验均表明在空间和时间双向固定效应模型中,四种空间权重矩阵都可能存在空间相关性。面板 Moran's I 检验结果显示物流产业的全要素生产率在空间上总体呈现出负向溢出,原因是中国各省份中属于 LL 和 HL 空间集聚类型的省份要远多于属于 HH 和 LH 空间集聚类型的省份,空间上正向辐射作用被负向辐射作用所抵消,因此总体呈现负向溢出。

第三，嵌套空间和时间双向固定效应的 SDM 模型是展开物流产业生产率空间分析最适宜的模型，在该模型中，无论采用何种空间权重矩阵，物流产业全要素生产率的空间相关系数显著为负，原因是物流产业生产率存在明显的空间竞争效应，地理相邻地区或交通网络可覆盖的相近地区物流产业生产率增长对本地区物流产业的发展产生负向溢出，并且主要通过交通运输网络的通达程度向外辐射。

第四，各影响因素对本地区物流产业全要素生产率均产生促进作用，能源和信息基础设施的直接效应大于交通基础设施，影响作用更强，人力资本因素中受教育程度的影响作用大于自主创新能力，资源禀赋和产业结构的直接效应中，资源禀赋的影响更弱。空间权重矩阵的选择对溢出效应的影响十分显著，以交通权重矩阵为例，交通基础设施、自主创新能力有负向空间溢出效应，原因是完善的基础设施提升了本地区的相对竞争优势，吸引了相邻地区的经济资源和生产要素，若此时相邻地区的资金和技术的投入滞后，就会加快生产要素向该地区集聚，进而抑制相邻地区物流产业的产出和生产率的提高。无论选择何种空间权重矩阵，地区受教育水平对全要素生产率的溢出效应始终显著为正，说明中国物流产业已经逐步跨越了物质资本与劳动力投入驱动的初步发展阶段，进入了人力资本与核心技术驱动的增长阶段。

第二节　中国物流产业发展以及推进低碳化 进程的实施对策

中国物流产业自形成历经多个阶段，无论是基础设施、运营效率、操作水平、营运能力还是创新能力都得到了长足发展。但是基于现实情况及思维观念等局限，低碳化的瓶颈遏制作用日益凸显，资源、能源的紧张早在几年前就已经露出端倪，而环境污染更成为 2014 年"两会"最受关注的议题之一。目前，大部分地方政府、物流企业都尚未制定任何低碳化发展的规划和改进措施，低碳化升级意识相对薄弱。面对未来国民经济低碳化转型的需求，改进自身管理模式，实现低碳式的物流和物流管理从而减少碳排放是中国物流产业未来必然经历的改革。结合本书主要研究，提出以下几项相关政策建议：

第一，物流产业的快速发展导致了碳排放绝对数量的增加，显示出控制物流产业碳排放的重要性,但是同时也应注意到,碳排放相对量也就是物流效率并没有明显改善。结合第二章对物流产业碳排放地区分布差距、极化程度、高碳排放驱动因素的研究,为了尽快使得物流产业碳排放与经济增长实现强脱钩,优化能源结构是关键。柴油、汽油等石油产品仍是主要消耗品,一方面面临着国内资源枯竭、国外进口成本大等现实压力,另一方面也加剧了温室气体等污染气体排放,导致环境恶化的速度和强度不断加大。由此,应加大清洁能源诸如核电、水力、风力及太阳能等可再生能源的投入比重,优化能源消费结构。此外,不能忽视中国油品质量所造成的非期望产出,中国物流产业公路运输的比重很大,此前柴油、汽油等油品质量的低下加剧了非期望产出的增大,虽然 2014 年全国范围内都升级了油品质量标准,但是相对于国外发达国家,仍有进一步优化提升的空间。

针对物流产业的营运现状,可以从以下三个方面着手改进:一是延伸物流价值链,提升物流产品的附加值,从而提高物流产业的能源效率;二是推进物流产业信息化建设,提升物流产业的发展水平,以促进节能减排;三是通过提升物流产业的技术创新和管理能力,提高单位能耗的产出。与源头上控制碳排放路径相比,末端消碳是在高效和成本适当的前提下,对碳排放进行规划、储存和控制。目前,国际上常用的末端消碳的方式是将压缩后的二氧化碳运送到指定地点进行碳封存。对于物流产业来说,应当密切关注碳封存技术的发展,并结合自身二氧化碳产生和排放的特点,积极获取政府的政策和资金支持,对物流设备进行改造和研发并配备相应的碳处理设施以尽可能实现运营末端消碳。

第二,中国物流产业的发展不仅要依靠资源要素的投入及配比优化,也应发挥技术因素的作用。这里所说的技术不仅包括生产工艺、制作技能等实践型"硬技术",也包括设计管理和制度创新、提高人力资本水平等知识型"软技术"。通过第三章的分析发现,近年来国内物流产业技术进步水平较高,增速放缓,传统的测度结果低估了物流技术效率的改进,本书测度的碳排放约束下实际物流技术效率的改善潜力仍然高于技术进步的提升空间,因此相对于技术进步,应当注重技术效率的改善,在加入规模效率调整后,则更应注重改善纯技术效率。纯技术效率偏低说明现阶段应把物流发展的重心放在优化外部环境和提高管理水平方面,使得资源投入的效力得到充分发挥,三阶段 DEA 的分析结果也充分证实这一观点。

优化物流产业的外部环境可以从以下三个方面着手:一是深化体制改

革，既要完善交通运输、邮政以及货物代运部门的内部机制，简化手续、优化流程、提高内部工作效率，也要强化上述各不同部门之间的"无缝连接"，从更大的层面上优化物流的网络通畅属性；二是要完善物流产业的静态载体，即物流配送中心的地理位置，方便、快捷、契合当地区位规划等，这是有效提高物流商品集散的重要保证；三是要积极鼓励先进实体的市场进入，打破行业垄断，进一步开放国外先进物流公司、技术人才的市场准入，鼓励民营资金的进入，倡导国有物流企业的自我改革。

提升物流管理水平可以从以下三个方面入手：一是总结现有经验，吸取教训，创造宽松环境，鼓励大胆创新，给予实践空间；二是外部引入，向物流管理先进的国家和地区取经学习，同时也应与业已进入国内市场的国外物流企业展开积极的交流与互访；三是未来人才的培养，中国物流产业在 20 世纪 90 年代兴起之后，国内各高校相继开设了物流管理等专业，为物流管理输出了很多人才，但是应注意到目前中国物流管理的水平与发达国家和地区相比仍有差距，因此在高等教育阶段，应着重引入先进的经验和管理模式，为物流管理水平的创新和提升提供人才储备。

第三，中国幅员辽阔，地区之间由于经济发展的异质性，物流产业效率差异较大，因此要在总体上落实物流产业的节能减排目标、履行国际减排承诺，需要各个地区的共同努力。中央及各地方政府在制定物流产业发展和相应的碳减排政策和目标时，要充分考虑到中国各地区经济发展条件、产业结构、资源禀赋、对外开放、政策导向、人力资本获取等差异，实施差异化的碳减排策略。结合第四章的分析结果，对物流产业全要素生产率和技术效率较低的中西部内陆地区，应当制定较为严格的减碳措施，在现有基础上给予一定的政策指导和资金、技术等方面的支持，挖掘节能减碳的潜力，使其在较短时间迅速提高减碳能力。对于物流发展较好的东部沿海地区，可以适当放宽减碳的目标，但需要加强东部地区物流产业内部管理，提高其对金融危机的抵御能力。各省应努力加强地区间的技术交流和合作，以消除地区间生产要素流动及信息技术交流的障碍，促使先进的节能减排技术快速、有效地转移到落后地区，最终实现全国、三大地区以及各省之间物流产业技术效率和全要素生产率的趋同。

此外，还应建立物流产业碳减排的长效机制，利用市场为导向和经济手段的干预实现碳减排。鉴于目前东部地区逼近全国物流潜在最优生产技术及各区域效率改善空间的逐步缩小，下一阶段物流产业的碳减排关键是依靠科技进步，通过加大研发资金的投入和节能减排技术的创新和推广，推进碳排放约束下物流生产率前沿面的外移。创造条件提升外资利用水平，通过交通基础设施建设提高物流资源的有效配置和规模效率，通过加大第二、三产业的比重优化产业结构，适当增加可再生能源及新能源、天然气资源、电力等清洁能源的勘探开发，以及在物流能源消费中的比重，代替高碳排放的油品燃料，从而提高行业整体效率与生产率水平。

　　第四，改善中国物流产业的网络通达性与运输方式的合理性。近年来，中国先后提出"村村通路"等强化各地区交通参与度的政策，获得了很大成效，但是也不得不注意到，限于中国广阔的地理空间、复杂的地理地质条件，市级之间的"主动脉"虽已基本实现了畅通，但是具体到下面的区县、乡镇等"毛细血管"仍然具有较大的提升空间，只有完善了各个地区之间的通达性，才能切实有效提高物流产业的发展，否则物流产业的发展很难说达到一个相对发达的水平。此外，"主动脉"与"毛细血管"的运输方式也应优化，主要体现在因地制宜发展适合各个地区的交通方式，并实现各地区之间不同交通方式的有效对接，比如说火车和轮渡等运输方式。关于这一建议，可以对比物流产业发达的国家——英国，根据世界银行公布的数据显示，英国国土面积24.19万平方公里，仅为中国国土面积的1/38，但是其铁路线路总长度截止到2011年为3.15万英里（折合约5.1万公里），却占中国铁路线路总长6.6万英里（折合约10.7万公里）的1/2，折算比例后，英国铁路网的密集度是中国的19倍，铁路网络通达性远胜于中国。此外，鉴于公路运输方式对柴油、汽油的消耗量明显大于其他运输方式，以及目前中国油品质量标准仍有较大的上升空间，最为快捷有效的减少物流碳排放的措施应当是减少公路运输方式在物流全部运输方式中所占比重，提高铁路运输方式的比重，并辅助以水路和航空运输。然而根据中国交通运输网络分布的现实情况来看，公路、铁路、水路和航空四种运输方式的比例不尽合理，公路运输以其良好的通达性占据了绝对优势，与能源消耗以及碳排放较低的铁路运输方式之间不具有替代效应[①]，中国铁路建设将更多的精力投入到高速铁路建设，致力于提高大城市与大城市之间的连通效率，减少时间成本，却忽视了中小城市

---

　　① 本书替代效应是指到达某一地区的交通运输方式可相互替代，不局限于其中一种或几种交通运输方式。

之间的铁路发展建设，二级城市与三级城市之间铁路线路明显减少，三级城市与区（县）、乡（镇）之间仅能通过公路运输方式连通，无形之间增加了物流过程中的能耗和碳排放，因此在物流低碳化升级的过程中，应当加快中小城市之间的铁路运输网络建设，形成以铁路为主，水路和管道为支撑，公路和航空为辅的低碳化综合运输体系。只有大幅提高各个地区间的通达性，并提高地区间交通的便捷性和运输方式的可替代性，优化交通方式间的配比，才能最终使得物流产业在低碳环保的前提下达到真正的先进水平。

第五，基础设施具有空间外溢的特征，国家及省级政府应充分考虑各市级及区县间的互动式发展，在充分考虑各地区资源、环境、经济发展重心等因素的基础上，以区域一体化为基础，合理配置基础设施的建设。同时，要着重注意打破行政区域的束缚，某些市县仅一江之隔却分属不同行政区域，可以考虑双方共同投资建设共用港口码头等基础设施。区域一体化可产生集聚效应，促进产业集群的发展，更为有效地提升区域内核心竞争产品的产出与外销。在大力发展区域基础设施建设的同时，也应注重科研、教育等软实力的投入，区域一体化的发展，不仅需要硬件建设的大局观与逐步完善，归根结底还是需要思维、观念的创新来大力推动。区域一体化的发展以及区域间的协调共生，可以促进资源合理配置、能源高效利用、非期望产出大幅下降，从而实现可持续发展。

第三节 本书的局限和展望

本书基于全要素框架和非参数前沿方法对低碳约束视角下中国物流产业的全要素生产率问题进行了较为系统的研究。一方面由于时间限制以及作者自身水平的制约，另一方面局限于视角全新和物流系统的复杂性，因此本书的研究还只是本领域的部分内容，仍有很多方面的工作有待完善和进一步深入研究。

（1）分析的时间跨度较短，还需在后续研究中进行拓展。本书对物流产业碳排放以及低碳约束下物流产业全要素生产率的测度和研究都局限于 1997—2011 年之间，这对于解释中国物流产业碳排放地区差距、测度全要素生产率及其地理溢出效应显然还不够，未来如果有更丰富的相关数据，应该在一个跨度更长的时域内进行分析。

（2）考虑低碳约束的物流产业全要素生产率测度模型还有待完善。本书首次将碳排放约束纳入物流产业全要素生产率的分析框架中，且在前人研究基础上加入了能源要素作为必要投入，利用传统 DEA 和方向距离函数（DDF）等方法测度物流产业全要素生产率，该方法只能有效识别投入产出的径向调整量，而不能测算出非径向调整量，在未来研究中，构建非径向方向距离函数（Non-radial DDF）模型或建立基于松弛变量的SBM 模型，更多地识别投入产出变量中的松弛变量，并将两种方法与共同前沿 Metafrontier 生产函数相结合，是未来在模型设定方面可进一步深入研究的问题。

（3）缺少微观层面对物流企业全要素生产率的测度。一方面，由于中国物流起步较晚，现代物流企业的发展相对滞后，在获取其经营数据方面存在较大的困难，目前所能获取的物流企业数据均为物流上市公司的财务数据，其中缺少反映企业能源消费量和环境治理信息的数据；另一方面，中国物流市场上，绝大部分企业属于中小型企业，并不具备上市条件和能力，若仅以物流上市公司数据作为物流企业的代替，测度结果可能存在偏误。考虑到这两方面的原因，在本书中没有进行微观企业层面的实证分析，在今后研究中可作进一步补充。

（4）由于本书中对物流产业研究范围的界定，有其特殊性，因此缺少了与国外物流产业进行的跨国比较研究。

附　录

附录 A　第二章 1997—2011 年各地区物流产业增长与能源消费脱钩弹性指标

区域	省份	"九五"中后期（1997—2000 年）		"十五"期间（2001—2005 年）		"十一五"期间（2006—2010 年）		"十二五"初期（2010—2011 年）	
		E_{eg}	脱钩状态	E_{eg}	脱钩状态	E_{eg}	脱钩状态	E_{eg}	脱钩状态
东部	北京	0.997	弱脱钩	0.596	弱脱钩	0.793	弱脱钩	0.460	弱脱钩
	天津	0.937	弱脱钩	3.328	扩张性负脱钩	0.232	弱脱钩	0.750	弱脱钩
	河北	0.202	弱脱钩	6.123	扩张性负脱钩	0.260	弱脱钩	0.436	弱脱钩
	辽宁	0.912	弱脱钩	2.289	扩张性负脱钩	0.339	弱脱钩	0.332	弱脱钩
	上海	0.909	弱脱钩	1.607	扩张性负脱钩	0.770	弱脱钩	−8.373	强脱钩
	江苏	0.552	弱脱钩	8.495	扩张性负脱钩	0.494	弱脱钩	0.258	弱脱钩
	浙江	0.787	弱脱钩	−44.374	强负脱钩	0.442	弱脱钩	0.580	弱脱钩
	福建	0.324	弱脱钩	−14.909	强负脱钩	1.198	扩张性负脱钩	0.656	弱脱钩
	山东	−0.544	强脱钩	17.039	扩张性负脱钩	0.509	弱脱钩	0.491	弱脱钩
	广东	1.695	扩张性负脱钩	−7.869	强负脱钩	0.539	弱脱钩	0.348	弱脱钩
	海南	0.977	弱脱钩	1.837	扩张性负脱钩	3.379	扩张性负脱钩	0.179	弱脱钩

续表

区域	省份	"九五"中后期 (1997—2000 年)		"十五"期间 (2001—2005 年)		"十一五"期间 (2006—2010 年)		"十二五"初期 (2010—2011 年)	
		E_{eg}	脱钩状态	E_{eg}	脱钩状态	E_{eg}	脱钩状态	E_{eg}	脱钩状态
中部	山西	0.171	弱脱钩	0.665	弱脱钩	1.303	扩张性负脱钩	0.218	弱脱钩
	吉林	0.075	弱脱钩	1.345	扩张性负脱钩	1.017	扩张性负脱钩	0.386	弱脱钩
	黑龙江	0.798	弱脱钩	1.867	扩张性负脱钩	0.021	弱脱钩	4.478	扩张性负脱钩
	安徽	0.182	弱脱钩	0.778	弱脱钩	1.572	扩张性负脱钩	1.083	扩张性负脱钩
	江西	1.460	扩张性负脱钩	1.233	扩张性负脱钩	0.653	弱脱钩	0.667	弱脱钩
	河南	0.021	弱脱钩	1.666	扩张性负脱钩	2.485	扩张性负脱钩	1.411	扩张性负脱钩
	湖北	0.531	弱脱钩	4.042	扩张性负脱钩	0.191	弱脱钩	1.324	扩张性负脱钩
	湖南	0.997	扩张性负脱钩	5.157	扩张性负脱钩	0.318	弱脱钩	0.668	弱脱钩
西部	四川	0.755	弱脱钩	2.897	扩张性负脱钩	1.560	扩张性负脱钩	-1.154	强脱钩
	贵州	0.184	弱脱钩	1.102	扩张性负脱钩	0.336	弱脱钩	0.568	弱脱钩
	云南	0.375	弱脱钩	6.138	扩张性负脱钩	5.703	扩张性负脱钩	0.570	弱脱钩
	陕西	-0.347	强脱钩	5.790	扩张性负脱钩	1.311	扩张性负脱钩	0.498	弱脱钩
	甘肃	1.733	扩张性负脱钩	-0.085	强脱钩	0.587	弱脱钩	0.307	弱脱钩
	宁夏	-0.703	强脱钩	1.620	扩张性负脱钩	0.067	弱脱钩	-0.085	强脱钩
	青海	1.292	扩张性负脱钩	0.594	弱脱钩	2.925	扩张性负脱钩	0.401	弱脱钩
	新疆	0.178	弱脱钩	2.100	扩张性负脱钩	0.293	弱脱钩	0.832	弱脱钩
	内蒙古	-0.614	强脱钩	3.210	扩张性负脱钩	0.594	弱脱钩	0.596	弱脱钩

续表

区域	省份	"九五"中后期 （1997—2000 年）		"十五"期间 （2001—2005 年）		"十一五"期间 （2006—2010 年）		"十二五"初期 （2010—2011 年）	
		E_{eg}	脱钩状态	E_{eg}	脱钩状态	E_{eg}	脱钩状态	E_{eg}	脱钩状态
西部	重庆	1.045	扩张性 负脱钩	1.752	扩张性 负脱钩	1.066	扩张性 负脱钩	0.310	弱脱钩
	广西	4.145	扩张性 负脱钩	3.332	扩张性 负脱钩	0.465	弱脱钩	0.309	弱脱钩

说明：$E_{eg} = \%\Delta E / \%\Delta GDP$。

资料来源：作者计算整理。

附录 B 第四章 基于方向距离函数的共同前沿技术进步指数分解

$$TECH_{t,c}^{t+1,M} = \left\{ \frac{[1 + \vec{D}_c^{t+1,M}(x^t,y^t,b^t;g^t)]}{[1 + \vec{D}_c^{t,M}(x^t,y^t,b^t;g^t)]} \times \frac{[1 + \vec{D}_c^{t+1,M}(x^{t+1},y^{t+1},b^{t+1};g^{t+1})]}{[1 + \vec{D}_c^{t,M}(x^{t+1},y^{t+1},b^{t+1};g^{t+1})]} \right\}^{\frac{1}{2}}$$

$$= \left\{ \frac{\dfrac{[1 + \vec{D}_c^{t+1,M}(x^t,y^t,b^t;g^t)]}{[1 + \vec{D}_c^{t,G}(x^t,y^t,b^t;g^t)]}}{TGR^t(x^t,y^t,b^t)} \times \frac{\dfrac{[1 + \vec{D}_c^{t+1,G}(x^{t+1},y^{t+1},b^{t+1};g^{t+1})]}{TGR^{t+1}(x^{t+1},y^{t+1},b^{t+1})}}{[1 + \vec{D}_c^{t,M}(x^{t+1},y^{t+1},b^{t+1};g^{t+1})]} \right\}^{\frac{1}{2}}$$

$$= \left\{ \frac{[1 + \vec{D}_c^{t+1,G}(x^{t+1},y^{t+1},b^{t+1};g^{t+1})]}{[1 + \vec{D}_c^{t,G}(x^t,y^t,b^t;g^t)]} \times \frac{TGR^t(x^t,y^t,b^t)}{TGR^{t+1}(x^{t+1},y^{t+1},b^{t+1})} \times \frac{[1 + \vec{D}_c^{t+1,M}(x^t,y^t,b^t;g^t)]}{[1 + \vec{D}_c^{t,M}(x^{t+1},y^{t+1},b^{t+1};g^{t+1})]} \right\}^{\frac{1}{2}}$$

$$= TECH_{t,c}^{t+1,G} \times \left\{ \frac{[1 + \vec{D}_c^{t,G}(x^{t+1},y^{t+1},b^{t+1};g^{t+1})]}{[1 + \vec{D}_c^{t+1,G}(x^t,y^t,b^t;g^t)]} \times \frac{TGR^t(x^t,y^t,b^t)}{TGR^{t+1}(x^{t+1},y^{t+1},b^{t+1})} \times \frac{[1 + \vec{D}_c^{t+1,M}(x^t,y^t,b^t;g^t)]}{[1 + \vec{D}_c^{t,M}(x^{t+1},y^{t+1},b^{t+1};g^{t+1})]} \right\}^{\frac{1}{2}}$$

$$= TECH_{t,c}^{t+1,G} \times \left\{ \frac{TGR^t(x^{t+1},y^{t+1},b^{t+1})}{TGR^{t+1}(x^t,y^t,b^t)} \times \frac{TGR^t(x^t,y^t,b^t)}{TGR^{t+1}(x^{t+1},y^{t+1},b^{t+1})} \right\}^{\frac{1}{2}}$$

附录 C　第四章 基于方向距离函数的共同前沿全要素生产率指数分解

$$MML_t^{t+1} = \left\{ \frac{[1 + \vec{D}_c^{t,M}(x^t, y^t, b^t; g^t)]}{[1 + \vec{D}_c^{t,M}(x^{t+1}, y^{t+1}, b^{t+1}; g^{t+1})]} \times \frac{[1 + \vec{D}_c^{t+1,M}(x^t, y^t, b^t; g^t)]}{[1 + \vec{D}_c^{t+1,M}(x^{t+1}, y^{t+1}, b^{t+1}; g^{t+1})]} \right\}^{\frac{1}{2}}$$

$$= \frac{[1 + \vec{D}_c^{t,M}(x^t, y^t, b^t; g^t)]}{[1 + \vec{D}_c^{t+1,M}(x^{t+1}, y^{t+1}, b^{t+1}; g^{t+1})]}$$

$$\times \left\{ \frac{[1 + \vec{D}_c^{t+1,M}(x^t, y^t, b^t; g^t)]}{[1 + \vec{D}_c^{t,M}(x^t, y^t, b^t; g^t)]} \times \frac{[1 + \vec{D}_c^{t+1,M}(x^{t+1}, y^{t+1}, b^{t+1}; g^{t+1})]}{[1 + \vec{D}_c^{t,M}(x^{t+1}, y^{t+1}, b^{t+1}; g^{t+1})]} \right\}^{\frac{1}{2}}$$

$$= \frac{[1 + \vec{D}_v^{t,M}(x^t, y^t, b^t; g^t)]}{[1 + \vec{D}_v^{t+1,M}(x^{t+1}, y^{t+1}, b^{t+1}; g^{t+1})]}$$

$$\times \left\{ \frac{[1 + \vec{D}_v^{t+1,M}(x^t, y^t, b^t; g^t)]}{[1 + \vec{D}_v^{t,M}(x^t, y^t, b^t; g^t)]} \times \frac{[1 + \vec{D}_v^{t+1,M}(x^{t+1}, y^{t+1}, b^{t+1}; g^{t+1})]}{[1 + \vec{D}_v^{t,M}(x^{t+1}, y^{t+1}, b^{t+1}; g^{t+1})]} \right\}^{\frac{1}{2}}$$

$$\times \frac{\dfrac{[1 + \vec{D}_c^{t,M}(x^t, y^t, b^t; g^t)]}{[1 + \vec{D}_v^{t,M}(x^t, y^t, b^t; g^t)]}}{\dfrac{[1 + \vec{D}_c^{t+1,M}(x^{t+1}, y^{t+1}, b^{t+1}; g^{t+1})]}{[1 + \vec{D}_v^{t+1,M}(x^{t+1}, y^{t+1}, b^{t+1}; g^{t+1})]}}$$

$$\times \left\{ \frac{\dfrac{[1 + \vec{D}_c^{t+1,M}(x^t, y^t, b^t; g^t)]}{[1 + \vec{D}_v^{t+1,M}(x^t, y^t, b^t; g^t)]}}{\dfrac{[1 + \vec{D}_c^{t,M}(x^t, y^t, b^t; g^t)]}{[1 + \vec{D}_v^{t,M}(x^t, y^t, b^t; g^t)]}} \times \frac{\dfrac{[1 + \vec{D}_c^{t+1,M}(x^{t+1}, y^{t+1}, b^{t+1}; g^{t+1})]}{[1 + \vec{D}_v^{t+1,M}(x^{t+1}, y^{t+1}, b^{t+1}; g^{t+1})]}}{\dfrac{[1 + \vec{D}_c^{t,M}(x^{t+1}, y^{t+1}, b^{t+1}; g^{t+1})]}{[1 + \vec{D}_v^{t,M}(x^{t+1}, y^{t+1}, b^{t+1}; g^{t+1})]}} \right\}^{\frac{1}{2}}$$

$$= \frac{[1 + \vec{D}_v^{t,G}(x^t, y^t, b^t; g^t)]}{[1 + \vec{D}_v^{t+1,G}(x^{t+1}, y^{t+1}, b^{t+1}; g^{t+1})]}$$

$$\times \left\{ \frac{[1 + \vec{D}_v^{t+1,G}(x^t, y^t, b^t; g^t)]}{[1 + \vec{D}_v^{t,G}(x^t, y^t, b^t; g^t)]} \times \frac{[1 + \vec{D}_v^{t+1,G}(x^{t+1}, y^{t+1}, b^{t+1}; g^{t+1})]}{[1 + \vec{D}_v^{t,G}(x^{t+1}, y^{t+1}, b^{t+1}; g^{t+1})]} \right\}^{\frac{1}{2}}$$

$$\times \left[\frac{\dfrac{[1 + \vec{D}_c^{t,G}(x^t, y^t, b^t; g^t)]}{[1 + \vec{D}_v^{t,G}(x^t, y^t, b^t; g^t)]}}{\dfrac{[1 + \vec{D}_c^{t+1,G}(x^{t+1}, y^{t+1}, b^{t+1}; g^{t+1})]}{[1 + \vec{D}_v^{t+1,G}(x^{t+1}, y^{t+1}, b^{t+1}; g^{t+1})]}} \right]$$

$$\times \left\{ \frac{\dfrac{[1 + \vec{D}_c^{t+1,G}(x^t, y^t, b^t; g^t)]}{[1 + \vec{D}_v^{t+1,G}(x^t, y^t, b^t; g^t)]}}{\dfrac{[1 + \vec{D}_c^{t,G}(x^t, y^t, b^t; g^t)]}{[1 + \vec{D}_v^{t,G}(x^t, y^t, b^t; g^t)]}} \times \frac{\dfrac{[1 + \vec{D}_c^{t+1,G}(x^{t+1}, y^{t+1}, b^{t+1}; g^{t+1})]}{[1 + \vec{D}_v^{t+1,G}(x^{t+1}, y^{t+1}, b^{t+1}; g^{t+1})]}}{\dfrac{[1 + \vec{D}_c^{t,G}(x^{t+1}, y^{t+1}, b^{t+1}; g^{t+1})]}{[1 + \vec{D}_v^{t,G}(x^{t+1}, y^{t+1}, b^{t+1}; g^{t+1})]}} \right\}^{\frac{1}{2}}$$

$$\times \left[\frac{\dfrac{[1 + \vec{D}_v^{t,M}(x^t, y^t, b^t; g^t)]}{[1 + \vec{D}_v^{t,G}(x^t, y^t, b^t; g^t)]}}{\dfrac{[1 + \vec{D}_v^{t+1,M}(x^{t+1}, y^{t+1}, b^{t+1}; g^{t+1})]}{[1 + \vec{D}_v^{t+1,G}(x^{t+1}, y^{t+1}, b^{t+1}; g^{t+1})]}} \right]$$

$$\times \left\{ \frac{\dfrac{[1 + \vec{D}_v^{t+1,M}(x^t, y^t, b^t; g^t)]}{[1 + \vec{D}_v^{t+1,G}(x^t, y^t, b^t; g^t)]}}{\dfrac{[1 + \vec{D}_v^{t,M}(x^t, y^t, b^t; g^t)]}{[1 + \vec{D}_v^{t,G}(x^t, y^t, b^t; g^t)]}} \times \frac{\dfrac{[1 + \vec{D}_v^{t+1,M}(x^{t+1}, y^{t+1}, b^{t+1}; g^{t+1})]}{[1 + \vec{D}_v^{t+1,G}(x^{t+1}, y^{t+1}, b^{t+1}; g^{t+1})]}}{\dfrac{[1 + \vec{D}_v^{t,M}(x^{t+1}, y^{t+1}, b^{t+1}; g^{t+1})]}{[1 + \vec{D}_v^{t,G}(x^{t+1}, y^{t+1}, b^{t+1}; g^{t+1})]}} \right\}$$

$$\times \left\{ \frac{\dfrac{[1 + \vec{D}_c^{t,M}(x^t, y^t, b^t; g^t)]}{[1 + \vec{D}_v^{t,M}(x^t, y^t, b^t; g^t)]}}{\dfrac{[1 + \vec{D}_c^{t+1,M}(x^{t+1}, y^{t+1}, b^{t+1}; g^{t+1})]}{[1 + \vec{D}_v^{t+1,M}(x^{t+1}, y^{t+1}, b^{t+1}; g^{t+1})]}} \div \frac{\dfrac{[1 + \vec{D}_c^{t,G}(x^t, y^t, b^t; g^t)]}{[1 + \vec{D}_v^{t,G}(x^t, y^t, b^t; g^t)]}}{\dfrac{[1 + \vec{D}_c^{t+1,G}(x^{t+1}, y^{t+1}, b^{t+1}; g^{t+1})]}{[1 + \vec{D}_v^{t+1,G}(x^{t+1}, y^{t+1}, b^{t+1}; g^{t+1})]}} \right\}$$

$$\times \left\{ \begin{array}{l} \dfrac{\dfrac{[1+\vec{D}_c^{t+1,M}(x^t,y^t,b^t;g^t)]}{[1+\vec{D}_v^{t+1,M}(x^t,y^t,b^t;g^t)]}}{\dfrac{[1+\vec{D}_c^{t,M}(x^t,y^t,b^t;g^t)]}{[1+\vec{D}_v^{t,M}(x^t,y^t,b^t;g^t)]}} \times \dfrac{\dfrac{[1+\vec{D}_c^{t+1,M}(x^{t+1},y^{t+1},b^{t+1};g^{t+1})]}{[1+\vec{D}_v^{t+1,M}(x^{t+1},y^{t+1},b^{t+1};g^{t+1})]}}{\dfrac{[1+\vec{D}_c^{t,M}(x^{t+1},y^{t+1},b^{t+1};g^{t+1})]}{[1+\vec{D}_v^{t,M}(x^{t+1},y^{t+1},b^{t+1};g^{t+1})]}} \\[4ex] \dfrac{\dfrac{[1+\vec{D}_c^{t+1,G}(x^t,y^t,b^t;g^t)]}{[1+\vec{D}_v^{t+1,G}(x^t,y^t,b^t;g^t)]}}{\dfrac{[1+\vec{D}_c^{t,G}(x^t,y^t,b^t;g^t)]}{[1+\vec{D}_v^{t,G}(x^t,y^t,b^t;g^t)]}} \times \dfrac{\dfrac{[1+\vec{D}_c^{t+1,G}(x^{t+1},y^{t+1},b^{t+1};g^{t+1})]}{[1+\vec{D}_v^{t+1,G}(x^{t+1},y^{t+1},b^{t+1};g^{t+1})]}}{\dfrac{[1+\vec{D}_c^{t,G}(x^{t+1},y^{t+1},b^{t+1};g^{t+1})]}{[1+\vec{D}_v^{t,G}(x^{t+1},y^{t+1},b^{t+1};g^{t+1})]}} \end{array} \right\}^{\frac{1}{2}}$$

$$= EFFCH_{t,c}^{t+1,M} \times TECH_{t,c}^{t+1,M} = PEC_{t,v}^{t+1,M} \times PTC_{t,v}^{t+1,M} \times SEC_{t,v}^{t+1,M} \times STC_{t,v}^{t+1,M}$$

$$= PEC_{t,v}^{t+1,G} \times PTC_{t,v}^{t+1,G} \times SEC_{t,v}^{t+1,G} \times STC_{t,v}^{t+1,G} \times PTCU_{t,v}^{t+1} \times PTRC_{t,v}^{t+1} \times \frac{SEC_{t,v}^{t+1,M}}{SEC_{t,v}^{t+1,G}}$$

$$\times \frac{STC_{t,v}^{t+1,M}}{STC_{t,v}^{t+1,G}}$$

参考文献

［1］ 陈谷劦、杨浩彦：《共同边界 Malmquist 生产力指数的延伸：跨国总体资料的实证分析》，《经济论文丛刊》2008 年第 4 期。

［2］ 陈彦光：《基于 Moran 统计量的空间自相关理论发展和方法改进》，《地理研究》2009 年第 6 期。

［3］ 陈百明、杜红亮：《试论耕地占用与 GDP 增长的脱钩研究》，《资源科学》2006 年第 5 期。

［4］ 陈诗一：《能源消耗、二氧化碳排放与中国工业的可持续发展》，《经济研究》2009 年第 4 期。

［5］ 程叶青、王哲野、张守志、叶信岳、姜会明：《中国能源消费碳排放强度及其影响因素的空间计量》，《地理学报》2013 年第 10 期。

［6］ 邓学平、王旭、Ada Suk Fung Ng、林云：《我国物流企业全要素生产效率分析》，《系统工程》2008 年第 6 期。

［7］ 邓学平、王旭、Ada Suk Fung Ng：《我国物流企业生产效率与规模效率》，《系统工程理论与实践》2009 年第 4 期。

［8］ 邓学平、王旭、Ada Suk Fung Ng：《我国物流企业生产效率发展分析》，《系统工程理论与实践》2009 年第 5 期。

［9］ 邓华、段宁：《"脱钩"评价模式及其对循环经济的影响》，《中国人口·资源与环境》2004 年第 6 期。

［10］ 董静、岑晏青：《中国公路资本存量测算（1952—2009）》，《交通运输系统工程与信息》2011 年第 1 期。

［11］ 杜红亮、陈百明、刘盛和：《山区土地利用统筹的途径研究——以北京山区为例》，《资源科学》2007 年第 2 期。

［12］ 段向云：《物流企业低碳化发展的影响机理与运营机制研究》，博士学位论文，天津财经大学，2011 年。

[13] 范月娇：《区域物流服务生产效率评价研究——以海峡西岸经济区为例》，《宏观经济研究》2012 年第 7 期。

[14] 樊纲、王小鲁、朱恒鹏：《中国市场化指数：各地区市场化相对进程 2009 年报告》，经济科学出版社 2010 年版。

[15] 樊敏：《中国城市群物流产业效率分析及发展策略研究——基于产业运作及联动发展视角》，《软科学》2010 年第 5 期。

[16] 樊敏：《中国八大经济区域物流产业运作效率分析——基于三阶段 DEA 模型》，《现代管理科学》2010 年第 2 期。

[17] 樊元、马丽梅：《中国区域物流发展效率实证分析》，《统计与决策》2012 年第 3 期。

[18] 符淼：《地理距离和技术外溢效应——对技术和经济集聚现象的空间计量学解释》，《经济学（季刊）》2009 年第 4 期。

[19] 高秀丽、孟飞荣：《我国物流业全要素生产率及其影响因素分析》，《技术经济》2013 年第 2 期。

[20] 高铁梅：《计量经济分析方法与建模：EViews 应用及实例（第二版）》，清华大学出版社 2009 年版。

[21] 谷学明、王远、赵卉卉、王芳、朱晓东、陆根法：《江苏省水资源利用与经济增长关系研究》，《中国环境科学》2012 年第 2 期。

[22] 盖美、胡杭爱、柯丽娜：《长江三角洲地区资源环境与经济增长脱钩分析》，《自然资源学报》2013 年第 2 期。

[23] 郭朝先：《中国碳排放因素分解：基于 LMDI 分解技术》，《中国人口·资源与环境》2010 年第 12 期。

[24] 郭庆旺、赵志耘、贾俊雪：《中国省份经济的全要素生产率分析》，《世界经济》2005 年第 5 期。

[25] 呙小明、张宗益：《我国交通运输业能源强度影响因素研究》，《管理工程学报》2012 年第 4 期。

[26] 洪兴建：《一个新的基尼系数子群分解公式——兼论中国总体基尼系数的城乡分解》，《经济学（季刊）》2008 年第 1 期。

[27] 洪兴建：《中国地区差距、极化与流动性》，《经济研究》2010 年第 12 期。

[28] 贺竹馨、孙林岩：《我国区域物流相对有效性分析》，《科研管理》2006 年第 6 期。

[29] 贺胜兵、周华蓉、刘友金：《环境约束下地区工业生产率增长的异质性研究》，《南方经济》2011 年第 11 期。

[30] 侯新烁、张宗益、周靖祥：《中国经济结构的增长效应及作用路径研究》，《世界经济》2013 年第 5 期。

[31] 胡鞍钢、刘生龙：《交通运输、经济增长及溢出效应——基于中国省际数据空间经济计量的结果》，《中国工业经济》2009 年第 5 期。

[32] 孔原：《中国物流企业经营效率评价及影响因素研究——基于 SORM、MALMQUIST 指数及 TOBIT 模型》，《物流技术》2012 年第 12 期。

[33] 李电生、员丽芬：《港口群物流系统效率测度——基于多子系统模糊 DEA 模型分析》，《北京交通大学学报》（社会科学版）2010 年第 2 期。

[34] 李兰冰、刘秉镰：《我国对外开放机场的动态生产效率研究》，《中国工业经济》2007 年第 10 期。

[35] 李兰冰、胡均立、黄国彰：《海峡两岸证券业经营效率比较研究：基于 Metafrontier 方法》，《当代经济科学》2011 年第 1 期。

[36] 李胜文、李大胜、邱俊杰、李新春、何轩：《中西部效率低于东部吗？——基于技术集差异和共同前沿生产函数的分析》，《经济学（季刊）》2013 年第 3 期。

[37] 李婧、谭清美、白俊红：《中国区域创新生产的空间计量分析——基于静态与动态空间面板模型的实证研究》，《管理世界》2010 年第 7 期。

[38] 李学工：《论物流产业对国民经济的贡献》，《北京工商大学学报》（社会科学版）2003 年第 6 期。

[39] 李玲：《中国工业绿色全要素生产率及影响因素研究》，博士学位论文，暨南大学，2012 年。

[40] 梁流涛、耿鹏旭：《中国省域农业共同边界技术效率差异分析》，《中国人口·资源与环境》2012 年第 12 期。

[41] 刘占成、王安建、于汶加、李铭：《中国区域碳排放研究》，《地球学报》2010 年第 5 期。

[42] 刘华军、赵浩：《中国二氧化碳排放强度的地区差异分析》，《统计研究》2012 年第 6 期。

［43］刘华军、鲍振、杨骞：《中国二氧化碳排放的分布动态与演进趋势》，《资源科学》2013 年第 10 期。

［44］刘俊杰、贾兴梅：《中国碳排放强度变化的分解与减排途径分析——基于 AWD 分解因素模型》，《中国管理科学》2010 年年会专辑。

［45］刘俊、董千里、史嫄：《我国东西部物流业发展比较及对策研究》，《物流技术》2012 年第 8 期。

［46］刘洋、吴育华、解百臣：《加入 WTO 后物流企业全要素生产率变动趋势研究》，《科技管理研究》2008 年第 10 期。

［47］刘军、杨明：《我国物流产业生产力成长与技术效率变动探析》，《北京工商大学学报》（社会科学版）2009 年第 6 期。

［48］刘秉镰、李清彬：《中国城市全要素生产率的动态实证分析：1990—2006——基于 DEA 模型的 Malmquist 指数方法》，《南开经济研究》2009 年第 3 期。

［49］刘秉镰、武鹏、刘玉海：《交通基础设施与中国全要素生产率增长——基于省域数据的空间面板计量分析》，《中国工业经济》2010 年第 3 期。

［50］刘生龙、胡鞍钢：《基础设施的外部性在中国的检验：1988—2007》，《经济研究》2010 年第 3 期。

［51］陆钟武、王鹤鸣、岳强：《脱钩指数：资源消耗、废物排放与经济增长的定量表达》，《资源科学》2011 年第 1 期。

［52］陆铭、向宽虎、陈钊：《中国的城市化和城市体系调整：基于文献的评论》，《世界经济》2011 年第 6 期。

［53］马越越、王维国：《中国物流业碳排放特征及其影响因素分析——基于 LMDI 分解技术》，《数学的实践与认识》2013 年第 10 期。

［54］潘雄锋、舒涛、徐大伟：《中国制造业碳排放强度变动及其因素分解》，《中国人口·资源与环境》2011 年第 5 期。

［55］潘书麟：《台湾物流业营运效率之比较研究》，硕士学位论文，"国立中央大学"，2006 年。

［56］庞瑞芝：《我国主要沿海港口的动态效率评价》，《经济研究》2006 年第 6 期。

［57］彭佳雯、黄贤金、钟太洋、赵雲泰：《中国经济增长与能源碳排放

的脱钩研究》，《资源科学》2011 年第 4 期。

[58] 汝宜红：《现代物流（第 2 版）》，清华大学出版社 2012 年版。

[59] 孙耀华、仲伟周、庆东瑞：《基于 Theil 指数的中国省际间碳排放强度差异分析》，《财贸研究》2012 年第 3 期。

[60] 孙耀华、李忠民：《中国各省区经济发展与碳排放脱钩关系研究》，《中国人口·资源与环境》2011 年第 5 期。

[61] 孙传旺、刘希颖、林静：《碳强度约束下中国全要素生产率测算与收敛性研究》，《金融研究》2010 年第 6 期。

[62] 单豪杰：《中国资本存量 K 的再估算：1952—2006 年》，《数量经济技术经济研究》2008 年第 10 期。

[63] 宋德勇、卢忠宝：《中国碳排放影响因素分解及其周期性波动研究》，《中国人口·资源与环境》2009 年第 3 期。

[64] 宋伟、陈百明、陈曦炜：《常熟市耕地占用与经济增长的脱钩（decoupling）评价》，《自然资源学报》2009 年第 9 期。

[65] 史成东、陈菊红、张雅琪：《物流公司绩效的 DEA 交叉评价》，《系统工程》2010 年第 1 期。

[66] 师博、沈坤荣：《政府干预、经济集聚与能源效率》，《管理世界》2013 年第 10 期。

[67] 施洁、史学贵：《基础设施、工业效率与空间溢出——环渤海、长三角与珠三角区域的比较》，《经济问题探索》2013 年第 5 期。

[68] 帅斌：《物流产业化发展机理与政府规制研究》，博士学位论文，西南交通大学，2005 年。

[69] 唐建荣、王清慧：《基于泰尔熵指数的区域碳排放差异研究》，《北京理工大学学报》（社会科学版）2013 年第 4 期。

[70] 唐丽敏、曾颖、王成武、曹荻：《基于系统动力学的物流节能减排政策模拟》，《系统工程》2013 年第 6 期。

[71] 涂正革：《环境、资源与工业增长的协调性》，《经济研究》2008 年第 2 期。

[72] 田刚、李南：《中国物流业技术进步与技术效率研究》，《数量经济技术经济研究》2009 年第 2 期。

[73] 田刚、李南：《中国物流业全要素生产率变动与地区差异——基于随机前沿模型的实证分析》，《系统工程》2009 年第 11 期。

［74］ 田刚、李南：《中国物流业技术效率差异及其影响因素研究——基于省级面板数据的实证分析》，《科研管理》2011 年第 7 期。

［75］ 田云、张俊飚、李波：《中国农业碳排放研究：测算、时空比较及脱钩效应》，《资源科学》2012 年第 11 期。

［76］ 王栋、潘文卿、刘庆、高旭东：《中国产业 CO_2 排放的因素分解：基于 LMDI 模型》，《系统工程理论与实践》2012 年第 6 期。

［77］ 王兵、吴延瑞、颜鹏飞：《环境管制与全要素生产率增长：APEC 的实证研究》，《经济研究》2008 年第 5 期。

［78］ 王兵、吴延瑞、颜鹏飞：《中国区域环境效率与环境全要素生产率增长》，《经济研究》2010 年第 5 期。

［79］ 王兵、朱宁：《不良贷款约束下的中国银行业全要素生产率增长研究》，《经济研究》2011 年第 5 期。

［80］ 王燕、谢蕊蕊：《区域工业效率和技术差异研究——基于共同前沿方法的考察》，《产业经济研究》2012 年第 2 期。

［81］ 王群伟、周德群、周鹏：《中国全要素二氧化碳排放绩效的区域差异——考虑非期望产出共同前沿函数的研究》，《财贸经济》2010 年第 9 期。

［82］ 王崇梅：《中国经济增长与能源消耗脱钩分析》，《中国人口·资源与环境》2010 年第 3 期。

［83］ 汪克亮、杨宝臣、杨力：《中国全要素能源效率与能源技术的区域差异》，《科研管理》2012 年第 5 期。

［84］ 汪克亮、杨力、程云鹤：《异质性生产技术下中国区域绿色经济效率研究》，《财经研究》2013 年第 4 期。

［85］ 汪旭晖、徐健：《基于超效率 CCR-DEA 模型的我国物流上市公司效率评价》，《财贸研究》2009 年第 6 期。

［86］ 吴军、笪凤媛、张建华：《环境管制与中国区域生产率增长》，《统计研究》2010 年第 1 期。

［87］ 吴玉鸣、李建霞：《中国区域工业全要素生产率的空间计量经济分析》，《地理科学》2006 年第 4 期。

［88］ 武红、谷树忠、周洪、王兴杰、董德坤、胡咏君：《河北省能源消费、碳排放与经济增长的关系》，《资源科学》2011 年第 10 期。

［89］ 肖黎姗、王润、杨德伟、孙艳伟、刘健：《中国省际碳排放极化格

局研究》,《中国人口·资源与环境》2011 年第 11 期。

[90] 徐国泉、刘则渊、姜照华:《中国碳排放的因素分解模型及实证分析:1995—2004》,《中国人口·资源与环境》2006 年第 6 期。

[91] 徐盈之、徐康宁、胡永舜:《中国制造业碳排放的驱动因素及脱钩效应》,《统计研究》2011 年第 7 期。

[92] 邢亚茹、王家明:《1952—2010 年中国公路资本存量的估算》,《交通运输工程与信息学报》2012 年第 1 期。

[93] 薛俊波、王铮:《中国 17 部门资本存量的核算研究》,《统计研究》2007 年第 7 期。

[94] 余泳泽、刘秉镰:《中国区域物流产业技术进步及其影响因素研究》,《上海经济研究》2010 年第 10 期。

[95] 余泳泽、武鹏:《我国物流产业效率及其影响因素的实证研究——基于中国省际数据的随机前沿生产函数分析》,《产业经济研究》2010 年第 1 期。

[96] 余泳泽、刘大勇:《我国区域创新效率的空间外溢效应与价值链外溢效应——创新价值链视角下的多维空间面板模型研究》,《管理世界》2013 年第 7 期。

[97] 姚娟、庄玉良:《所有权结构、物流环境及我国物流业效率》,《财经问题研究》2013 年第 3 期。

[98] 姚娟、庄玉良:《外商直接投资对我国地区物流发展水平的影响研究》,《世界经济研究》2012 年第 7 期。

[99] 杨德权、裴金英:《基于超效率 DEA-IAHP 的物流企业绩效评价》,《运筹与管理》2012 年第 1 期。

[100] 张宝友、黄祖庆:《我国物流上市公司的绩效评价》,《统计与决策》2007 年第 8 期。

[101] 张宝友、达庆利、黄祖庆:《中国上市物流公司动态绩效评价及对策》,《系统工程》2008 年第 4 期。

[102] 张宝友、朱卫平、孟丽君:《物流产业效率评价及与 FDI 质量相关性分析——基于 2002—2011 年数据的实证》,《经济地理》2013 年第 1 期。

[103] 张毅、宋鹏、庞继芳:《金融危机、竞争战略与财务绩效——基于中国物流上市公司的研究》,《管理学报》2012 年第 9 期。

[104] 张毅、牛冲槐、庞继芳：《我国物流上市企业规模效率及影响因素研究》，《数理统计与管理》2013 年第 3 期。

[105] 张军、吴桂英、张吉鹏：《中国省际物资资本存量估算：1952—2000》，《经济研究》2004 年第 10 期。

[106] 张军涛、刘建国：《城市效率及其溢出效应——以东北三省 34 个地级市为例》，《经济地理》2011 年第 4 期。

[107] 张先锋、丁亚娟、王红：《中国区域全要素生产率的影响因素分析——基于地理溢出效应的视角》，《经济地理》2010 年第 12 期。

[108] 张立国、李东、周德群：《中国物流业二氧化碳排放绩效的动态变化及区域差异——基于省级面板数据的实证分析》，《系统工程》2013 年第 4 期。

[109] 张学良：《中国交通基础设施促进了区域经济增长吗——兼论交通基础设施的空间溢出效应》，《中国社会科学》2012 年第 3 期。

[110] 张旭华：《技术外部性、货币外部性与全要素生产率增长——基于高技术产业的空间面板计量研究》，《投资研究》2012 年第 10 期。

[111] 张浩然、衣保中：《基础设施、空间溢出与区域全要素生产率——基于中国 266 个城市空间面板杜宾模型的经验研究》，《经济学家》2012 年第 2 期。

[112] 张兰、刘友兆、郑华伟：《江苏省土地承载碳排放及其脱钩效应分析》，《资源科学》2012 年第 6 期。

[113] 郑丽琳、朱启贵：《纳入能源环境因素的中国全要素生产率再估算》，《统计研究》2013 年第 7 期。

[114] 钟祖昌：《我国物流上市公司运营效率的实证研究》，《商业经济与管理》2011 年第 4 期。

[115] 周叶、王道平、赵耀：《中国省域物流作业的 CO_2 排放量测评及低碳化对策研究》，《中国人口·资源与环境》2011 年第 9 期。

[116] 钟太洋、黄贤金、韩立、王柏源：《资源环境领域脱钩分析研究进展》，《自然资源学报》2010 年第 8 期。

[117] 仲云云、仲伟周：《我国碳排放的区域差异及驱动因素分析——基于脱钩和三层完全分解模型的实证研究》，《财经研究》2012 年第 2 期。

[118] 庄玉良、吴会娟、贺超：《我国物流业效率动态变化的 Malmquist

指数研究》,《统计与决策》2009 年第 5 期。

[119] Abreu, M., De Groot, H. L., Florax, R. J., 2004, "Space and Growth: A Survey of Empirical Evidence and Methods", *Region Development*, Vol. 21, pp. 13 – 44.

[120] Ang, B. W., Choi, K. H., 1997, "Decomposition of Aggregate Energy and Gas Emission Intensities for Industry: A Refined Divisia Index Method", *The Energy Journal*, Vol. 18, (3), pp. 59 – 73.

[121] Ang, B. W., 2004, "Decomposition Analysis for Policy Making in Energy: Which is the Preferred Method?", *Energy Policy*, Vol. 32, (9), pp. 1131 – 1139.

[122] Ang, B. W., Liu, N., 2007, "Handling Zero Values in the Logarithmic Mean Divisia Index Decomposition Approach", *Energy Policy*, Vol. 35, (1), pp. 238 – 246.

[123] Anselin, L., 1988, Spatial Econometrics: Methods and Models, The Netherlands: Kluwer Academic Publishers.

[124] Anselin, L., 2003, "Spatial Externalities, Spatial Multipliers, and Spatial Econometrics", *International Regional Science Review*, Vol. 26, (2), pp. 153 – 166.

[125] Anselin, L., Le Gallo, J., Jayet, H., 2008, "Spatial Panel Econometrics//The Econometrics of Panel Data", Springer Berlin Heidelberg, Vol. 46, pp. 625 – 660.

[126] Aschauer, D. A., 1989, "Is Public Expenditure Productive?", *Journal of Monetary Economics*, Vol. 23, (2), pp. 177 – 200.

[127] Assaf, A., 2009, "Accounting for Size in Efficiency Comparisons of Airports", *Journal of Air Transport Management*, Vol. 15, (5), pp. 256 – 258.

[128] Audretsch, D. B., Feldman, M. P., 2004, "Knowledge Spillovers and the Geography of Innovation", *Handbook of Regional and Urban Economics*, Vol. 4, pp. 2713 – 2739.

[129] Banker, R. D., Johnston, H. H., 1994, "Evaluating the Impacts of Operating Strategies on Efficiency in the U. S. Airline Industry", In Data Envelopment Analysis: Theory, Methodology, and Applications,

pp. 97 – 128, Springer Netherlands.

[130] Barros, C. P. , 2003, "The Measurement of Efficiency of Portuguese Sea Port Authorities with DEA", *International Journal of Transport Economics*, Vol. 30, (3), pp. 335 – 354.

[131] Barros, C. P. , 2005, "Decomposing Growth in Portuguese Seaports: A Frontier Cost Approach", *Maritime Economics & Logistics*, Vol. 7, (4), pp. 297 – 315.

[132] Battese, G. E. , Rao, D. S. P. , 2002, "Technology Gap, Efficiency and A Stochastic Metafrontier Function", *International Journal of Business and Economics*, Vol. 1, (2), pp. 87 – 93.

[133] Battese, G. E. , Rao, D. S. P. , O' Donnell, C. J. , 2004, "A Metafrontier Production Function for Estimation of Technical Efficiencies and Technology Gaps for Firms Operating under Different Technologies", *Journal of Productivity Analysis*, Vol. 21, (1), pp. 91 – 103.

[134] Binam, J. N. , Gockowski, J. , Nkamleu, G. B. , 2008, "Technical Efficiency and Productivity Potential of Cocoa Farmers in West African Countries", *The Developing Economies*, Vol. 46, (3), pp. 242 – 263.

[135] Boarnet, M. G. , 1998, "Spillovers and the Locational Effects of Public Infrastructure", *Journal of Regional Science*, Vol. 38, (3), pp. 381 – 400.

[136] Bode, E. , Nunnenkamp, P. , Waldkirch, A. , 2012, "Spatial Effects of Foreign Direct Investment in U. S. States", *Canadian Journal of Economics*, Vol. 45, (1), pp. 16 – 40.

[137] Bonaglia, F. , La Ferrara E. , Marcellino M. , 2000, "Public Capital and Economic Performance: Evidence from Italy", *Giornale Degli Economisti E Annali Di Economia*, Vol. 59, (2), pp. 221 – 244.

[138] Bottazzi, L. , Peri, G. , 2003, "Innovation and Spillovers in Regions: Evidence from European Patent Data", *European Economic Review*, Vol. 47, (4), pp. 687 – 710.

[139] Boyd, G. A. , Tolley, G. , Pang, J. , 2002, "Plant Level Productivity, Efficiency, and Environmental Performance of the Container Glass Industry", *Environmental and Resource Economics*, Vol. 23, (1), pp. 29 – 43.

[140] Bronzini, R., Piselli, P., 2009, "Determinants of Long-run Regional Productivity with Geographical Spillovers: The Role of R&D, Human Capital and Public Infrastructure", *Regional Science and Urban Economics*, Vol. 39, (2), pp. 187 – 199.

[141] Bruno Van Pottelsberghe, Lichtenberg, F., 2001, "Does Foreign Direct Investment Transfer Technology across Borders?", *Review of Economics and Statistics*, Vol. 83, (3), pp. 490 – 497.

[142] Cantore, N., Padilla, E., 2010, "Equality and CO_2 Emissions Distribution in Climate Change Integrated Assessment Modelling", *Energy*, Vol. 35, (1), pp. 298 – 313.

[143] Chambers, R. G., Färe, R., Grosskopf, S., 1996, "Productivity Growth in APEC Countries", *Pacific Economic Review*, Vol. 1, (3), pp. 181 – 190.

[144] Chan, Felix T. S., Chan, H. K., Lau H. C. W., Ip R. W. L., 2006, "An AHP Approach in Benchmarking Logistics Performance of the Postal Industry", *Benchmarking: An International Journal*, Vol. 13, (6), pp. 636 – 661.

[145] Chen, K. H., Yang, H. Y., 2011, "A Cross-country Comparison of Productivity Growth Using the Generalised Metafrontier Malmquist Productivity Index: With Application to Banking Industries in Taiwan and China", *Journal of Productivity Analysis*, Vol. 35, (3), pp. 197 – 212.

[146] Chiu, C. R., Liou, J. L., Wu, P. I., Fang, C. L., 2012, "Decomposition of the Environmental Inefficiency of the Meta-frontier with Undesirable Output", *Energy Economics*, Vol. 34, (5), pp. 1392 – 1399.

[147] Chung, Y. H., Färe, R., Grosskopf, S., 1997, "Productivity and Undesirable Outputs: A Directional Distance Function Approach", *Journal of Environmental Management*, Vol. 51, (3), pp. 229 – 240.

[148] Clarke-Sather, A., Qu, J., Wang, Q., Zeng, J., Li, Y., 2011, "Carbon Inequality at the Sub-national Scale: A Case Study of Provincial-level Inequality in CO_2 Emissions in China 1997 – 2007", *Energy Policy*, Vol. 39, (9), pp. 5420 – 5428.

[149] Coe, D. T., Helpman, E., Hoffmaister, A. W., 1997, "North-south

R&D Spillovers", *Economic Journal*, Vol. 107, (440), pp. 134 – 149.

[150] Cohen, J. P, Paul, C. J. M., 2004, "Public Infrastructure Investment, Interstate Spatial Spillovers, and Manufacturing Costs", *Review of Economics and Statistics*, Vol. 86, (2), pp. 551 – 560.

[151] Dagum, C., 1997, "A New Approach to the Decomposition of the Gini Income Inequality Ratio", *Empirical Economics*, Vol. 22, (4), pp. 515 – 531.

[152] Duro, J. A., Padilla, E., 2006, "International Inequalities in Per Capita CO_2 Emissions: A Decomposition Methodology by Kaya Factors", *Energy Economics*, Vol. 28, (2), pp. 170 – 187.

[153] Duro, J. A., Padilla, E., 2008, "Analysis of the International Distribution of Per Capita CO_2 Emissions Using the Polarization Concept", *Energy Policy*, Vol. 36, (1), pp. 456 – 466.

[154] Duro, J. A., 2010, "Decomposing International Polarization of Per Capita CO_2 Emissions", *Energy Policy*, Vol. 38, (11), pp. 6529 – 6533.

[155] Duro, J. A., Padilla, E., 2013, "Cross-country Polarisation in CO_2 Emissions Per Capita in the European Union: Changes and Explanatory Factors", *Environmental Resource Economics*, Vol. 54, (4), pp. 571 – 591.

[156] Elhorst, J. P., Piras, G., Arbia, G., 2010, "Growth and Convergence in a Multiregional Model with Space-time Dynamics", *Geographical Analysis*, Vol. 42, (3), pp. 338 – 355.

[157] Elhorst, J. P., 2010, "Applied Spatial Econometrics: Raising the Bar", *Spatial Economic Analysis*, Vol. 5, pp. 9 – 28.

[158] Ertur, C., Koch W., 2007, "Growth, Technological Interdependence and Spatial Externalities: Theory and Evidence", *Journal of Applied Econometrics*, Vol. 22, (6), pp. 1033 – 1062.

[159] Esteban, J., Ray, D., 1994, "On the Measurement of Polarization", *Econometrica*, Vol. 62, (4), pp. 819 – 851.

[160] Esteban, J., Gradin, C., Ray, D., 1999, "Extensions of a Measure of Polarization, with an Application to the Income Distribution of Five OECD Countries", Luxembourg Income Study Working Paper Series 218, Syracuse, New York, Maxwell School of Citizenship and Public

Affairs, Syracuse University.

[161] Everaert, G. , Heylen, F. , 2001, "Public Capital and Productivity Growth: Evidence for Belgium, 1953 – 1996", *Economic Modelling*, Vol. 18, (1), pp. 97 – 116.

[162] Ezcurra, R. , 2007, "Is There Cross-country Convergence in Carbon Dioxide Emissions", *Energy Policy*, Vol. 35, (2), pp. 1363 – 1372.

[163] Färe, R. , Grosskopf, S. , Norris, M. , Zhang, Z. , 1994, "Productivity Growth, Technical Progress, and Efficiency Change in Industrialized Countries", *The American Economic Review*, Vol. 84, (1), pp. 66 – 83.

[164] Färe, R. , Grosskopf, S. , Pasurka Jr, C. A. , 2001, "Accounting for Air Pollution Emissions in Measures of State Manufacturing Productivity Growth", *Journal of Regional Science*, Vol. 41, (3), pp. 381 – 409.

[165] Färe, R. , Grosskopf, S. , 2004, "Modeling Undesirable Factors in Efficiency Evaluation: Comment", *European Journal of Operational Research*, Vol. 157, (1), pp. 242 – 245.

[166] Färe, R. , Grosskopf, S. , Noh, D. W. , Weber, W. , 2005, "Characteristics of a Polluting Technology: Theory and Practice", *Journal of Econometrics*, Vol. 126, (2), pp. 469 – 492.

[167] Färe, R. , Grosskopf, S. , Pasurka Jr, C. A. , 2007, "Environmental Production Functions and Environmental Directional Distance Functions", *Energy*, Vol. 32, (7), pp. 1055 – 1066.

[168] Farrell, M. J. , 1957, "The Measurement of Productive Efficiency", *Journal of the Royal Statistical Society*, Vol. 120, (3), pp. 253 – 281.

[169] Fischer, M. M. , Scherngell, T. , Reismann, M. , 2009, "Knowledge Spillovers and Total Factor Productivity: Evidence Using a Spatial Panel Data Model", *Geographical Analysis*, Vol. 41, (2), pp. 204 – 220.

[170] Fleisher, B. , Li, H. , Zhao, M. Q. , 2010, "Human Capital, Economic Growth, and Regional Inequality in China", *Journal of Development Economics*, Vol. 92, (2), pp. 215 – 231.

[171] Frantzen, D. , 2002, "Cross-sector and Cross-country Technical Knowledge Spillovers and the Evolution of Manufacturing Productivity: A Panel Data Analysis", *Economie Appliquée*, Vol. 55, (1), pp. 31 – 62.

[172] Fried, H. , Lovell, C. , Schmidt, S. , Yaisawarng, S. , 2002, "Accounting for Environmental Effects and Statistical Noise in Data Envelopment Analysis", *Journal of Productivity Analysis*, Vol. 17, (1 – 2), pp. 157 – 174.

[173] Gray, D. , Anable, J. , Illingworth, L. , Graham, W. , 2006, "Decoupling the Link between Economic Growth, Transport Growth and Carbon Emissions in Scotland", *The Centre for Transport Policy*, pp. 3 – 48.

[174] Groot, L. , 2010, "Carbon Lorenz Curves", *Resource and Energy Economics*, Vol. 32, (1), pp. 45 – 64.

[175] Grossman, G. M. , Helpman, E. , 1991, "Quality Ladders in the Theory of Growth", *The Review of Economic Studies*, Vol. 58, (1), pp. 43 – 61.

[176] Hamdan, A. , Rogers, K. J. , 2008, "Evaluating the Efficiency of 3PL Logistics Operations", *International Journal of Production Economics*, Vol. 113, (1), pp. 235 – 244.

[177] Hayami, Y. , 1969, "Sources of Agricultural Productivity Gap among Selected Countries", *American Journal of Agricultural Economics*, Vol. 51, (3), pp. 564 – 575.

[178] Hayami, Y. , Ruttan, V. W. , 1970, "Agricultural Productivity Differences among Countries", *The American Economic Review*, Vol. 60, (5), pp. 895 – 911.

[179] Hayami, Y. , Ruttan, V. W. , 1971, *Agricultural Development: An International Perspective*, Baltimore and London: John Hopkins University Press.

[180] Hedenus, F. , Azar, C. , 2005, "Estimates of Trends in Global Income and Resource Inequalities", *Ecological Economics*, Vol. 55, (3), pp. 351 – 364.

[181] Heil, M. T. , Wodon, Q. T. , 1997, "Inequality in CO_2 Emissions between Poor and Rich Countries", *The Journal of Environment & Development*, Vol. 6, (4), pp. 426 – 452.

[182] Heil, M. T. , Wodon, Q. T. , 2000, "Future Inequality in CO_2 Emissions and the Impact of Abatement Proposals", *Environmental and Resource Economics*, Vol. 17, (2), pp. 163 – 181.

[183] Holtz-Eakin, D. , 1992, "Public-sector Capital and the Productivity Puzzle", *The Review of Economics and Statistics*, Vol. 74, pp. 12 – 21.

[184] Holtz-Eakin, D. , Schwartz, A. E. , 1995, "Spatial Productivity Spillovers from Public Infrastructure: Evidence from State Highways", *International Tax and Public Finance*, Vol. 2, (3), pp. 459 – 468.

[185] Huang, T. H. , Chiang, L. C. , Chen, K. C. , Chiu, P. H. , 2010, "An Application of the Meta-frontier Cost Function to the Study of Bank Efficiencies and Technology Gaps in 16 European Countries", *Management Review*, Vol. 29, pp. 25 – 43.

[186] Jondrow, J. , Knox Lovell, C. A. , Materov, I. S. , Schmidt, P. , 1982, "On the Estimation of Technical Inefficiency in the Stochastic Frontier Production Function Model", *Journal of Econometrics*, Vol. 19, (2), pp. 233 – 238.

[187] Koutroumpis, P. , 2009, "The Economic Impact of Broadband on Growth: A Simultaneous Approach", *Telecommunications Policy*, Vol. 33, (9), pp. 471 – 485.

[188] Krugman, P. R. , 1991, "Increasing Returns and Economic Geography", *Journal of Political Economy*, Vol. 99, (3), pp. 483 – 499.

[189] Kumar, S. , 2006, "Environmentally Sensitive Productivity Growth: A Global Analysis Using Malmquist-Luenberger Index", *Ecological Economics*, Vol. 56, (2), pp. 280 – 293.

[190] Kumbhakar, S. C. , Lovell, C. A. K. , 2000, *Stochastic Frontier Analysis*, Cambridge: Cambridge University Press.

[191] Kuosmanen, T. , 2005, "Weak Disposability in Nonparametric Production Analysis with Undesirable Outputs", *American Journal of Agricultural Economics*, Vol. 87, (4), pp. 1077 – 1082.

[192] Lakshmanan, T. R. , Han, X. , 1997, "Factors Underlying Transportation CO_2 Emissions in the USA: A Decomposition Analysis", *Transportation Research Part D: Transport and Environment*, Vol. 2, (1), pp. 1 – 15.

[193] Lasso de la Vega, M. C. , Urrutia, A. M. , 2006, "An Alternative Formulation of the Esteban-Gradín-Ray Extended Measure of Polariza-

tion", *Journal of Income Distribution*, Vol. 15, (1), pp. 42 – 54.

[194] LeSage, J. P., Pace, R. K., 2009, Introduction to Spatial Econometrics, Boca Raton, FL: Chapman & Hall CRC.

[195] Levine, R., Renelt, D., 1992, "A Sensitivity Analysis of Cross-country Growth Regressions", *American Economic Review*, Vol. 82, (4), pp. 942 – 963.

[196] López-Bazo, E., Vayá, E., Artís, M., 2004, "Regional Externalities and Growth: Evidence from European Regions", *Journal of Regional Science*, Vol. 44, (1), pp. 43 – 73.

[197] Lu, I. J., Lin, S. J., Lewis, C., 2007, "Decomposition and Decoupling Effects of Carbon Dioxide Emission from Highway Transportation in Taiwan, Germany, Japan and South Korea", *Energy Policy*, Vol. 35, (6), pp. 3226 – 3235.

[198] Luenberger, D. G., 1995, Microeconomic Theory, New York: McGraw-Hill.

[199] Martinez-Budria, E., Diaz-Armas, R., Navarro-Ibanez, M., Ravelo-Mesa, T., 1999, "A Study of the Efficiency of Spanish Port Authorities Using Data Envelopment Analysis", *International Journal of Transport Economics*, Vol. 26, (2), pp. 237 – 253.

[200] McMullen, B. S., Noh, D. W., 2007, "Accounting for Emissions in the Measurement of Transit Agency Efficiency: A Directional Distance Function Approach", *Transportation Research Part D: Transport and Environment*, Vol. 12, (1), pp. 1 – 9.

[201] Merriman, D., 1991, "Public Capital and Regional Output: Another Look at Some Japanese and American Data", *Regional Science and Urban Economics*, Vol. 20, (4), pp. 437 – 458.

[202] Michele Costa, 2009, "Transvariation and Inequality between Subpopulations in the Dagum's Gini Index Decomposition", *International Journal of Statistics*, Vol. LXVII, (3), pp. 229 – 241.

[203] Min, H., Joo, S. J., 2006, "Benchmarking the Operational Efficiency of Third Party Logistics Providers Using Data Envelopment Analysis", *Supply Chain Management: An International Journal*, Vol. 11, (3),

pp. 259 – 265.

[204] Mohtadi, H. , 1996, "Environment, Growth, and Optimal Policy Design", *Journal of Public Economics*, Vol. 63, (1), pp. 119 – 140.

[205] Mookherjee, D. , Shorrocks, A. , 1982, "A Decomposition Analysis of the Trend in U. K. Income Inequality", *Economic Journal*, Vol. 92, (368), pp. 886 – 902.

[206] Moran, P. A. , 1950, "Notes on Continuous Stochastic Phenomena", *Biometrika*, Vol. 37, (1/2), pp. 17 – 23.

[207] Moreno, R. , Paci, R. , Usai, S. , 2005, "Spatial Spillovers and Innovation Activity in European Regions", *Environment and Planning A*, Vol. 37, (10), p. 1793.

[208] O'Donnell, C. J. , Rao, D. P. , Battese, G. E. , 2008, "Metafrontier Frameworks for the Study of Firm-level Efficiencies and Technology Ratios", *Empirical Economics*, Vol. 34, (2), pp. 231 – 255.

[209] Olivier Jos, G. J. , Janssens-Maenhout, G. , Muntean, M. , Peters Jeroen, A. H. W. , 2013, "Trends in Global CO_2 Emissions 2013 Report", PBL Netherlands Environmental Assessment Agency.

[210] Oum, T. H. , Pathomsiri, S. , Yoshida, Y. , 2013, "Limitations of DEA-based Approach and Alternative Methods in the Measurement and Comparison of Social Efficiency across Firms in Different Transport Modes: An Empirical Study in Japan", *Transportation Research Part E: Logistics and Transportation Review*, Vol. 57, pp. 16 – 26.

[211] Padilla, E. , Serrano, A. , 2006, "Inequality in CO_2 Emissions across Countries and Its Relationship with Income Inequality: A Distributive Approach", *Energy Policy*, Vol. 34, (14), pp. 1762 – 1772.

[212] Pereira, A. M. , Roca-Sagalés, O. , 2003, "Spillover Effects of Public Capital Formation: Evidence from the Spanish Regions", *Journal of Urban Economics*, Vol. 53, (2), pp. 238 – 256.

[213] Porter, M. E. , Van der Linde, C. , 1995, "Toward a New Conception of the Environment-competitiveness Relationship", *Journal of Economic Perspectives*, Vol. 9, (4), pp. 97 – 118.

[214] Rabinovich, E. , 2006, "Logistics Service Providers in Internet Supply

Chains", *California Management Review*, Vol. 48, (4), pp. 84 – 108.

[215] Ramanathan, R., 2005, "An Analysis of Energy Consumption and Carbon Dioxide Emissions in Countries of the Middle East and North Africa", *Energy*, Vol. 30, (15), pp. 2831 – 2842.

[216] Rao, D. P., 2006, "Metafrontier Frameworks for the Study of Firm-level Efficiencies and Technology Gaps", In 2006 Productivity and Efficiency Seminar, Taipei, 10th March, Conference Paper.

[217] Redding, S., 1996, "The Low-skill, Low-quality Trap: Strategic Complementarities between Human Capital and R&D", *The Economic Journal*, pp. 458 – 470.

[218] Renner, Celia J., Tebbe, D., 1998, "Who is Outsourcing and Why?" *Management Accounting*, Vol. 80, (1), pp. 45 – 47.

[219] Rogers, M. M., Weber, W. L., 2011, "Evaluating CO_2 Emissions and Fatalities Tradeoffs in Truck Transport", *International Journal of Physical Distribution & Logistics Management*, Vol. 41, (8), pp. 750 – 767.

[220] Romer, P. M., 1986, "Increasing Returns and Long-run Growth", *Journal of Political Economy*, Vol. 94, (5), pp. 1002 – 1037.

[221] Romer, P. M., 1990, "Endogenous Technological Change", *Journal of Political Economy*, Vol. 98, (5), pp. S71 – S102.

[222] Rose, A., Casler, S., 1996, "Input-output Structural Decomposition Analysis: A Critical Appraisal", *Economic Systems Research*, Vol. 8, (1), pp. 33 – 62.

[223] Rosenthal, S. S., Strange, W. C., 2004, "Evidence on the Nature and Sources of Agglomeration Economies", *Handbook of Regional and Urban Economics*, Vol. 4, pp. 2119 – 2171.

[224] Ross, A., Droge, C., 2002, "An Integrated Benchmarking Approach to Distribution Center Performance Using DEA Modeling", *Journal of Operations Management*, Vol. 20, (1), pp. 19 – 32.

[225] Ruttan, V. W., Binswanger, H. P., Hayami, W. W., Weber, A., 1978, "Factor Productivity and Growth: A Historical Interpretation", in *Induced Innovation: Technology Institution and Developments*, John Hopkins University Press.

[226] Seiford, L. M., Zhu, J., 2002, "Modeling Undesirable Factors in Efficiency Evaluation", *European Journal of Operational Research*, Vol. 142, (1), pp. 16 – 20.

[227] Sharma, K. R., Leung, P., 2000, "Technical Efficiency of Carp Pond Culture in South Asia: An Application of a Stochastic Meta-production Frontier Model", *Aquaculture Economics & Management*, Vol. 4, (3 – 4), pp. 169 – 189.

[228] Shephard, R. W., 1970, *Theory of Cost and Production Functions*, Princeton: Princeton University Press.

[229] Shestalova, V., 2003, "Sequential Malmquist Indices of Productivity Growth: An Application to OECD Industrial Activities", *Journal of Productivity Analysis*, Vol. 19, (2 – 3), pp. 211 – 226.

[230] Tapio, P., 2005, "Towards a Theory of Decoupling: Degrees of Decoupling in the E. U. and the Case of Road Traffic in Finland between 1970 and 2001", *Transport Policy*, Vol. 12, (2), pp. 137 – 151.

[231] Timilsina, G. R., Shrestha, A., 2009, "Transport Sector CO_2 Emissions Growth in Asia: Underlying Factors and Policy Options", *Energy Policy*, Vol. 37, (11), pp. 4523 – 4539.

[232] Tobler, W. R., 1970, "A Computer Movie Simulating Urban Growth in the Detroit Region", *Economic Geography*, (46), pp. 234 – 240.

[233] Trujillo, L., Tovar, B., 2007, "The European Port Industry: An Analysis of Its Economic Efficiency", *Maritime Economics & Logistics*, Vol. 9, (2), pp. 148 – 171.

[234] Tulkens, H., Eeckaut, P. V., 1995, "Non-parametric Efficiency, Progress and Regress Measures for Panel Data: Methodological Aspects", *European Journal of Operational Research*, (80), pp. 474 – 499.

[235] Valentine, V. F., Gray, R., 2001, "The Measurement of Port Efficiency Using Data Envelopment Analysis", In Proceedings of the 9th World Conference on Transport Research, Vol. 22, p. 27.

[236] Wang, C., Chen, J., Zou, J., 2005, "Decomposition of Energy-related CO_2 Emission in China: 1957 – 2000", *Energy*, Vol. 30, (1), pp. 73 – 83.

[237] Wang, Q. , Zhang, H. , Zhang, W. , 2013, "A Malmquist CO_2 Emission Performance Index Based on a Metafrontier Approach", *Mathematical and Computer Modelling*, Vol. 58, (5 - 6), pp. 1068 - 1073.

[238] Wang, W. W. , Zhang, M. , Zhou, M. , 2011, "Using LMDI Method to Analyze Transport Sector CO_2 Emissions in China", *Energy*, Vol. 36, (10), pp. 5909 - 5915.

[239] Wood, R. , Lenzen, M. , 2006, "Zero-value Problems of the Logarithmic Mean Divisia Index Decomposition Method", *Energy Policy*, Vol. 34, (12), pp. 1326 - 1331.

[240] Wu, Y. R. , 2000, "Is China's Economic Growth Sustainable? A Productivity Analysis", *China Economic Review*, Vol. 11, (3), pp. 278 - 296.

[241] Xu, B. , Wang, J. , 1999, "Capital Goods Trade and R&D Spillovers in the OECD", *Canadian Journal of Economics*, pp. 1258 - 1274.

[242] Yörük, B. K. , Zaim, O. , 2005, "Productivity Growth in OECD Countries: A Comparison with Malmquist Indices", *Journal of Comparative Economics*, Vol. 33, (2), pp. 401 - 420.

[243] Yu, M. M. , Hsu, S. H. , Chang, C. C. , Lee, D. H. , 2008, "Productivity Growth of Taiwan's Major Domestic Airports in the Presence of Aircraft Noise", *Transportation Research Part E: Logistics and Transportation Review*, Vol. 44, (3), pp. 543 - 554.

[244] Yu, J. , Lee, L. F. , 2012, "Convergence: A Spatial Dynamic Panel Data Approach", *Global Journal of Economics*, Vol. 1, (01), pp. 1250006 - 1 - 1250006 - 36.

[245] Zhang, C. , Liu, H. , Bressers, H. T. A. , Buchanan, K. S. , 2011, "Productivity Growth and Environmental Regulations-accounting for Undesirable Outputs: Analysis of China's Thirty Provincial Regions Using the Malmquist-Luenberger Index", *Ecological Economics*, Vol. 70, (12), pp. 2369 - 2379.

[246] Zhang, M. , Li, H. , Zhou, M. , Mu, H. , 2011, "Decomposition Analysis of Energy Consumption in Chinese Transportation Sector", *Applied Energy*, Vol. 88, (6), pp. 2279 - 2285.

[247] Zhang, X., Kanbur, R., 2001, "What Difference Do Polarisation Measures Make? An Application to China", *Journal of Development Studies*, Vol. 37, (3), pp. 85 – 98.

[248] Zhou, G., Min, H., Xu, C., Cao, Z., 2008, "Evaluating the Comparative Efficiency of Chinese Third-party Logistics Providers Using Data Envelopment Analysis", *International Journal of Physical Distribution & Logistics Management*, Vol. 38, (4), pp. 262 – 279.

[249] Zhou, P., Ang, B. W., Han, J. Y., 2010, "Total Factor Carbon Emission Performance: A Malmquist Index Analysis", *Energy Economics*, Vol. 32, (1), pp. 194 – 201.

[250] Zofio, J. L., 2007, "Malmquist Productivity Index Decompositions: A Unifying Framework", *Applied Economics*, Vol. 39, (18), pp. 2371 – 2387.

后　记

　　本书是在我的博士论文基础上修改而成的。在此书即将付梓之际，掩卷沉思，回首漫漫求学路，有迷茫有收获，有欢笑也有泪水，然而此刻心中激荡最多的莫过于感激之情。一路走来，无论是在求学、工作还是生活上，得到过太多的关心和爱护，曾几何时无数次地幻想能在后记中一一表达，直到提笔，才发现寥寥数百字，实在难以将感激之情尽数表达，唯有在今后的工作中以更加深入扎实的研究作为回报。

　　自 2007 年以来，我有幸师从王维国教授，是王老师引领我逐步走进计量经济学的殿堂，王老师敏锐的学术触觉、严谨的治学态度、精益求精的科研作风、对事业孜孜不倦的追求精神一直深深影响着我。2010 年，我有幸入选"东北财经大学应届硕士研究生留校任教的青年教师培养项目"，成为东北财经大学应届硕士留校并外聘师资联合培养博士研究生的六人之一，这不仅对我求学生涯意义重大，同时也开启了我梦寐以求的大学教师的职业生涯。在入选这一项目以及随后选聘联合培养导师和赴英学习的过程中，王维国教授都给予了莫大的支持与帮助，在赴英国南安普顿大学学习期间，王老师也经常通过邮件等方式给予我悉心的指导，并叮嘱我切莫急功近利，要稳扎稳打，踏实向前，更是在我回国后第一时间与我探讨赴英学习过程中的收获和不足，并对我下一步的研究规划提出了切实可行的意见与建议，在博士论文的选题、布局、撰写以及修改等诸多方面也都倾注了恩师的大量心血。回首师从王老师的七年光阴，除了学术指导，亦师亦父的王老师更是言传身教教会了我许多为人处世的道理，在这里向王老师表示最深的敬意和诚挚的感谢！

　　我还要特别感谢英国斯特拉斯克莱德大学的陆懋祖教授，正是王老师的积极推动和引荐，使我有幸得以结识陆懋祖教授，在我赴英国南安普顿大学学习后不久，陆教授由南安普顿大学转至斯特拉斯克莱德大学任教，然而空间的阻碍并没有影响陆老师对我学习上的指导，每周他都会定期回到南安普顿安排我与其他博士生们一起进行学术讨论，待我与他的博士生并无二致，甚至更加耐心和细致。论文修改后期正逢陆老师回国参加学术研讨，在大连短暂逗留期间，陆老师更是抽出宝贵的时间，以他深厚的知识积累和独特的研究视角为我在论文写作中的一些困惑费解之处提出了很多独到的见解。在此，也要向陆老师表达我深深的谢意与感激之情！

回望在东北财经大学度过的 12 个难忘的春秋，还要感谢高铁梅教授、陈磊教授、王雪标教授、王庆石教授、佟孟华教授、郭多祚教授、夏少刚教授等多年来的培养和教诲。此外，还要特别感谢于刚副教授，他在我赴英学习以及论文撰写期间提供了持续的帮助和支持。感谢同门师兄弟、师姐妹刘德海、潘祺志、鲁红英、谢兰云、卢永艳、吕成戍、范丹、殷亮、刘鑫、薛景等人，在论文写作的艰难过程中，多次给予信心和鼓励，让我体会到了师门的深厚情谊。

感谢管理科学与工程学院唐加福院长、李俊书记、赵峰副院长、刘畅副院长以及其他老师在工作和生活上给予的支持和帮助。感谢管理科学系的所有老师，特别是田青教授、白春光副教授、王文娟博士、李楠博士、李晓冰博士、钟琦博士，无论何时何地，都一如既往地鼓励我继续前行。

感谢英国南安普顿大学 Jan M. Podivinsky、刘沛、Mark Cranshaw、Kira Terry、浦笑、孟繁杰等多位老师在我访学期间生活和学习上给予的关心和帮助。也要感谢我的同窗好友王新翠博士、丛颖博士与我一路分享快乐和压力。

在此，还要感谢我的父母，是他们给了我最坚强的支持和最无私的奉献，让我能安心学习和写作，他们在各自的领域勤奋且优秀，是我努力向前的榜样，能成为他们的女儿是我毕生最大的幸福。还要感谢我的爱人在繁忙的工作之余承担了大量的文字勘误工作，他无限的爱与包容使我时刻体会到幸福。

最后，我要特别感谢中国社会科学出版社的刘艳老师和编辑，有了他们的大力帮助才使得本书得以顺利出版，同时也感谢本书援引参考文献的作者们！

四年博士生活的结束，同时也意味着一段新的人生旅程即将开始。驻笔三思，过往的经历对我来说是一笔宝贵的财富，恩师的期望、家人的支持和朋友的鼓励，将永远激励和伴随我努力前行！

本书的出版得到了王维国教授主持的国家自然科学基金面上项目"基于结构突变和截面相关的省际碳排放面板协整检验方法"（批准号：71171035）以及第一批"辽宁省特聘教授"的支持，同时得到马越越主持的教育部人文社会科学研究青年基金项目"碳排放约束下物流产业全要素生产率提升策略及节能减排最优路径研究"（批准号：15YJC790073）、辽宁省教育厅科学研究一般项目（批准号：W2015124）、辽宁省社会科学规划基金（批准号：L14CJY043）的资助。

马越越

2015 年 11 月于东财师言阁